才子佳人小說研究

周建渝著

主題研究叢刊

文史哲出版社印行

國家圖書館出版品預行編目資料

才子佳人小說研究 / 周建渝著. -- 初版. -- 臺
北市：文史哲, 民87
面： 公分. -- (主題研究叢刊；3)
參考書目：面
ISBN 957-549-167-X(平裝)

1.中國小說 - 清 (1644-1912) - 評論

827.87　　　　　　　　　　87013672

主題研究叢刊　③

才子佳人小說研究

著　　者：周　　　建　　　渝
出 版 者：文　史　哲　出　版　社
登記證字號：行政院新聞局版臺業字五三三七號
發 行 人：彭　　　正　　　雄
發 行 所：文　史　哲　出　版　社
印 刷 者：文　史　哲　出　版　社
臺北市羅斯福路一段七十二巷四號
郵政劃撥帳號：一六一八〇一七五
電話 886-2-23511028・傳眞 886-2-23965656

實價新臺幣三五〇元

中華民國八十七年十月初版

自　序

　　本書是在我的兩篇博士論文的基礎上修改而成的。其中第一篇於一九九零年在中國社會科學院研究生院完成，獲得文學博士學位 ； 第二篇於一九九五年在美國普林斯頓大學東亞研究系完成，獲哲學博士學位。第一篇論文用中文寫成，主要討論了清代初期才子佳人小說的總體狀況；第二篇用英文寫成，側重於考察這一文體在清代漫長的二百多年間發展演變的情況。把兩篇論文結合在一起，可以對清代整個時期的才子佳人小說有一個較為全面的瞭解，這就是本書的成書目的。

　　本書並不是兩篇論文的簡單拼合，而是對兩者均有所取舍。因為在修改過程中，發現有的章節使我感覺很不滿意，便只好刪去；而有的部分又是重新增寫的，於是就形成目前的面貌。

　　兩篇博士論文能夠在美國和中國順利完成，實在得力於很多人的指導和幫助。對於第二篇論文，我首先要感謝的是我的主要指導教師浦安迪（Andrew H. Plaks）教授。他仔細地閱讀過本文初稿並提出了許多重要的修改意見。我要感謝的另三位導師是高友工教授、余英時教授和唐海濤教授，他們的鼓勵與寶貴的建議使論文寫作得以順利進行。我在東亞系的同學羅大衛（David Robinson）博士、兩位博士候選人 Dietrich Tschantz 先生和Mary Jacob小姐、以及Donald Jensen先生和Mimi Liberty太太均在本論文的英文寫作和內容修改方面提供了很多幫助 ， 在此一併致謝。

　　第一篇論文的順利完成，得益於數年前在中國社會科學院攻讀博士學位和在四川師範大學攻讀碩士學位期間曾經受業過的許多教授，他們是王利器教授、蔣和森教授、屈守元教授、湯炳正教授、王仲鏞教授、王文才教授和魏炯若教授。正是他們對我的嚴格訓練和指導，為我今後的治學奠定了基礎。在此，特向他們致以深深的謝意。我還需要感謝中國社會科學院文學研究所的陳毓羆教授和劉世德教授，他們對論文的寫作提供了寶貴的建議。

　　對於慈父周誠、慈母彭淑華的感激之深，實非言語所能表達。他們在那動蕩的年代，憑著數十年的含辛茹苦供養九口之家的情景，令我終生難忘。而我的太太楊平多年來對我學業的支持，也使我感激萬分。同時，我還要深深地感謝露易絲·羅小姐，她的幫助使我能夠順利地從中國去到普林斯頓深造。

　　本書承蒙臺灣文史哲出版社彭正雄先生關照，得以順利出版，特致謝意。

周 建 渝

一九九八年春

於新加坡國立大學

才子佳人小說研究

目　　錄

自序…………………………………………………………… 1

第一章　導論………………………………………………… 1

　一、「才子」「佳人」術語的源流………………………… 4

　二、才子佳人小說流派…………………………………… 14

　三、才子佳人小說興起的原因…………………………… 19

第二章　「文人形象」的雙重特徵：作者與故事主角……… 29

　一、作者…………………………………………………… 30

　二、才子佳人小說概貌…………………………………… 45

　三、幻想與現實…………………………………………… 57

第三章　才子佳人小說的出版者與讀者…………………… 73

　一、小說出版與流行的主要地區………………………… 78

　二、小說的主要讀者群…………………………………… 89

　三、歷來對這類小說的評論……………………………… 90

第四章　小說評析（上）：文化層面的詮釋……………… 95

　一、神靈祥瑞隱含的天賦優越性………………………… 95

　二、一見鍾情、私訂終身所體現的婚姻觀念…………… 98

　三、功名與佳人：文人的人生追求……………………… 108

　四、功成身退：感傷的個人理想與社會責任的分離…… 114

　五、團圓結局與讀者的期待心理………………………… 119

　六、小說對於某些社會弊端的揭露……………………… 122

　七、對三部風格略異的早期作品的考察………………… 131

第五章 小說評析（下）：敘事層面的考察‥‥‥‥‥ 139

　　一、敘述者及其敘事視角‥‥‥‥‥‥‥‥‥‥‥‥ 142

　　二、敘述的基本方式‥‥‥‥‥‥‥‥‥‥‥‥‥‥ 148

　　三、敘事結構及其意義‥‥‥‥‥‥‥‥‥‥‥‥‥ 154

第六章 前期與后期才子佳人小說之比較‥‥‥‥‥ 165

　　一、敘事長度的拓展‥‥‥‥‥‥‥‥‥‥‥‥‥‥ 170

　　二、敘述意合的轉型‥‥‥‥‥‥‥‥‥‥‥‥‥‥ 172

　　三、阻礙角色的演化‥‥‥‥‥‥‥‥‥‥‥‥‥‥ 181

　　四、對科舉制度的不同態度‥‥‥‥‥‥‥‥‥‥‥ 184

　　五、才子形象的變化‥‥‥‥‥‥‥‥‥‥‥‥‥‥ 188

第七章 清代才子佳人小說論者的小說觀‥‥‥‥‥ 201

　　一、天花藏主人論「才」‥‥‥‥‥‥‥‥‥‥‥‥ 203

　　二、愛情故事與「空言」的分野‥‥‥‥‥‥‥‥‥ 222

　　三、小說情節：對「奇」的注重‥‥‥‥‥‥‥‥‥ 223

　　四、小說語言：「綺語」和「遊戲之筆」‥‥‥‥‥ 225

第八章 位於歷史坐標上的才子佳人小說‥‥‥‥‥ 229

　　一、才子佳人小說與明代戲曲、短篇小說‥‥‥‥‥ 229

　　二、才子佳人小說與《紅樓夢》‥‥‥‥‥‥‥‥‥ 233

　　　㈠「石頭」與賈母對才子佳人故事的批評‥‥‥‥ 233

　　　㈡小說人物的類型‥‥‥‥‥‥‥‥‥‥‥‥‥‥ 240

　　　㈢初會的重要性‥‥‥‥‥‥‥‥‥‥‥‥‥‥‥ 243

　　　㈣花園的設置‥‥‥‥‥‥‥‥‥‥‥‥‥‥‥‥ 244

　　　㈤套曲的功能‥‥‥‥‥‥‥‥‥‥‥‥‥‥‥‥ 249

　　三、才子佳人小說的影響‥‥‥‥‥‥‥‥‥‥‥‥ 251

結論‥‥‥‥‥‥‥‥‥‥‥‥‥‥‥‥‥‥‥‥‥‥ 255

參考書目‥‥‥‥‥‥‥‥‥‥‥‥‥‥‥‥‥‥‥‥ 259

第一章　導　論

　　近年來，一些學者已經開始注意和研究中國十七世紀中葉至十九世紀出現並流行的一種小說文體：才子佳人小說。這類作品主要地描寫才子和佳人的愛情與婚姻故事，因此在英文中被譯爲「才子佳人浪漫史」(Scholar-Beauty Romance)。[1]美國在七十年代、中國在八十年代期間，已陸續有學者對這一小說流派的作者、主題、結構和影響進行再評價。一般來講，這些研究在二十世紀上半葉魯迅、阿英等人評價的基礎上，對才子佳人小說給予了更多的肯定。魯迅曾經從「顯揚才女」、在對科擧態度上的局限性以及平庸的寫作手法等方面評價過才子佳人小說。[2]阿英亦注意到某些才子佳人小說新巧的故事情節以及很多作品對前期同類作品的模仿。[3]美國學者威廉・克勞夫(William Bruce Craw-

---

[1]在用英文寫的博士論文中，我把「才子」和「佳人」兩個術語譯成"scholar"和"beauty"。其實這樣做只是爲方便起見，因爲嚴格地講，這樣的翻譯並不很準確。在才子佳人小說中，「才子」通常指的是有傑出文才的男子，特別是詩人。「佳人」也通常指的是傑出的女詩人。準確地講，"scholar"一詞在中文裡應當被譯爲學者，通常指傳統的漢學者，其中主要是儒士。「佳人」也指的是美人而不一定是才女。在英文中，「才子」和「學者」都被譯成同一個詞："scholar"，而究其原意，才子並不等同於學者，反之亦然。

[2]魯迅《中國小說史略》(北京：人民文學出版社，1981年)，第20章，頁192。1935年，郭昌鶴在其《佳人才子小說研究》一文中激烈地批評這類作品宣揚所謂「平庸的榮華富貴與卑污的浪漫思想。」見鄭振鐸編《文學季刊》，北平立達書局版，1934—1935年，第1—2期。

[3]阿英《小說閑談》，1936年，見於《小說閑談四種》(上海古籍出版社，1985年)，第44、64頁。

ford）於一九七二年寫的博士論文《院牆那邊》（"Beyond the Garden Wall"），以三部才子佳人小說《玉嬌梨》、《平山冷燕》和《好逑傳》爲研究對象，探討了小說作者如何采用現實生活中真實的成分來創造自己的小說世界；作品中白話風格和文言風格的雜揉；散文與詩歌的使用以及中國和西方學者對這類小說的評論。他得出的結論是：這三部小說恰當地代表了從明代到清代沿續流傳下來的一種文化潮流。其風格的最貧乏之處在於它對具體事物的描寫方面。它一方面使用了前人大量用過的文言表達方式，一方面又吸收了口語的成分。[4]一九七九年，理查·赫斯尼（Richard C. Hessney）寫的博士論文《美、才、勇：十七世紀中國才子佳人浪漫史》（"Beautiful, Talented, and Brave : Seventeenth-Century Chinese Scholar-beauty Romance"）對這類小說作了進一步的研究。他通過考察《玉嬌梨》、《平山冷燕》、《兩交婚》、《畫圖緣》和《好逑傳》等五部小說，注意到這些作品中曲折的故事情節以及戲劇性的場面。[5]可是，克勞夫與赫斯尼二人均未提及才子佳人小說在漫長的清代歷史時期有何發展變化。他們所依據的均是清代前期的才子佳人小說而不包括清代后期的同類作品。在林辰一九八八年出版的《明末清初小說述錄》一書中，他強調了重新評價才子佳人小說的重要性，並對這類作品作了一般性介紹，還提供了部分作品的故事梗概。[6]我於一九九零年寫的第一篇博士論文《才子佳人小說研究》也把

[4]William Bruce Crawford, "Beyond the Garden Wall", Ph.D. dissertation, Indiana University, 1972, Ch.1, p.8; Ch.2, p. 52.
[5]Richard C. Hessney, "Beautiful, Talented and Brave: Seventeenth-century Chinese Scholar-beauty Romance."Ph.D. dissertation, Columbia University, 1979, Ch.4, p. 280.
[6]林辰《明末清初小說述錄》，沈陽：春風文藝出版社，1988年。

研究焦點集中在清代前期的才子佳人小說上。我所探討的是清代前期才子佳人小說作者的生平，這類小說在中國十七世紀中期興起的諸種原因，歷代對於這些作品的評論。而且，我還對這些小說的敘述內容和敘事結構作了初步的闡釋。[7]

可是，在才子佳人小說研究方面仍然存在著很多尚未解決的問題。例如，大量的才子佳人小說的作者和寫作時期並未澄清，這類小說在清代的演變和發展也有待於考察，保存在才子佳人小說中的序言、跋文和題詞等所表達的小說創作的觀點特別是關於如何評價這些小說的論點應當深入地加以討論。對才子佳人小說的出版、流通及其讀者群體的深入研究亦不可忽視，而對這些作品的主題和結構的進一步闡釋也是十分必要的。

本書的任務，是在已往學者研究成果的基礎上，對上述尚未解決的問題作一番探索性的闡釋。通過進一步考察才子佳人小說來更好地理解清代小說的發展。同時，把早期的才子佳人小說與十八世紀產生的著名小說《紅樓夢》加以比較，可以使我們看到，盡管才子佳人小說的敘事質量遠不如《紅樓夢》，它對後者的創作所提供的影響則是不可忽視的。換言之，深入地研究才子佳人小說，將有助於我們更全面地理解《紅樓夢》的產生以及清代小說的發展史。

---

[7]周建渝《才子佳人小說研究》，中國社會科學院研究生院博士學位論文，1990年。除此之外，還有一些關於才子佳人小說研究的文章分別見於《明清小說論叢》(瀋陽：春風文藝出版社)和《明清小說研究》（北京：中國文聯出版公司)。又有 Christina Shu-hua Yao 的博士論文《元明清時期的才子佳人愛情戲曲》（"Cai-zi Jia-ren: Love Drama During the Yuan, Ming, and Qing Periods"）（Stanford University, 1983），側重於對才子佳人戲曲的研究。柳存仁著作《倫敦所見中國通俗小說》(Chinese Popular Fiction in Two London Libraries)第313頁至321頁中對才子佳人小說亦有專門討論。

　　長期以來，治小說者往往致力於清代的幾部經典作品，而對其餘大量的小說缺少研究的興趣。這樣的結果，不利於我們對整個清代小說發展歷史的全面瞭解。若要在此方面拓寬我們的視野，一條有效的途徑就是注意考察那些不夠經典的作品如才子佳人小說等等。

　　對才子佳人小說的研究還有助於我們理解清代社會。在本書中我將試圖說明清代後期不少的才子佳人小說在相當程度上反映了當時社會的現狀諸如社會暴動以及朝廷的軍事征伐等等。

一、「才子」「佳人」術語的源流

　　首先需要解釋「才子」和「佳人」這兩個在本書中經常用到的術語。當這兩個術語被聯系起來加以使用時，他們通常特指理想化了的男女之間的愛情和婚姻故事。[8]然而，在漫長的歷史過程中，這兩個術語的含義已經發生過很大的變化，因此，在討論才子佳人小說之前，有必要把這兩個術語的源流及其演變情況作一個大致的釐清。

　　就目前所知，「才子」一詞最早在《左傳》中被使用到：

> 昔高陽氏有才子八人，……齊聖廣淵，明允誠篤，天下之
> 民謂之八愷。……高辛氏有才子八人，……忠肅共懿，宣
> 慈惠和，天下之民謂之八元。此十六族也，世濟其美，不
> 損其名。

從這段引文裡我們看到，才子最初指的是在社會行為與道德品質方面堪稱典範的人。緊接下來，與「才子」相對，作者又討論了所謂的「不才子」：

---

[8]見 Christina Shu-hua Yao, "Cai-zi Jia-ren: Love Drama During the Yuan, Ming, and Qing Periods,"第1章，第3頁。

> 昔帝鴻氏有不才子，好行凶德，丑類惡物，頑囂不友，是
> 與比周，天下之民謂之渾敦。[9]

這裡所謂的「不才子」也是從社會行爲和道德品質方面來加以定義的。這時「才子」的含義似乎與后來通常使用的「才子」一詞的含義（即有文學造詣的男子）有所不同，但是仔細想來，這兩者間仍有共同之處。才子代表了一種理想化的人格形象，一種社會道德行爲的典範而爲人們所效法，受社會所尊重。無論在《左傳》中還是在后來的文獻中，也無論才子的形象在具體特征方面和在不同時期有著怎樣的變化，這種基本的社會特征和社會作用則是相似的。對於這個問題，我將在下文作進一步的討論。

到了魏晉時期，也就是公元三世紀，「才子」一詞開始具有新的含義，這就是「具有文學天賦的男子」。潘岳（247－300）在其《西征賦》裏，就用「才子」一詞來稱呼漢代以文學著稱的賈誼(200BC－168BC)。[10]這是我們今天通常指稱「才子」的較早的例子。從這個例子中可以看到，「才子」一詞的含義已經從理想化的社會道德行爲的典範轉變爲具有傑出文學才能或者說「文學天賦」的人。在《後漢書》中，楊修（175－219）就因其「俊才」而被范曄（398－445）譽爲「才子」。所謂「俊才」，既是指他敏銳的分析能力，又指他的文學才幹。[11]

「才子」含義的這種變化似乎與中國第三世紀文、史、哲三科的分門別類及其相對獨立有著密切的關係，因爲在這以前的中國文獻記載中，文學尚未從史學與哲學中獨立出來而被加以討

---

[9]《春秋左傳正義》（臺北：廣文書局，1971年），文公18年。
[10]《西征賦》：「賈生洛陽之才子」。見蕭統《文選》（臺北：藝文印書館，1972年），卷10，頁159。
[11]《後漢書》（北京：中華書局，1982年），卷54，頁1789－1791。

論。現存最早的詩歌總集《詩經》，在當時被作爲社會道德教化的經典而不是文學作品看待，這一特徵可以從大小〈毛序〉中窺其一斑。[12]盡管劉向父子和班固看到詩賦與其它文體的差異而將其單獨歸爲一類，但是作爲詩歌最早的代表作品《詩經》，仍被《漢書》列入「六藝類」而與其它詩賦加以區別。[13]由這一點可見，他們仍未有意識地考察文學與其它學科的關係以及文學的獨特性。直到公元三世紀初，曹丕在其《典論·論文》中，第一次把詩賦作爲獨立的文體進行研究，並把它與奏、議、書、論、銘、誄等文體區別開來。繼曹丕之後，對文學的獨特性之重視和研究，便在陸機、劉勰、鍾嶸、蕭統等人的努力下，結出了豐碩的成果。[14]

在這樣的背景下，「才子」一詞被賦予更具體的含義，它與一個人的文學才能直接有關。具有文學才能的人受到社會的尊敬，同時他又是社會行爲的理想的楷模。「才子」的含義也因此從籠統的對有智慧和有道德者的指稱轉變爲較具體的對傑出的文學才士的指稱。

這種指稱的對象到公元七世紀又有了進一步的具體化，這就是由傑出的文學才士轉向更具體的對象：傑出的詩人。例如元稹（779－831）這個唐代有名的詩人就因其寫詩的才能被他的同輩人

---

[12] 參見拙文〈《周南》之「序」與《大學》之「道」〉，《蒙自師專學報》（雲南），1987年4期，頁33-37。

[13]《漢書·藝文志》，見《漢書》（北京：中華書局，1983年），卷6。

[14] 陸機在其《文賦》中進一步探討了詩賦與其它八種文體的區別，劉勰《文心雕龍》把作品分爲三十三種文體。鍾嶸《詩品》第一次對齊梁時期盛行的「永明體」詩歌創作風氣加以評論。蕭統《文選》則是現存最早的按文體分類的文學總集。它收集了從先秦至梁代一百三十個作家創作的七百六十一篇詩文，並將其分爲三十六種文類。所有這些成果都表明，當時人已經意識到了文學的獨特性及其不同的體裁。

譽爲「元才子」。[15]實際上，大量的唐代著名詩人也被同時代人稱作才子，盧綸、擊中孚、韓翃等人就是其例，他們與其他七人因爲寫詩的才能而被當時人譽爲「大歷十才子」。[16]

爲了解釋「才子」含義的詩才化，我們需要從古代科舉考試制度方面去找原因。這種制度始於隋朝（581），卻很快在唐代（618－907）獲得巨大成功。在唐代，爲選拔文官設立的考試制度就包括了詩賦科，它把寫詩作賦的能力定爲提拔文官的一個標準。這種選拔制度對於以讀書作官爲人生最大追求的知識分子來說，無疑是一巨大的推動力，它刺激了文人作詩的熱情，鼓勵他們創作了其數量與質量都空前絕后的作品，由此促進了唐代詩歌的興盛。[17]

元、明時期，把「才子」作爲詩人代稱的現象一直持續了下來。元代文人辛文房爲唐代三百九十八位詩人作傳記，將其書取名爲《唐才子傳》。這一署名無疑反映出當時人們對「才子」一詞的理解。與之同時，在元代著名的雜劇《西廂記》裡，男主角張生就因其卓越的作詩才能和成功的科舉考試而被作者王實甫稱作「才子」。到明代湯顯祖作《牡丹亭》，劇中男主角柳夢梅在劇之開端還是一個窮書生，后來卻在京城應試時高中狀元。柳夢梅在劇中也被稱爲才子，他的成功歸因於他的文學能力。在把柳夢梅作爲才子加以描寫這一點上，它與《西廂記》裏對張生的描寫很相似。張生與柳夢梅僅是元明時期戲曲中才子形象的代表，

---

[15]《新唐書·元積傳》（北京：中華書局，1975年），卷174，頁5228。

[16]盡管姚合在《極玄集》中提到的「大歷十才子」與《新唐書》卷203中提及「大歷十才子」所指的人有所不同，但一個共同的事實是：他們都是詩人。

[17]何秉棣（Ping-ti Ho），《在中華帝國成功的階梯》（The Ladder of Success in Imperial China）（New York: Columbia University Press, 1967），卷1，頁12。

他們的特徵正好可以說明在當時「才子」一詞的含義。

　　爲了解釋元明兩代「才子」形象的持續性，我們應當看到當時科舉制度的持續這一歷史的原因。在元代，科舉制度雖然有過短暫的中斷，卻又很快地得到恢復。[18]至明代，它仍是朝廷選拔文官的重要制度。由於它的巨大影響，古代中國形成了一個重要的傳統：文學事業與仕宦生涯緊密相連，考場上的功名及第成爲文人一生的重要目標。《西廂記》與《牡丹亭》里才子的特徵體現了這樣一種社會的傳統。在兩個劇本裏，兩位才子都因其文學才華而高中狀元。

　　到了清代，「才子」一詞在一些不同的場合下得到使用，例如被用作一套叢書之名「才子書」。金聖歎（1608－1661）把他評點的《水滸傳》等六部作品稱作「六才子書」。[19]同樣的用法還見於《才子尺牘》一書的書名，內收有金聖歎、陳繼儒的作品，其中大量是詩歌。此外，毛宗崗也把《西遊證道奇書》稱作「第一才子書」。盡管「才子」的一般用法與「才子書」的用法不全相同，但它們所指，都與文學創作有關。「才子」是指具有傑出的文學寫作才能、特別是詩歌寫作才能的人，「才子書」稍有不同，不僅包括了詩歌，也包括了散文和史籍。

　　清代初期，出現了爲數不少的白話中篇小說，以敘述才子與佳人的愛情婚姻故事爲主題，因此，它們被其書的作者稱爲有關「才子佳人」的小說，[20]同時也在書中的序言裡被稱以此

[18]王靖華《元代考選制度》（臺灣：考選部，1984年），第3章，頁33；王季思〈《西廂記》前言〉，見《西廂記》（上海：古籍出版社，1978年），頁2。

[19]其它五部作品分別是《離騷》、《莊子》、《史記》、《杜詩》和王實甫《西廂記》，而金氏對它們的評點僅有部份是完整的。見《辛丑紀聞》（臺北：文海出版社，1967年），頁156。

[20]見《玉嬌梨》，第20回，頁727。

名。[21]清代文人如劉廷璣、曹雪芹，他們在批評有關才子與佳人的愛情婚姻故事時，也用了「才子佳人」的提法。[22]到本世紀初期，魯迅使用了「才子佳人小說」一詞來指稱這一類型的小說，並且把這類小說的敘事主題和結構等特徵稱作「才子佳人定式」。[23]

這就是「才子」一詞在使用過程中其含義發生的種種演化。到了十八世紀中葉，才子佳人小說中的才子的形象又發生了進一步的變化：從一個僅具有傑出的文學才能的文人逐漸演變成了文武雙全的時代英雄。在這些小說中，才子不僅能夠在考場上高中金榜，取得高官，而且擅長帶兵，善於平息任何社會動亂。關於這一點，將在本書後面部分詳加討論。[24]總而言之，以上對「才子」這一術語的涵義、用法之演變情況的概述，體現了傳統文人對自我形象認識的變化。

「佳人」這一術語的使用比「才子」的使用更為複雜一些。早在公元前，「佳人」一詞既可以指男性，又可以指女性。在公元前三、四世紀的《楚辭》中，「佳人」一詞被用來象徵楚王，這在《湘夫人》、《九歌》和《悲回風》中可見。[25]在漢武帝

---

[21]其例可見《水石緣》中的敘文，《古本小說集成》本，頁3。《西湖小史》（《古本小說集成》本），頁2。《鐵花仙史》（《古本小說集成》本），頁1-3。

[22]劉廷璣《在園雜誌》，《遼海叢書》（臺北：文海出版社，1969年），卷2，頁25。曹雪芹《紅樓夢》（北京：人民文學出版社，1982年），第1回，頁5。

[23]《中國小說史略》（北京：人民文學出版社，1981年），第25章，頁248；第26章，頁258。

[24]見本書第六章，第五節。

[25]這幾部作品的作者究竟是不是屈原所作，至今仍有論者懷疑。但是傳統的看法以及絕大多數中國當代學者仍然認為，它們是屈原所作。此爭論見黃中模《中日學者屈原問題論爭集》（濟南：山東教育出版社，1990年）。

(156BC-87BC)的《秋風辭》裏，「佳人」卻被用來指稱良臣。[26]
當然，《楚辭》與《秋風辭》裏的「佳人」如果作象徵性名詞理
解，那麼其表層意義或可說是指稱女性的。然而在此後的時期，
「佳人」一詞的确用來實指過男性，它既可指稱一個英俊的男
子，又可指稱有好聲譽的男人。這樣的例子可見於魏晉時期，那
時的文學青睞清俊的男子，例如曹操部下的將軍曹眞就因其俊才
被稱爲「佳人」。[27]晉代的另一位將軍王貢，也因其具有道德
聲譽，被陶侃稱作「佳人」。[28]後漢光武帝把尙書令陸閎的容
貌比作玉顏時，也稱陸爲「佳人」。[29]此外，當妻子稱呼其丈
夫時，也會稱他爲「佳人」。[30]

在我們討論的上述歷史時期，作爲一種通常的使用，「佳人」
一詞也可以指稱漂亮女人。我們迄今所見到的最早以「佳人」指
稱美女的例子可見於漢代宮廷樂官李延年（？－87BC？）向皇帝
推薦其妹時所作的一首詩：

> 北方有佳人，絕世而獨立。
>
> 一顧傾人城，再顧傾人國。
>
> 寧不知傾城與傾國，佳人難再得。[31]

與此同時，在劉安《淮南子·說林》中，「佳人」也指的是女性
美人：

---

[26]呂延濟注《秋風辭》，見六臣注《文選》(臺北：廣文書局，1964年)，
　　卷9，頁852。
[27]魏收《三國志·魏志》中裴松之注文，見北京中華書局1973年版，卷
　　9，頁287。
[28]房玄齡《晉書·陶侃傳》(北京：中華書局，1974年)，卷66，頁1772。
[29]趙翼(1727-1841)《陔餘叢考》(石家莊：河北人民出版社，1990年)，
　　卷42，頁763。
[30]同前注。
[31]班固《漢書》（北京：中華書局，1975年），卷97，頁3951。

　　　佳人不同體，美人不同面。[32]

相同的用法同樣見於稍後的古詩十九首。[33]其中的《東城高且長》一詩裏這樣寫道：

　　　燕趙多佳人，美者顏如玉。[34]

從上述三個例子中我們看到一個共同特徵，即佳人所指，都是在形體上有魅力的美女。那麼，這種形體美又具體表現在哪些方面呢？在曹植的《洛神賦》裏我們看到細致而誇張的描寫。當他描述了洛神華麗的服飾、漂亮的容顏時，曹植同樣用「佳人」來稱道這位神女。[35]

　　以「佳人」指稱美女這一用法持續了相當長的時期，一直到明末清初。在晚明的戲曲中，佳人是以其情、貌、才著稱的。在這三者當中，情是最重要的，也是給與讀者或觀衆印象最深刻的特徵。這一點可在晚明戲曲《牡丹亭》裏得到證明。

　　與明代相比較，清代文學中所使用的「佳人」一詞指稱的重點則有所不同。這主要表現在它對「才」的偏重上。大量的清代小說裏，「佳人」所指，不但在外貌上是美的，而且更重要的，是其才智上的出類拔萃。這一特點的轉變，在清代的才子佳人小說中得到清楚而又充分的表現。在這些小說中，佳人的魅力不僅來自她的美貌，更重要的，是來自她文學方面的傑出才能。而且在最終的意義上，她的文學秉賦的重要性遠遠超出其美貌的重要。這一點很能夠說明這些清代小說的作者通過強調佳人的文才，使這一人物與此前文學中的佳人形象區別開來。

---

[32]《淮南子》（臺北：世界書局，1962年），卷17，頁293。
[33]梁啓超《中國之美文及其歷史》一書將古詩十九首的產生時期劃在東漢，見其書（臺北：中華書局，1968年），頁112-113。
[34]蕭統《文選》（臺北：藝文印書館，1972年），卷29，頁5-6。
[35]同前注，卷19，頁5。

　　有趣的是，從這種傳統文學裏「佳人」形象的變化中，我們看到了中國傳統文人心目中關於理想的佳人的詮釋。為了更清楚地討論這一點，我將把出現在傳統詩歌、戲曲和小說中的佳人形象作一個比較。理查·赫斯尼在他的博士論文《美、才、勇》中列舉了前代文學作品中的愛情故事，並認為這些故事對清代才子佳人小說發生過影響。這些故事包括《史記》中的司馬相如與卓文君、元稹《鶯鶯傳》和王實甫《西廂記》里的張生與崔鶯鶯、以及明代其它一些戲曲。[36]

　　大體上，我同意把卓文君與崔鶯鶯當作清代才子佳人小說中佳人形象的原型。然而應當注意的是，最早記載於《史記》和《漢書》中的卓文君僅僅是一個外貌迷人的美女，司馬相如之所以對她動心，是因為她外貌的漂亮而已。此後的葛洪（284-364）在《西京雜記》裏，對卓文君的形象作了進一步的擴充：司馬相如與卓文君結婚以後，曾一度打算取妾。卓文君因此寫了一首詩，表示她要與司馬相如決絕的願望。讀了這首詩後，司馬相如打消了納妾的念頭。[37]從這項記載中，我們得知卓文君能作詩，但其詩的質量仍然不得而知。

　　到公元十五世紀初，這個故事在其演變過程中又發生了一些變化，這就是增加了更為詳細的敘事元素。例如明代朱權（1378－1448）的戲曲《卓文君私奔相如》，其中的司馬相如在科舉考試時考中狀元。此外，吸引司馬相如的不是別的，而是卓文君的

---

[36]赫斯尼沒有把《牡丹亭》作為晚明戲曲的一個範例，而是將吳炳的《綠牡丹》以及其它較不重要的戲曲作為例子。見其論文卷 1，頁96至 114。

[37]關於《西京雜記》的作者，傳統上認為是劉歆，然余嘉錫考證為葛洪所作。見翁同文《四庫提要補編》，《西京雜記》寶文堂本(1786年)，《百部叢刊集成》（臺北：文藝印書館，1968年），卷 1 頁19。

「情」和「貌」。有意思的是，司馬相如與卓文君的形象正好與明代戲曲中才子於佳人的一般特徵相吻合。

另一個佳人崔鶯鶯，她的故事與卓文君很有些相似。鶯鶯的故事第一次出現在唐代元稹的傳奇《鶯鶯傳》裏。又先後被金代董解元（1160？－1209？）改編爲以大團園結局的諸宮調《西廂記》，被元代王實甫改編爲經典雜劇《西廂記》。在這些改編中，鶯鶯的形象基本上沒有大的變化，由此可看出文人心目中的佳人形象，在從唐至元期間並沒有顯著的變化。無論是卓文君還是崔鶯鶯，她們都是鍾情於其丈夫或情人的美女。在這一點上，她們已成爲那些時代女性的典範，也因此被作爲清代才子佳人小說中佳人形象的原型。

然而值得注意的是，清代才子佳人小說中的「佳人形象」在某些重要的方面既不同於卓文君，又與崔鶯鶯相區別。在這些小說中，佳人的文才，特別是作詩之才，已成爲佳人形象的最重要的特徵，這一點是很難在卓文君或崔鶯鶯身上看到的。當佳人依然擁有美貌和對其丈夫或未來丈夫的鍾情時，她的文才就顯得尤其突出。由於這樣她才得以才女著稱。

與明代戲曲相比，清代才子佳人小說中的佳人似乎更加積極地參與社會的生活並在其中扮演重要的角色。佳人可以通過寫詩相互交流，成立詩社，組織賽詩會並在其中擊敗傑出的男性詩人。在某些時候，佳人甚至可以女扮男裝，溜出閨房，私會鍾愛的男子。這就是清代才子佳人小說中的佳人之形象。

從簡單的對「貌」的注重，到對「情」的強調，再到對「才」的凸顯，這就是佳人形象在不同歷史時期發生的演變。這種演變恰好反映出古代文人士大夫對女性的價值標準的變化。

二、才子佳人小說流派

才子佳人小說在清代流行時期又被稱作「佳話」。這是因為書中所敘，皆才子佳人的風流韻事，且又「始或乖違，終多如意」[38]，於是成為民間喜聞樂道的美談。〈春柳鶯序〉中說道：「男慕女色，非才不韻；女慕男才，非色不名，二者具焉，方稱佳話。」《女開科傳》第一回稱：「若是真正才子，自不屑與此輩為伍。結說一二相知朋友，砥志勵行，即偶爾閑戲，必要做出絕無僅有的事，為千古一段風流佳話。」《兩交婚》第一回也談到：「自古才難，從來有美。然相逢不易，作合多奇，必結一段良緣，定歷一番妙境，傳作美觀，流為佳話。」

但是，在「佳話」風行的那個時代，它並沒有被當作專門的小說流派來看待。《四庫全書總目‧小說類一》分小說為三派，「其一敘述雜事，其一記錄異聞，其一綴緝瑣話也。」這樣的劃分十分籠統，自然就落實不到對這類小說的歸類上。後來魯迅把它歸入「人情小說」亦即「世情書」一類，認為它是學步《金瓶梅》、《玉嬌李》，「而一面又生異流，人物事狀皆不同，惟書名尚多蹈襲」，[39]「但內容卻不是淫夫蕩婦，而變了才子佳人了」[40]。魯迅之後，再次對才子佳人小說予以具體定類的要算孫楷第。他把它們歸入「煙粉」類，同時又分「煙粉」為五小類：一人情，二狹邪，三才子佳人，四英雄兒女，五猥褻[41]。

從這些材料看來，一直到二十世紀初期，才子佳人小說才被

---

[38]魯迅《中國小說史略》，第20篇。
[39]同前注。
[40]《中國小說的歷史的變遷》第5講。
[41]《中國通俗小說書目》卷4。

人們當作專門的一種中國敘事小說看待。魯迅把它劃爲人情小說的一種時，也注意到了它與明代四大小說的不同。[42]孫楷第把它們歸爲專門一類，稱作才子佳人小說，同時也通過進一步細分，把它與其它類艷情小說相區別。[43]自本世紀七十年代以來，出現了一些研究這些小說的文章和專著，這一點已在本文開頭提及。應當說，這些成果都擴展了對這一類小說的文體性質的研究。

　　如果我們以早期的才子佳人小說爲例，則不難看到，這類小說與明清時期的六大小說或孫楷第列舉的另外四類小說之間確實有著較爲明顯的區別。首先，她的主題通常與才子與佳人的愛情婚姻有關，在這一點上與明清時期的六大小說有著明顯區別。《水滸傳》以敘述社會動亂與官府的抗爭爲主，《三國演義》講述魏、吳、蜀三國「逐鹿中原」的政治軍事爭鬥，《金瓶梅》寫好色徒與其妻妾以及娼妓淫亂的故事，《西游記》涉及西天取經途中與妖魔的種種抗爭，《儒林外史》揭露科舉的腐敗，《紅樓夢》敘述愛情的悲劇。然而，才子佳人小說卻重在敘述一種理想化的愛情與婚姻故事。在其中，愛情的交流主要以典雅的詩詞爲媒介。在「父母之命、媒妁之言」爲擇婚條件以及婚前性行爲通常受到禁止的社會環境中，男女之間對婚姻對象的自由選擇卻顯

---

[42]魯迅曾把才子佳人小說誤作明代作品，此後孫楷第和柳存仁作有糾正。見孫楷第《中國通俗小說書目》（北京：人民文學出版社，1982年），頁151－171；柳存仁《倫敦所見中國小說書目提要》(Chinese Popular Fiction in Two London Libraries)（臺北：鳳凰出版社，1974年），頁313。

[43]在《中國通俗小說書目》一書中，孫楷第將才子佳人小說劃入「煙粉」之列，實爲承襲宋人之說，見羅燁《醉翁談錄》，耐得翁《都城紀勝》。其實，把這類小說歸入「煙粉」之類，還不是很恰當的。因爲才子佳人小說並不同於宋代那些人與鬼的艷情遇合故事，更有別於煙花粉黛的青樓情事。

示了它從現存的婚姻常規下的解放。然而，這類小說對科舉制的認同則爲其打上了保守的社會性特徵。

在小說的人物設計方面，才子佳人小說敘述的是年輕的文人與美女以詩賦傳情與相愛的故事。與之相反，除了《紅樓夢》與《聊齋誌異》外，明清其它小說諸如《水滸傳》、《三國演義》、《西遊記》與《儒林外史》等均不在敘述年輕才子與佳人的愛情故事。

才子佳人小說與明清這六部小說的差異還體現在它們的敘事長度上。前者包括的五十來部小說中，通常是中篇的篇幅，大多是二十至三十回。惟有晚期的才子佳人小說才擴展到較長的篇幅。[44]

與孫楷第提及的其它四類小說相比，才子佳人小說的故事女主角多是深閨繡樓中的良家女子，書中所敘，是才子與良家閨秀的愛情故事，而《品花寶鑑》、《花月痕》、《青樓夢》等書，主要描寫文人與梨園优伶、青樓妓女的感情糾葛，並且有的雜以神仙妖異之說。在對結局的處理上，後者已不全是「佳話」那樣的金榜題名、欽賜完婚了。此外「佳話」側重寫才子佳人的悲歡離合，兒女情長，《兒女英雄傳》則是「欲使英雄兒女之概，備於一身」[45]。至於「佳話」與《如意君傳》《繡榻野史》等淫書的區別，則更是顯而易見。前者敘述男女情事基本沒有淫穢描寫，後者因其色情描寫不斷地受到論者指責。早在當時劉廷璣與曹雪芹就已對這兩類小說作過明確的上述區分。[46]

---

[44]直到十九世紀後期出現的《玉燕姻緣全傳》才有了七十七回。

[45]魯迅《中國小說史略》，第27篇，頁241。

[46]《在園雜誌》卷二：「近日之小說，若《平山冷燕》、《情夢柝》、《風流配》、《春柳鶯》、《玉嬌梨》等類，才子佳人慕才慕色，已出之非正，猶不至於大傷風俗。……至《燈月圓》、《肉蒲團》、《野

　　就結構而言，這類小說通常由合、離、合三部分所構成。它由才子與佳人意外驚喜的相遇作始，兩人通過詩賦的交流，彼此佩服對方的文才，導致雙方以婚姻相許。然而，這樣的愛情與婚姻是要付出代價的。才子往往受其情敵的欺騙，並且由於小人的從中作梗，才子與佳人被迫遭受離別等種種痛苦的磨難。這樣的磨難最終帶來的結果，是他們克服了種種人生的障礙，才子高中金榜，易拾青紫，娶到了夢想的佳人，實現了其畢生奮鬥的目標，從而賦予作品完美的團圓結局。應當說，從這種結構的設置中，我們可以看到明代戲曲對它的影響。[47]

　　如果我們承認才子佳人小說與上述種種小說的區別是存在的，如果我們正視才子佳人小說是在時間相對集中、故事特徵較爲相似、由一定數量的作家群體所創作、並有一定數量的作品這樣一個事實，就可以把它作爲一個小說創作流派來看待。所謂小說流派，是指在小說創作的過程中，一定歷史時期內出現的一批作家，由於審美觀點一致或創作風格類似，自覺或不自覺地形成的創作集團和派別，通常是有一定數量的代表人物的作家群。從基本形態上看，小說流派大體有兩種類型：一種有明確的文學主張和組織形式的自覺集合體，一種是不完全具有甚至根本不具有明

　　史〉、《浪史》、《快史》、《媚史》、《河間傳》、《痴婆子傳》則流毒無盡。更甚而下者，《宜春香質》、《弁而釵》、《龍陽逸史》，悉當斧碎棗梨，遍取已印行世者，盡付祖龍一炬，庶快人心。」又《紅樓夢》第一回，借石頭之口談到：「更有一種風月筆墨，其淫穢污臭，最易壞人子弟。至於才子佳人等書，則又開口文君，滿篇子建……」

[47]元明清戲曲中的大團圓結局曾經受到胡適的強烈批評，見其〈文學進化觀念與戲劇改良〉，《胡適文存》（臺北：遠東圖書公司，1961年），卷1，頁143-159。近年來，有學者試圖從肯定的角度對其進行重新評價。見呂薇芬〈古典戲曲的團圓觀〉，《戲劇藝術》（上海），1991年4期，頁16-24。

確的文學主張和組織形式，但在客觀上由於創作風格相近而形成
的派別[48]。才子佳人小說流派屬於其中第二種類型，由於這些
作者的創作內容與表現方法相近、作品風格相似，因而能夠被後
人專門劃爲一類或作爲一個流派來研究。

　　至於這一小說流派起於何時，又止於何時，以往的研究者似
乎未作過明確劃分。在現存的數十部才子佳人小說中，最早的作
品有《吳江雪》，據說成書於明代末期。[49]然而，這些看法近
來引起人們的質疑，有學者撰文指出它們均爲清初作品。[50]另
一部小說《玉嬌梨》，現存最早的版本也是清初刻本，[51]因此，
這類小說幾乎都成書於清代。孫楷第《書目》的「才子佳人」類，
收有書目七十五部，其中康熙和康熙以前二十七部，乾隆、嘉慶
年間二十六部，道光以來六部，未知成書時間十六部，可知孫氏
將這類小說的時間下限定在道光以後。在此基礎上，我將以乾隆
時期爲界，把這類小說劃分爲清代前後兩個時期，並由此探討從
前期到後期這類作品的演變情況，這一問題將在本書的後面章節
裏加以討論。

　　總而言之，才子佳人小說是清代愛情婚姻小說的一個流派。
它以描寫才子與佳人的愛情婚姻故事爲主要內容，敘述了才貌雙
全的男女青年一見鍾情，私訂終身，後又遭受亂離和磨難，才子
終於科舉及第，並與佳人結成婚姻。小說通過頌揚以才貌與眞情

---

[48]參見《中國大百科全書・中國文學》(北京：中國大百科全書出版社，
　　1986年）。

[49]魯迅《中國小說史略》（北京：人民文學出版社，1973年）第20篇，
　　頁160；孫楷第《中國通俗小說書目》(北京：作家出版社，1957年)，
　　頁133。

[50]林辰《明末清初小說述錄》，頁154-157。

[51]也有學者懷疑它是清初人用明末版重印的，見前注，頁142。

爲基礎的愛情與婚姻觀，表現了傳統中國的「文人形象」和文人
的價值觀；在故事角色的成功經歷與小說作者的失意遭遇所構成
的對比和呼應關係中，隱含了對社會與政治的譴責。

三、才子佳人小說興起的原因

　　一種文學現象的產生，既有其文學發展的內部原因，又受其
賴以存在的社會環境所影響。毫無例外，才子佳人小說的興起，
也是一定的社會環境與文學發展合力的結果。

　　明末清初是中國歷史上又一次風雲變幻的時期。滿清政府在
以武力征服中國的同時，也明智地注意到漢族文化對這個以文官
制爲傳統的社會所起的重要作用。爲了鞏固和加強其極權統治，
他們不斷地調整文化政策，從民間廣招文學茂才。就在定鼎之初
的順治元年十月甲子，清世祖福臨便頒詔天下：「故明建言罷謫
諸臣及山林隱逸懷才抱德堪爲世用者，撫按薦舉，來京擢用。文
武制科，仍於辰戌丑未年舉行會試，子午卯酉年舉行鄉試」[52]。
此後康熙十七年，興博學鴻儒科，皇帝親自選試「學行兼優、文
詞卓越之士」[53]。此後一段時期，朝廷不斷地采取一些有利於
文化發展的措施[54]。而且，康熙皇帝本人也愛好文學，曾把自
己創作的《御制詩集》賜與大臣，[55] 這無疑是對文學的一種鼓
勵。康熙二十一年上元節，皇帝「賜廷臣宴，觀燈，用『柏梁體』

---

[52]《清史稿·世祖本紀一》，見《清史稿》（北京：中華書局，1994
　　年），冊2，卷4，頁90。
[53]《清史稿·聖祖本紀一》，見《清史稿》（北京：中華書局，1994
　　年），冊2，卷6，頁196。
[54]據《清史稿·聖祖本紀一》記載，康熙十八年，朝廷開設明史館。康
　　熙卅八年，開始大規模的經籍傳注的纂輯。自康熙年間起纂，迄於乾
　　隆三年成書的《古今圖書集成》，是康熙以來文化政策的成功繼續。
[55]同注53，頁198。

賦詩。上首唱云：『麗日和風被萬方』，廷臣以次屬賦。上爲製
《昇平嘉宴詩序》，刊石於翰林院」[56]。康熙三十三年七月，
「上求文學之臣」，分別任以職事。[57]統治者和朝廷對文人的
起用，對學術和文學的重視與倡導，對文學的發展起到了有利的
刺激作用。

　　儘管在當時，朝廷仍舊禁止小說俚語入奏議，視小說戲曲爲
「不登大雅之堂」者，但是，通俗小說與戲曲仍以不可阻擋之勢
逐漸興起於文壇，發生著廣泛的社會影響。這一現象在明代就發
生了，就連一些皇帝也私下對這種通俗文學持以喜聞樂見的態
度。明武宗朱厚照曾經要看小說《金統殘唐》，求之不得，一
內侍竟以五十金的高價購得以進覽[58]。明神宗朱詡鈞也「好覽
《水滸傳》」[59]。此外，明代官坊還大量刊行小說戲曲，如明
人周弘祖《古今書刻》收有都察院刊本《三國志演義》、《水滸
傳》；明人鄭以禎刊本《三國志演義》所題，有金陵國學本；明
宦官劉若愚《酌中志》稱「《三國志通俗演義》……皆樂看愛買
者也。」到了清代，小說與戲曲仍是舉國上下喜好的對象：「崇
德初，文皇帝患國人不識漢字，罔知治體，乃命達文成公海翻譯
《國語》、『四書』及《三國志》各一部，頒賜耆舊，以爲臨政規
範。及定鼎後，設翻書房於太和門西廊下，揀擇旗員中諳習清文
者充之，……有戶曹郎中和素者，翻譯絕精。其翻《西廂記》、

---

[56]《清史稿‧聖祖本紀二》，卷7，頁209。

[57]同前註，頁 240 。

[58]〔明〕周暉《金陵瑣事剩錄》卷一，因無法找到原書，此轉引自王利
　　　器《元明清三代統治階級對待小說戲曲的態度》一文，《耐雪堂集》
　　　（北京：中國社會科學院，1986年），頁13。

[59]〔明〕劉鑾《五石瓠》卷1，見王利器《元明清三代統治階級對待小
　　　說戲曲的態度》引文，《耐雪堂集》，頁14。

《金瓶梅》諸書，疏櫛字句，咸中綮肯，人皆爭誦焉。」[60]「順治七年正月，頒行清字《三國演義》，……一時人心所向，不以書之真偽論。」[61]這種喜好小說之風波及民間，客觀上對小說的興盛起了推波助瀾的作用。於是，或依靠書坊廣刻小說，使售者得以市利，讀者得以獵奇；或通過說書人，把小說介紹給平民百姓；或憑籍租書方式，讓小說流傳到讀者手裏[62]，致使「農工商販，抄寫繪畫，家蓄而人有之」[63]。正是在這種社會需求的刺激下，小說的創作與傳播日益興盛起來。

　　以上討論的僅僅是小說興起的一般社會原因，還不足以說明才子佳人小說這一特定的流派所以產生的特殊的社會原因。我們不禁要問，為什麼這個時期會興起才子佳人這一特殊題材的小說呢？它的較為主要的社會動因又是什麼呢？

　　我以為較主要的社會原因，是由於這類小說對於朝廷的政治統治沒有多大的危害性，因而得到政府的相對寬容。明清之際，統治者對於文學創作的控制還是嚴歷的。突出的例子是，他們三令五申地禁毀所謂「誨盜誨淫」的小說與戲曲。明崇禎十五年四月十七日，刑科給事中左懋第上疏陳請焚毀《水滸傳》，其理由是：「此賊書也。李青山等向據梁山而講招安，同日而破東平、張秋二處，猶一一仿行之。……《水滸傳》一書，貽害人心。」於是，同年六月十五日，奉聖旨：「嚴禁『滸傳』，勒石清地。」「凡坊間家藏『滸傳』并原板，盡令速行燒毀，不許隱匿；仍勒

---

[60]〔清〕昭槤《嘯亭續錄》，卷1。
[61]〔清〕俞正燮《癸巳存稿》，卷9。
[62]《生涯百詠》卷一「租書」條：「藏書何必多，《西游》《水滸》架上鋪；借非一瓻，還則需青蚨。喜人家記性無，昨日看完，明日又租。真個詩書不負我，擁此數卷腹可果。」（見王利器《元明清三代統治階級對待小說戲曲的態度》，《耐雪堂集》頁39。）
[63]〔明〕葉盛《水東日記》，卷21。

石山巔，垂爲厲禁，清文其地，歸之版籍。」[64]延及清代，這樣的禁毀更是有增無己。滿清政府曾於順治九年、康熙二年、二十六年、四十年、四十八年、五十三年和雍正二年屢次批准禁毀淫詞小說[65]。甚至規定「有仍行造作刻印者，係官革職，軍民杖一百，流三千里；市賣者杖一百，徒三年；買看者杖一百」[66]。禁毀的范圍主要有三個方面，一是記述明末清初之事，有關涉清王朝的違礙字句；二是「誨盜」之作，有縱人犯上作亂之嫌；三是「誨淫」作品，有傷風化。「誨盜」者當推《水滸傳》爲首，「誨淫」者蓋以《金瓶梅》爲最；而有關涉清王朝的違礙字句，則散見於小說戲曲之中。朝廷認爲這三類作品於其統治「不惟無益，而且有害」[67]，因此輕則刪改，重則禁毀。

　　可是，目前所見到的清代諸種禁毀小說書目中，卻很少提到我們所討論的才子佳人小說。今見好幾部清代官方頒布禁毀小說戲曲的書目，例如《乾隆朝禁毀小說戲曲書目》中的二十二種，道光年間頒布《勸毀淫書徵信錄》中一百二十種，余治《得一錄》卷十一所列一百一十六種，以及同治七年江蘇巡撫丁日昌開列的二百三十三種，其中包括了《水滸傳》、《金瓶梅》、《牡丹亭》等數百種作品，就連聲稱其不同於「訕謗君相」的「野史」、「淫穢污臭」的「風月筆墨」和「才子佳人」等書的《紅樓夢》，也未能免遭禁毀之難。可是其中涉及到的才子佳人小說卻爲數甚少，其它大量的作品特別是其前期代表作《玉嬌梨》、《平山冷

---

[64]東北圖書館編《明清內閣大庫史料》，上冊，頁 429。
[65]兪正燮《癸巳存稿》，卷9；魏晉錫《學政全書》，卷7；《大清聖祖仁皇帝實錄》，卷129；〔清〕延熙等人編《臺規》，卷25。
[66]延熙等人編《臺規》，卷25。
[67]《大清聖祖仁皇帝實錄》，卷 129。

燕》等小說，均不在此之列。[68]這種情況至少可以說明，這類
小說對清王朝的統治並無多大的妨礙。特別是像《平山冷燕》
那樣對皇上歌功頌德，還會受到他們的青睞。至於「誨淫」之
嫌，盡管有人視之爲「已出非正」，但又覺得它「不至於大傷風
俗」，[69]因此還能爲當時社會的統治集團所容忍。我們可以這
樣說，才子佳人小說從一開始，就沒受到過像《水滸傳》、《金
瓶梅》那樣嚴格限制，相反地，卻在政府和社會對它的寬容之下
興盛起來了。

　　除此之外，我們還應看到，社會上文人與才女交往的風氣盛
行，這一點直接給予作者創作上的啓發。這種現象本可以追溯到
更早的時期，在宋詞裏可以找到很多這樣的例子。然而，晚明以來
才女的興起，實爲當時文壇和社會注入了新的活力。空前衆多的
女詩人出現，使得以男性爲主體的文人圈子受到震撼。在驚喜之
餘，人們不得不感嘆「乾坤清淑之氣不鍾男子，而鍾女子。」[70]
於是，有的文人遂以編輯女詩人的作品爲己任，「或購之坊家，
或受之親友，或覓之書賈，或承四方之惠教，或於殘篇斷簡中拾
其瓣香寸玉，彙而集之」，[71]有的女詩人也把所作的詩文自編
成集，付予鐫版。[72]其例之多，只要讀一讀胡文楷《歷代婦女
著作考》一書，就不難理解爲什麼清代初期會有頌揚詩才特別是

---

[68]以上所列四種書目見於王利器輯《元明清三代禁毀小說戲曲史料》，
　　頁 50，122-124，134-136，142-149。
[69]劉延璣《在園雜志》，卷 2。
[70]鄒漪《紅蕉集序》，見胡文楷《歷代婦女著作考》（上海：古籍出版
　　社，1985年），頁897。
[71]〔清〕胡孝思《本朝名媛詩鈔》（乾隆三十一年版），見胡文楷《歷
　　代婦女著作考》，頁 912。
[72]〔清〕吳文媛撰《女紅餘緒》，同治七年鐫版，前有自序。見胡文楷
　　《歷代婦女著作考》（上海：古籍出版社，1985年），頁 298-300。

女子的詩才的這樣一些小說的興起。

　　然而，這類小說的興起，還有文學自身發展的內部原因，這就是明清時代文學觀念的變化以及古代愛情婚姻小說的發展，這兩者構成了才子佳人小說興起的決定性的、內在的因素。明情時期，曾經不登大雅之堂的小說戲曲逐漸受到文人和群眾的重視。晚明的李贄，曾從文學發展史的角度，論述了小說興起的歷史必然性，并認爲象《水滸傳》那樣的小說，與古代詩文一樣，都是「古今至文」，不可因產生時間的先後而定其優劣[73]。袁宏道也強調：「代有昇降，而法不相沿，各極其變，各窮其趣，所以可貴，原不可以優劣論也」[74]。這些看法的提出，對以詩文爲正宗的傳統觀念無疑是一有力的挑戰。爲了把小說提高到與經史平等的地位，當時的論者有意識地把兩者相提並論：「《水滸傳》委曲詳盡，血脈貫通，《史記》而下，便是此書」[75]。「《三國》敘事之佳，直與《史記》仿佛，而其敘事之難，則有倍難於《史記》者」[76]。另一名論者金聖嘆則通過編「六才子書」的方式，把《離騷》、《南華》、《史記》、《杜詩》、《西廂》、《水滸》等不同文類的作品合在一起[77]，它的意義在於通過打破詩文與小說的界限，來取消「詩文正統」與「稗官野史」的優劣之分。其他的一些論者則從另外的角度，指出小說與經書有著相同的社會功用：「四書五經，如人間家常茶飯，日用不可缺；

[73]《焚書》卷3《童心說》。
[74]錢伯城《袁宏道集箋校》卷4《敘小修詩》（上海古籍出版社版）。
[75]李開先引時人語，見《一笑散·時調》。
[76]毛宗崗《讀三國志法》，見《三國演義》（杭州：浙江文藝出版社，1994年），頁19。
[77]〔清〕廖燕《二十七松堂集》卷十四《金聖嘆先生傳》，見王利器《元明清三代統治階級對待小說戲曲的態度》引文，《耐雪堂集》，頁30。

稗官野史，如世上山海珍羞，爽口亦不可少。……四書五經，不外飲事男女之事；而稗官野史，不無忠孝節義之談」[78]。更有甚者，乾脆提出「六經子史皆說也」[79]。所有的論者盡管角度各有不同，然而論辯的指向卻是一致的，就是要讓社會重視小說的地位和價值。

在這種的背景之下，一些作者開始把創作的目光轉移到平凡的日常生活中來，於是所謂講述世態人情的小說逐漸發展起來。在《金瓶梅》出現以前的中國長篇小說，主要講述帝王將相的霸業、綠林豪傑的壯舉或神仙魔鬼的爭鬥。故事的主角往往被描述為具有超人智慧的「神化」的人。從《金瓶梅》開始，小說家關注的焦點逐漸由「神性」轉移到「人性」，他們認為：「蜃樓海市，焰山火井，觀非不奇，然非耳目經見之事，未免為疑冰之蟲。故夫天下之真奇，在未有不出於庸常者也。」[80]我之所以引用這段話，是因為它體現了當時人在小說批評觀念上由崇拜英雄向關注平民的轉變，引導作家把創作的目光貼近平凡的人間。也就是從那段時期開始，「極摹人情世態之歧，備寫悲歡離合之致」[81]，逐漸成為小說創作的風氣。

與此同時，一些論者公開提倡小說應當描寫男女之情。他們引經據典，為「情」正名，指出「『六經』皆以情教也。《易》尊夫婦，《詩》有《關雎》，《書》序嬪虞之文，《禮》謹聘奔之別，《春秋》於姬姜之際，詳然言之，豈非以情始於男女」，[82]

---

[78]樵雲山人《飛花艷想序》。
[79]谷口生《生綃剪·弁言》。
[80]笑花主人《今古奇觀序》。
[81]笑花主人《今古奇觀序》。
[82]詹詹外史《情史序》。

當時的進步思想家李贄「以卓文君爲善擇佳偶」，[83]肯定了人間眞摯的愛情。特別是在戲曲界重視描寫男女愛情的風氣影響下，[84]小說家也寫了不少同類主題的作品。馮夢龍編纂《情史》、「三言」，凌濛初撰「二拍」，其中不少描寫男女愛情與婚姻的故事，恰是重視寫情的小說觀念在創作實踐上的表現。才子佳人小說也是在這樣的文學背景下產生的，只是它們注重描寫的故事是才貌雙全的男女青年的愛情而不是普通市民的愛情罷了。

才子佳人小說的興起雖是社會背景與文學背景的產物，但它又受過此前愛情婚姻小說的影響。在我國古代小說中，描寫男女愛情婚姻的傳統源遠流長，內容日臻豐富。較早的有《史記》中記載的司馬相如與卓文君私奔的故事，已傳爲千古美談。其後是晉代《搜神記》中的一些短篇故事，例如第十一卷二九四條，寫韓憑妻何氏不畏強暴，殉情身亡；第十五卷三五九條，言長安女父喻爲愛情而死，又爲愛情死而复生；第十六卷三九四條，敘吳王夫差小女紫玉死後還魂，與韓重遂了私訂的姻緣。此外，《幽明錄》載有石女靈魂離體，與龐阿相會，使有情人終成眷屬等故事。這些唐代以前的愛情小說有一共同特點，就是給現實的愛情婚姻悲劇續上了非現實的、有團圓意味的結局，生離死別的缺憾，被神奇怪異的幻想所彌補，因此它被後人稱爲志怪小說。唐代的愛情婚姻小說里，對愛情的描述比六朝小說較爲詳細，情節趨於曲折，因而「情」的色彩也更爲濃厚。盡管有的作品仍未完全擺脫神怪色彩(如《離魂記》、《柳毅》、《霍小玉傳》等)，

---

[83]此係當時身任禮部給事中的張問達參劾李贄的疏文，見《明神宗實錄》卷 369。

[84]明代湯顯祖所作戲曲《紫釵記》、《牡丹亭》，無不是以描寫男女愛情而膾炙人心。

但是，很多作品取材於現實生活(如《李娃傳》、《鶯鶯傳》等)。
宋元時代表現愛情婚姻的話本，較注重寫市民階層，語言用的是
白話，男女愛情的悲歡離合得到鋪敍性描寫，時人稱之爲「敷
演」[85]。《碾玉觀音》一文，已經有意拉長了故事的篇幅，分
爲上下兩個部分，使小說的意味更加突出。詩詞的應用也時常點
綴在行文之間，這對後來的小說發生過重大的影響。明代初期的
文言小說《剪燈新話》中，《金鳳釵記》、《翠翠傳》、《綠衣
人傳》寫男女戀情、人鬼相愛，仍是唐傳奇的繼續。到明末，
「三言」「二拍」已收有不少講述愛情婚姻的故事，如《蔣興哥
重會珍珠衫》[86]、《杜十娘怒沉百寶箱》[87]、《賣油郎獨占花
魁》[88]等等。這幾篇作品已經洗盡神怪色彩，加強了現實生活
的藝術描寫。至於《二刻拍案驚奇》中的《莽儿郎驚散新鴛燕，
俹梅香認合玉蟾蜍》、《同窗友認假作眞，女秀才移花接木》等
故事，基本上是短篇體裁的才子佳人小說。

　　清代的才子佳人小說就是在這樣的文學基礎上產生和發展起
來的。它的許多敍事特點，都可以在過去的愛情婚姻小說中找到
零星的原素和影子。譬如它以才子佳人爲故事的主要角色，與唐
代傳奇《李娃傳》、《鶯鶯傳》以及後來的《嬌紅傳》有某些相
似之處。它以角色的幸運和成功作爲故事的結局，受到過前人作
品中團圓結局的啓發。《玉嬌梨》中的女主角盧夢梨女扮男裝，
私會才子蘇友白，以嫁妹爲名，爲自己暗訂婚約；《兩交婚》裏

[85]羅燁《醉翁談錄·小說引子》：「小說者，但隨意據事演說。」《醉
　　翁談錄·小說開辟》：「敷演處有規模、有收拾」，「熱鬧處敷演得
　　越久長。」
[86]《古今小說》。
[87]《警世通言》。
[88]《醒世恒言》。

的男主角甘頤爲其妹甘夢代訂親事等等，象這樣的描寫，已見於
《二刻拍案驚奇》中《同窗友認假作眞，女秀才移花接木》的故
事。

　　除了從以前的小說裏吸取養分之外，才子佳人小說還在主題
與結構方面，受到過元代雜劇、明代戲曲的影響。例如元代馬致
遠的《青衫淚》，在白居易《琵琶行》的基礎上大加發揮，已見
才子佳人故事的雛型。王實甫的《西廂記》、白朴的《牆頭馬
上》，也含有才子佳人一見鍾情、私訂終身等情節。明代湯顯祖
的《牡丹亭》、高濂《玉簪記》、阮大鋮《燕子箋》等等，都是
以才子佳人愛情婚姻爲主的戲曲。

　　我們列舉以上種種作品是爲了說明，才子佳人小說實在得益
於上述文學發展的自身傳統。特別是晚明以來重視小說的價值和
地位、重視寫人間平凡生活、重視寫「情」的這樣一種文學思潮，
極大地刺激了這類作品的興起。而清代社會對文學活動的熱心，
特別是以男性爲主體的文人群體對女詩人的激賞，激發了作者寫
作的欲望和豐富的想像力。從衆多的作品裏，我們既看到中國古
代文學傳統中一脈相承的某些重要特徵，又看到作者對文人價值
觀和文人形象的探討，而這後一點將會在本書後面的章節裏加以
討論。

第二章 「文人形象」的
雙重特徵：作者
與故事主角

　　就一般意義而言，才子佳人小說的作者既是現實型的，又是理想型的。所謂現實型，是因爲他們試圖通過故事的敘述，把對生活的體驗和理解演繹一番。如果說文學主要分爲抒情的與敘事的兩大部類，那麼抒情文學重在以向心的方式，關注「抒情自我」的內心世界；而敘事文學卻側重於以離心的方式，解釋作者經歷的外在世界。[1]才子佳人小說的作者也是這樣，他們的關注點是外在的，對象是其所生活其間的外部世界。然而，他們同時又是理想型的，因爲在作品裏，他們並不是單純地敘述自己所經歷的那個世界，甚至作品中的世界與他們經歷的現實世界有著天壤之別。他們通過多種方式對小說敘事的參與，諸如故事情節的設置、人物行爲的安排以及反諷與隱喻等手法的運用，把他們對現實世界的態度和傾向性鮮明地表現出來，同時也把自己的影子以特定的方式投射到小說的角色身上。在此意義上，他們在小說裏既寫了其現實生活中的世界，又寫了其理想中的世界，既寫了虛構的小說角色，又寫了眞實的自我。既然如此，這種理想與現

---

[1]參見高友工《中國抒情美學》（Chinese Lyric Aesthetics）一文，阿夫瑞達・莫克(Alfreda Murck)與方文(Wen C. Fong)編《文字與形象：中國詩歌、書法與繪畫》(Words and Images: Chinese Poetry, Calligraphy, and Painting）（美國 : 普林斯頓大學出版社，1991年），頁49-53。

實，故事角色與作者自我是怎樣的一種關係呢？這就是本章將要討論的問題。

考察過這類作者個人經歷並閱讀過其小說的人，往往會驚訝兩者間存在的巨大差異性甚至是對立性。然而這正是激發我們研究興趣的地方。我們不僅要問，這類小說的作者是一群甚麼樣的人？他們的身份地位如何？他們爲什麼要寫這樣一些小說？傳統的漢學研究往往把小說的故事內容與作者生活經歷生硬地等同起來，進行對號入座的排列，固然有失偏頗，然而並不等於說，作品與作者的生平就沒有關係。如果眞的沒有關係，又該怎樣解釋爲什麼作者寫的是這樣一類題材的作品而不是別的作品，爲什麼他們以這樣一種態度和敘述方式而不是別的態度和敘述方式在小說中詮釋社會和人生？而要爲這些問題找到比較清楚的答案，自然不能不把我們的關注點首先投注到這類小說的作者身上。

一、作者

然而，這並不是一項輕而易舉的考查和研究。由於大多數才子佳人小說並未提供作者的眞實姓名，代之以種種假名或筆名，這就爲考證作者的生活背景及其經歷帶來了很大的麻煩。到目前爲止，在這方面做了大量工作且較有成果的，主要有魯迅《中國小說史略》、孫楷第《中國通俗小說書目》、戴不凡《小說見聞錄》、柳存仁《明清中國通俗小說版本研究》等著作。近年來，又有林辰《明末清初小說述錄》一書以及其它文章，進一步擴展了這些研究。[2]根據這些材料可知，自明代萬歷以後至清代乾隆

[2]魯迅《中國小說史略》，《魯迅全集》第 9 卷，北京：人民文學出版
　　社，1981年；孫楷第《中國通俗小說書目》，北京人民文學出版社，
　　1982年 ； 戴不凡《小說見聞錄》，杭州：浙江人民出版社，1980年；

以前的二百年間出版的才子佳人小說，大約有廿四種今存於世；
而乾隆以後至清末出版的此類作品，有大約三十多種存於世。在
二十四種出版於乾隆以前的小說中，只有《孤山再夢》一書提供
了作者姓名[3]；那些發表於乾隆時期及其以後的此類作品中，也
僅有寥寥幾部注明了作者姓名，其余的均冠以筆名或假名。盡管
前人已對此作了大量的研究，然而由於材料的缺乏等原因，許多
考證至今尙無令人信服的結論。例如，其中爭議最大的要算是
對「天花藏主人」的眞實姓名及其背景的考證。這個筆名曾以著
者、編者或作序者的形式出現在十六部小說裏，其中十二部是才
子佳人小說，從而使其這位「天花藏主人」成爲才子佳人小說作
者中的一個令人矚目的代表人物。關於他的眞實姓名，在學者的
考證中至少與三個清代人有關。遺憾的是，幾乎所有這些考證都
還不能形成令人信服的定論。[4]至於其他大量才子佳人小說的作
者之考證，結果也與之相差無幾。[5]近年來越來越多的對這些小

柳存仁《明淸中國通俗小說版本研究》，香港：孟氏圖書公司，1972
　年；林辰《明末淸初小說述錄》，瀋陽：春風文藝出版社，1988年。
　有關這方面的文章可見於《才子佳人小說述林》（瀋陽：春風文藝出
　版社，1985），《明淸小說論叢》（瀋陽：春風文藝出版社）與《明
　淸小說研究》（南京：江蘇社會科學院）兩種期刊，胡士瑩《話本
　小說概論》（北京：中華書局，1980），卷十五，頁622-623，楊力生
　文《關於煙水散人、天花藏主人及其它》（《明淸小說論叢》卷一，
　頁321-334）；王青平文《劉璋及其才子佳人小說考》、《吳江雪考述》
　（《明淸小說論叢》卷一，頁356-381）。

[3]僅《孤山再夢》注明作者爲王羌特。
[4]這一點將會在本章後面部分加以討論。
[5]在這裏，我想提及由近人陳乃乾編輯、後人續補的《室名別號索引》
　　一書。此書列舉了大量古代人的別號，其中有的別號與才子佳人小說
　　中的一些作者筆名相同或相似。然而即使如此，在找到確實的材料之
　　前，是難以簡單地把《索引》中的人確定爲才子佳人小說中使用同樣
　　別名的作者，因爲《索引》一書並未交代所列別名之材料來源。不過，
　　作爲備考，我還是將其中與才子佳人小說作者筆名相同或相似的別名
　　列表如下，以供學界作進一步研究時參考。

說的搜集和再版工作，爲我們的研究提供了大量的方便條件。自八十年代初期以來，中國大陸先後以簡體字形式出版了明末清初小說選刊[6]，其中所收，大多是才子佳人小說。此後，在中國大陸和台灣相繼影印出版了三種明清古本或善本小說叢刊，其中包括了大量的才子佳人小說。[7]根據《古本小說集成》影印時編者附加的前言以及其它發表的考證材料，原已見諸於作品的或後來考證出來的有作者眞實姓名的作品，大致有九部，分別是《孤山再夢》、《水石緣》、《夢中緣》、《三分夢全傳》、《西湖小史》、《白圭志》、《梅蘭佳話》、《嶺南逸史》、《白魚亭》。由此可見，我們對這五十多部才子佳人小說的眞實作者，所知甚爲有限。

　　這並不是說我們就不能夠對作者進行考察。恰巧相反，根據現知的作者生平行事以及其它種種材料，我們仍舊可能從整體上

《索引》中的別名	眞實人名	才子佳人小說中的筆名	用此筆名之小說	
白雲老人	洪夢梨（？－？）	白雲道人	賽花鈴	玉樓春
素庵老人	陳之遴（1606－1666）	素庵老人	錦香亭	
	周漁（？－？）			
	釋僧度（？－？）			
惜陰老人	奕詢（？－？）	惜陰主人	金蘭筏	
蘇庵主人	申時行（1535－1614）	蘇庵主人	繡屏緣	
	唐壎（？－？）			
梅石老人	傅鼎乾（？－？）	梅石山人	痴人福	
墨憨齋	馮夢龍（1574－1646）	墨憨齋	醒名花	

[6]沈陽春風文藝出版社，1983年版。
[7]1985年，臺北天一出版社影印出版了《明清善本小說叢刊》。1990年始，中國大陸也影印出版了兩套小說叢刊，一是劉世德等人主編《古本小說叢刊》，1990年起由中華書局出版；與之幾乎同時問世的另一套小說叢書是《古本小說集成》，由上海古籍出版社出版。

得知這些作者的大致情況。在這方面，我所採用的資料主要來自地方誌、附在小說中的序、跋、小說故事中的內證材料、以及當代學者爲小說寫的前言等等。通過分析和整理這些散見的材料，我們可以爲這些作者的生活經歷勾勒出一幅大致的輪廓。當然，我們應當注意到，由於寫序、跋的人與小說作者關係較爲密切，在這些材料中，難免有一些客套性的諂諛之辭，但是，捨去這些成分之後，我們仍能得到一些較爲眞實可靠的材料。

　　如上所例，在本文涉及的五十多部小說中，只有九部小說作者的眞實姓名已被提供或被學者考證出來。在這九部小說的作者當中，僅有《夢中緣》作者李修行、《飛花艷想》作者劉璋與《孤山再夢》作者王羌特三人有過科舉或仕宦的記錄。關於作者李修行，盡管他的姓名並未出現在小說封面，其著作權卻在附錄於小說前面的一篇一八八五年由署名蓮心先生寫的序言中得知。該序文稱其小說作者爲李子乾，山東無棣人。無棣，早些時候稱陽信。在一九二六年版的《陽信縣志·人物志》中，子乾被證實是李修行的字，並且提及他著有小說《夢中緣》。關於李修行的生平，該《縣志》談到：「幼穎異，八歲能文。從苟聖基先生游，數月間，刮目相待，題絕句於壁以器之。弱冠以第一人入泮，優等食餼。康熙甲午（1714）舉於鄉，乙未（1715）聯捷成進士，循例教習，留都門者三載。公課之余與同年諸名士分韻聯詩，其倡和諸作與《四書文稿》、《葩經集義》、《家訓十則》與《夢中緣》小說藏於家。」然而，由於《縣志》並未提及子乾任過任何官職，我們可以推測他沒有作過官，否則，《縣志》不可能闕之。而且，蓮心先生的序中提到作者寫此小說是爲了發泄胸中憤悶不平之氣，據此也可作如是推測。

　　另一位小說作者劉璋，他曾以「煙霞散人」或「煙霞逸士」

爲筆名寫了《幻中眞》、《巧聯珠》和《鳳凰池》等作品，[8]并以「樵雲山人」的筆名寫下了《飛花艷想》。[9]據《深澤縣志》記載，他是陽曲人，中過舉人，曾任過四年深澤縣令。由於他「諳於世情」，在革除累民之事、平息盜賊方面有過政績，百姓「愛之如父母」。可是在任不久，就因爲前任縣令「虧米谷」之事而解職。解職之後，他的生活是窮困的，當地「士民時時供其薪水」[10]。另一部作於一八六一年的《深澤縣志》還提及劉璋字于堂，其中舉事在一六九六年。

又有《孤山再夢》作者王㟁特，據《伏羌縣志》載，他「幼穎悟，髫齡時開口成句」，「能通『四書』、《孝經》、《春秋》大義，涉獵『五經』」。因爲才思敏捷，時人謂之「奇童」，他十二歲入泮，順治四年選拔貢。廷試考職通判，康熙九年授雲南順寧府。後隨總帥鄂善荊州軍。在那時，他「身處旅邸，經時七載，艱苦萬狀」。年六十六卒於軍。著有《怕猿聞詩》、《孤山再夢》二集[11]。至於其他眾多的才子佳人小說作者，似乎在科舉於仕宦兩方面經歷中並不得志。

除了李修行、劉璋和王㟁特外，所有這大量的才子佳人小說作者都是在科舉與仕宦上的失意者。在他們當中，大致可分爲三

---

[8]「煙霞逸士」之筆名出現在小說《巧聯珠》第一回的回目之前，而書中由署名「西湖煙水道人」寫的序言提及本書作者爲「煙霞散人」。由此可知，「煙霞散人」與「煙霞逸士」當是《巧聯珠》同一作者的不同筆名。見《古本小說集成》中影印可語堂本《巧聯珠》後附齊如山之題誌。

[9]出現於《飛花艷想》中的筆名「樵雲山人」曾被學者斷爲劉璋，然而，也有人以劉璋生卒年與小說出版時間不相符爲由，對此推論提出質疑。見林辰《明末清初小說述錄》，頁199-200。

[10]《深澤縣志·宦蹟傳》，清同治年修本。

[11]《伏羌縣志·文苑傳》，清乾隆三十五年修本。

種不同的類別。其中第一種是那些曾經通過了較低級的考試、并獲得相應的出身資格。但是，由於種種難以克服的原因，使他們不能參加更高級的應試，在科舉的競爭中半途而廢。第二類作者是那些曾經參加過科舉應試、卻名落孫山的人。至於第三種，則是那些從來就沒有涉足過考場的人。當然，作這樣的劃分並不是說這三類不同作者分別以不同方式在寫小說，而是由於其經歷不同而分別論述的方便。

爲了說明其中第一類作者，我要以小說《水石緣》的作者李春榮爲例。[12]根據他爲小說寫的《自敘》我們得知：李氏，字芳普，[13]「弱冠應童子試，取博士弟子員。乃以異籍被攻，憤不顧家，負輕囊，只身遠出，歷齊魯，抵保陽，棄舉子業，究習幕學文章、筆墨之事，已渺若河漢矣。嗣是客金臺，游荊楚，居豫章。三十年來，當事不以庸俗相待，咸以義氣相孚。……」由此可知，李春榮由於「以異籍被攻」而放棄了舉子業，他在科舉仕途中並不成功。此外，在《自敘》中，李氏自稱「平生無嗜好，惟喜親卷軸即稗官野史、吳歈越曲。」在他晚年之時，曾「薄官[14]滇南」，那也不是一個成功的記錄。由於經歷的坎坷，同輩的排擠，他在《自敘》開端即發有「文人窮愁著書」的慨嘆。[15]另一篇由何昌森爲該小說寫的序中，提到李氏「少制精

---

[12]李春榮對該小說的著作權可清楚地見於他爲此小說寫的一篇序言，見《古本小說集成》影印本，頁6。

[13]今人邵海清爲此書寫的前言稱：李春榮「號棣園，浙江紹興人。」此籍貫之推斷大概根據敘言後所題「稽山棣園李春榮自述」，然筆者疑「棣園」爲李氏室名而非其號。至於作者籍貫，該版本中書名前刻有「隴西芳譜氏編」，可知作者非紹興人氏。見《古本小說集成》影印經綸堂刊本。

[14]案「官」疑係「宦」字之誤。

[15]同上。

義，不遇遂幕」的遭遇。如果撇開前句中的奉承之意，其與作者
《自敘》所言基本相符。這段幕府生涯大致是指作者「薄官滇南」
之時，而其「薄官」的狀況大概也是不理想的，因爲何氏稱作者
是「以吏爲隱」。顯然地，李春榮屬於試圖走科舉仕途之路、卻
未能成功的那一類人。

　　另一部才子佳人小說《梅蘭佳話》的作者曹梧岡(？-1837)[16]
有著與李春榮相似的生活遭遇。不同的是，他是因爲健康的原
因，被迫放棄了考取功名的努力。曹的不幸遭遇記載於一八三九
年由署名「古雲趙小宋」的人爲該小說寫的一篇序文中：「吾友
曹子梧岡，洵翰苑才也。厄於病，自食餼後即淡心進取。庚寅歲，
其病愈劇。余適館於家，時染病在床，不能行動。遂坐床憑几，
信筆直書，撰此一段佳話。雖非詩、古文、詞可傳後世，然其結
構有起有伏、有照有應，非若小說家徑情直敘，一覽索然。余閱
之，把玩不置，勸其付之剞劂，公諸同好。梧岡曰：『此弟游戲
之作，若付之剞劂，實足令人噴飯。』其事遂寢。越丁酉歲，遂
赴玉樓之召。余撿其遺稿，捧讀數次，不甚扼腕，因爲之校正，
以待梓。」[17]這篇序文寫於曹氏死後兩年之時。

　　如果說李春榮和曹梧岡代表了那些由於疾病或政治原因不能
繼續參加科舉應試的一類人，那末，署名爲「上谷氏榮江」的
《西湖小史》作者，則屬於前面所提的第二種人，即在科舉場中
奮鬥過、卻名落孫山的人。盡管目前尚未發現這個「上谷氏榮
江」的眞實姓名，可是署名「李荔雲」的人在爲該書寫的《序》

---

[16]《梅蘭佳話》約出版於1839年，書前署作者名爲「阿閣主人」。根據
　　署名「趙小宋」的人爲該書寫的序言，可知小說作者的眞實姓名爲趙
　　的朋友曹梧岡。
[17]《梅蘭佳話》，《古本小說集成》（上海：古籍出版社影印道光辛丑
　　1841年玉成堂本），1990年。

中，提供了有關作者生平的一些材料。正如這篇《序》文所言，
這位小說作者與李荔雲是很好的朋友。他們曾經一起學習與生活
達十年之久。後來，李荔雲通過鄉試，北上深造，而蓉江卻在家
鄉屢試屢敗。這一點可以透過李氏《序》文裏的掩飾之詞看出：
「蓉江大才見屈，多困名場」。[18]由此也得知，蓉江是在考場
落榜之後，才寫了《西湖小史》，其時已在嘉慶時期。[19]

第三類作者是指那些一生中從未涉足過科舉考場的人，小說
《三分夢全傳》的作者張士登堪稱其代表。關於他的政治抱負，
史料記載上有些矛盾的地方。據他在嘉慶戊寅年（1818）的自
《序》所稱，他是「隱居三十年，家在深山，有田數畝，足以贍
口。性復拙懶，不慕榮利」的人。可是，此《序》前的一篇由繆
艮蓮於嘉慶二十四年(1819)寫的一首詞〔慶清朝慢〕，卻稱作者
「早有四方志待，生平抱負報君王。奈運蹇，遨遊嶺嶠，寄託瀟
湘。」這裏實際上已經暗示了作者早有政治抱負卻無法實現的事
實。詞中還提及作者「相依著舅氏入幕屏藩」的生活經歷。張士
登在自《序》中曾提到小說的成因是「閒將歷年偶有所聞於友人
者，摭拾湊成小說一部，亦前人《邯鄲夢》傳奇之意也。」這大
概也是作者以「夢」為書名的原因吧。繆艮蓮的詞中更為具體地
解釋了作者何以用「三分夢」為名，是因為作者「回思半生閱歷，
變幻滄桑，無過一場春夢，三分約略七今(分)詳。」所謂「變幻
滄桑」，顯然也暗示了作者生平中有宦途失意的坎坷經歷。與小
說中的主角相反，張士登一生中從未能夠參加過科舉考試。[20]

---

[18]《西湖小史》，《古本小說集成》本。

[19]這部小說的成書，如李氏《序》中所暗示的，是1817年。見該小說頁
　　3（《古本小說集成》本）。

[20]「分」，原文作「今」，疑誤，故改。關於張士登及其小說有兩個問
　　題需要提及。一是他的籍貫。在自《序》中，他自稱「瀟湘仙史」，

　　當然，在眾多的才子佳人小說作者中，張士登並不是唯一的從未涉足過考場的人。其他很多作者也是終身白衣，以寫詩做小說打發時光。小說《嶺南逸史》的作者黃巖（？-？）便是其中另一例。[21]他雖然並不熱衷科舉仕宦，卻是能寫詩作文的醫生。他是廣東潮州府程鄉縣（清嘉應州、今廣東梅縣）桃源堡人，生前作有《花溪文集詩集》，此以「花溪」署名當與他在小說中自稱「花溪逸士」有關。同時他還作有《嶺南荔枝詠》，此亦暗示著其與小說以《嶺南逸史》署名的關係。作為醫生，他還寫了兩本醫書：《醫學精要》和《眼科纂要》。[22]他在行醫方面的興趣和經驗顯然影響了他對小說的寫作，如在《嶺南逸史》第十九回中述及醫生張俊為病人治病，其中有一段關於病理的議論。如果不是通於醫道，是難以作出如此內行和詳細的議論的。關於黃巖的生卒年月，目前難以查證。然而黃毅在其為小說寫的《前言》中，推測作者可能生活於乾隆或嘉慶年間。

　　與黃巖相似，小說《白魚亭》的作者黃瀚也是以布衣之身、於寫作和遊歷中度過一生。黃瀚的著作權在其於道光二年(1842)

　　　似乎暗示了他是湖南人。可是，繆艮蓮的詞中提到他「無奈運蹇，遨遊嶺嶠，寄託瀟湘」，分明是指瀟湘乃張氏寄旅之地，而非本籍。對於這一疑問，目前尚無進一步的材料加以考證。第二個問題是本小說的成書時間。根據作者自《序》和繆艮蓮的詞，小說當成書於1818年或1819年間。可是在小說正文第一回的開端，卻有「道光聖主當陽」的句子，似乎暗示了小說成書在道光時期。今人吳民在為影印此書所寫的前言中，推測「小說大約在嘉慶二十三、四年已寫完，或先寫序後寫小說，至道光年間始刊刻」。然而，這種推測仍然缺乏足夠的依據。

[21]《嶺南逸史》書中出現的作者署名「花溪逸士」顯然是一筆名。關於他的真實姓名，今人黃毅曾根據小說中的序言、小說正文以及《嘉應州志》，推斷出是黃巖。見其所寫前言，附《古本小說集成》影印文道堂版《嶺南逸史》前。

[22]見1898年版《嘉應州志》（臺北：成文出版社，1968年影印），卷29。

寫的自序中已經點明。作者自稱珊城人，[23]字庭輝，號趣園野
史、[24]小溪。[25]他也許還有第三種號「溪山」，此名出現在小
說第三十三回的「賢士榜」上。在作者為此書寫的自序中，他稱
自己「生也不辰，賦性好遊」，并且廣交名士。他也曾希望有朝
一日「青雲直上，致君澤民」，可是偏偏事與願違。加上「家難
不堪，父母見背，兄弟散處寰中」的不幸境遇，他似乎有些窮愁
潦倒。在自序中他還這樣描述自己：

> 余以一書生，奔走天下，閱盡山川，飽看人物。除詩囊酒
> 瓢而外，他無所得。雖雕蟲小技，早已膾飫人口，而究不
> 能濟一饑渴之用。

在剔除了這段話中的夸飾之辭後，我們所知關於黃瀚的經濟狀況
甚至比張士登更糟。張氏畢竟還「有田數畝，足以瞻口」，而黃
氏卻連饑渴皆不能自保。[26]事實上，黃瀚的遭遇僅是其他眾多
的才子佳人小說作者的一個縮影。包括那些僅以筆名自稱的作
者，其遭遇多不如意。例如，署名在才子佳人小說《生花夢》及
其它兩部小說《世無匹》與《炎涼岸》中、以「古吳蛾川主人」
自稱的作者，他也抱怨自己的生活很不如意。[27]根據《世無匹》
與《炎涼岸》中署名「青門逸史石倉氏」者寫的序，他與古吳蛾
川主人從小一起長大，曾經一道出外遊歷，而且興趣相投。他在

---

[23]由於小說第33回的「賢士榜」中列有黃瀚之名並注明籍貫金谿，今人
　　李夢生據此推測作者亦是金谿人。然而，金谿與珊城又是什麼關係？
　　在這個問題得到解決之前，作者的籍貫還是未成定論。見《古本小說
　　集成》影印紅梅山房本所附李氏《前言》，頁1。
[24]作者的字出現於小說第2回之回目前。
[25]此號出現在第1回的回目前。
[26]另一部才子佳人小說，1807年由永安堂印的《白圭志》，其作者崔象
　　川，博陵人，生平事跡無考。
[27]《世無匹》與《炎涼岸》被稱為《生花夢》的2編與3編。

《生花夢》序中介紹的作者生平也是很不得志的：

> 主人名家子，富詞翰，青年磊落。既乏江皋之遇，空懷贈
> 珮之緣，未逢伯樂之知，徒抱鹽車之憾。……迨浪跡四
> 方，風塵顛蹶，益無所遇。惟無遇也，顧不得不有所托以
> 自諷矣。[28]

　　這裏特別需要提及的是以「天花藏主人」署名的作者。[29]
這個令讀者矚目的署名究竟指的誰呢？至今仍然眾說紛紜。清代
學者沈季友在其所編《檇李詩繫》（從漢代至清初出生於檇李的
人之詩歌作品專集）中，提出以「天花藏主人」署名的《平山冷
燕》的作者為張勻。[30]然而，另一位清代學者盛百二在其《柚
堂續筆談》中，則稱此書作者是張勻的兒子張劭。[31]今人戴不

---

[28] 今人蕭欣橋認為此序作於1673年，小說成書於1670與1673年之間。見
　　《古本小說集成》影印本，頁1。

[29] 有關天花藏主人的生活年代及其爭議，見林辰《明末清初小說述錄》
　　，頁94。

[30] 見《文淵閣四庫全書》收《檇李詩繫》（臺北：商務印書館，1983年），
　　冊1475，卷28，頁43。關於張勻的生平，據記載他是浙江秀水諸生，
　　字宣衛，號鵲山。「年十二作《稗史》，今所傳《平山冷燕》也。」
　　而且，他還寫了《十眉圖》、《長生樂》等二十種傳奇，在當時影響
　　很大，「海內梨園爭傳播之」。其著作有《鵲山堂集》，可見是有一
　　定才名的文人。但他也是一個貧窮的人，這可以從他晚年所寫的一首
　　詩中得知：「赤剝來時赤剝還，放開笑口任顢頇。還時更不依前路，
　　跳過瓊樓海上山」。見沈季友輯《檇李詩繫》，卷28（《四庫全書·
　　集部·總集類》）。

[31] 《柚堂續筆談》稱《平山冷燕》為張博山(張劭)十四、五歲時所撰，
　　未畢，其父執某續成之。此材料轉引自朱一玄編《明清小說資料選編》
　　（濟南：齊魯書社，1990年），下冊，頁823。魯迅《中國小說史略》
　　不信此說，稱是書「文意陳腐，殊不類童子所為」。關於張劭的生平，
　　據史籍記載是浙江嘉興人，字博山，號木威道人，「少有神童之目，
　　九令作《梅花賦》，驚其師」，「著有《木威詩鈔》六卷」，可見是
　　個有才華之人。但他的身分只是「布衣」，他的文學朋友也是「布衣
　　之交」。也許有感於懷才不遇或生活失意，他「登山臨水，吊古悲歌，
　　輒發其牢落坎壈之氣以為詩」。見胡昌基輯《續檇李詩繫》卷11、卷
　　7「姚東明」條（清宣統三年刊本）。

凡的《小說見聞錄》卻認為小說作者是徐震。[32]戴氏的論證並不能使人信服，因為他把「天花藏主人」與「煙水散人」視作同一人，而其他一些學者指出徐震在小說中是以「煙水散人」署名，而不是以「天花藏主人」署名。[33]此外，還有人提出「天花藏主人」與以「墨浪主人」、「墨浪子」、「墨浪偈主人」署名的作者是同一個人。[34]

　　相比之下，似乎張勻父子作此書的說法可能性較大。因為沈季友的生活年代與地點最接近張氏父子。然而，如果承認這種可能性，又怎樣解釋其它與「天花藏主人」有關的小說呢？難道張氏父子會合寫或合編這麼多部作品？假若不是，誰又是這些小說的真正作者或編者？這個問題至今仍無令人信服的結論。[35]

　　儘管這個問題尚未得到解決，我們仍可以知道有關「天花藏主人」個人遭遇的一些材料。如同黃瀚、古吳蛾川主人那樣，天花藏主人也是一個飽學文人，這一點已在他為《平山冷燕》作的序中提到。文中所寫，全是作者生平自況，其遭遇也是非常不幸的：「時命不倫，即間擲金聲，時裁五色，而過者若罔聞罔見。淹忽老矣。欲人致其身而既不能，欲自短其氣而又不忍」。從這一段自白中，我們看到他生活於進退兩難的窘境之中。然而，他

[32]《小說見聞錄》（杭州：浙江人民出版社，1980年），頁 230-235。
[33]關於這一問題的爭論見林辰《天花藏主人及其小說》一文，《明末清初小說述錄》，頁 85-98。
[34]王青平《墨浪主人即天花藏主人》，見《才子佳人小說述林》（瀋陽：春風文藝出版社，1985年），頁 196-218。
[35]我曾經在前一篇博士論文《才子佳人小說研究》中考察了張勻父子的生平，見第1章，頁3-4。在此需要補充的是，關於張劭生平的新材料，可見於清人張維屏（1780-1859）編《國朝詩人徵略初編》中的《兩浙輶軒錄》。其中談到張劭善寫詩，其作品被朱彝尊譽為「熔鑄百家，有日爐風炭之手」。然而，張劭的文學才能並未受到同時代人的廣泛欣賞，他也從未作過官。見周駿富編《清代傳記叢刊》（臺灣：明文書局，1985年），冊14，頁25。

似乎並不把個人的不幸歸之於自身的無能，而是歸咎於用人不當
的政府，這一點是傳統的中國文人共同的特徵。這位天花藏主人
沉痛地感嘆他失意的人生經歷，他認爲在這樣的社會里，一個人
即使有「兩眼浮六合之間，一心在千秋之上」的雄才大略，也有
「落筆時惊風雨，開口秀奪山川」的學識才華，如果「青云未
附」，「狗監不逢」，也只能是「彩筆幷白頭低垂」，「上林與長
揚高閣」，就像「岩谷幽花，自開自落」，「徒以貧而在下，無一
人知己之憐。不幸憔悴以死，抱九原埋沒之痛，豈不悲哉！」[36]
在另一篇小說《麟兒報》的序文中，天花藏主人再次把這種不幸
的個人遭遇歸咎於另有主宰者，而非一己人力所能爲之。他說：

> 人之涉世，欲取功名富貴，莫不貴乎能文，然而劉蕡不
> 第；莫不貴乎善武，然而李廣難封。此中得失似別有主之
> 者。唯其有主，故營求百出，攘奪萬端。無論博沙捕影，
> 徒勞智計，即僥幸於始，亦必倫喪於終，安能穫悠久自然
> 之享。

至於他自己，就是這樣一個有代表性的犧牲品。可以這樣說，一
個沒有坎廩生活經歷的人，是很難會有上述痛切的人生感慨的。

相似的感嘆也發自另一個署名「檇李煙水散人」的才子佳人
小說作者。他編次了小說《合浦珠》並在該書自序[37]中抒發了
對生活失意的感嘆：

> 數載以來，萍蹤流徒。裘敝黑貂，徒存季子之舌；夢虛錦
> 鳳，遐辭太乙之藜。而曩時一種風流逸宕之思，銷磨盡矣。

---

[36]《平山冷燕序》，見《平山冷燕》，《古本小說集成》本（上海：古
籍出版社，1990年），頁1-19。
[37]序中提及「忽於今歲仲夏，友人有以《合浦珠》倩予作傳者」字句，
似乎本序不是本書編者檇李煙水散人的自序。然而，林辰《明末清初
小說述錄》考證本序就是檇李煙水散人自序。此從林氏說。

所謂「曩時一種風流逸宕之思」，當指他曾經有過一番抱負，或
是從政的，或是從文的，但更多的可能是從政的，因爲傳統的中
國文人多把讀書與做官相聯係，並以後者爲前者的目的。爲了這
個目的，他們需要刻苦地切磋學問，磨練文才，以期得到政府和
社會的承認。但是，這位「檇李煙水散人」的文才並不爲當時政
府和人們所欣賞，絕望之中，他也曾經想過自殺。晚年之時，便
以寫小說來抒發個人的憤懣之情。[38]

　　這個「檇李煙水散人」應當與其它小說中以「煙水散人」或
「秀水煙水散人」署名的作者爲同一人，因爲「檇李」和「秀水」
均指浙江嘉興，當是此人的籍貫。[39]這個「煙水散人」編次或
撰寫了九種中長篇小說，包括《珍珠舶》、《合浦珠》、《賽花
鈴》、《女才子書》、《鴛鴦配》等才子佳人小說。[40]許多學
者認爲這個「煙水散人」是徐震，[41]據說他是浙江嘉興人，字
秋濤，別署煙水散人。大約生於清代順治、康熙年間。[42]其生

---

[38]另一位作者，署名「煙水散人」，曾寫作或編輯近十部小說，已經被
　　證實爲前所提及的徐震。關於他的情況，詳見拙著《才子佳人小說研
　　究》(中國社會科學院研究生院博士論文)，第一章，頁4,6,8,9,31。
　　簡單地講，徐震也是一個窮愁潦倒的文人。他的生平，可見以「鴛湖
　　煙水散人」署名爲《女才子書》所作的序言(《古本小說集成》影印大
　　德堂1750年本，頁1-10)，以及《合浦珠》中署名「檇李煙水散人」者
　　寫的序言和署名「桃花塢釣叟」者作的題詞(見劉世德等人編《古本
　　小說叢刊》，北京：中華書局1990年始影印)16輯，卷3，頁993-1008。
[39]見黃毅爲重印《合浦珠》所寫的前言，《合浦珠》，《古本小說集成》
　　本(上海：古籍出版社，1990年)，頁1。
[40]見楊力生《關於煙水散人、天花藏主人及其他》一文，《明清小說論
　　叢》(沈陽：春風文藝出版社，1984年)，頁321-335。然而，林辰
　　《明末清初小說述錄》提出：「《賽花鈴》顯然不是徐震撰。」見該
　　書，頁332。
[41]見孫楷第《中國通俗小說書目》卷四、譚正璧編《中國文學家大辭
　　典》、胡士瑩《話本小說概論》第十五章第三節、戴不凡《小說見聞
　　錄》、柳存仁《倫敦所見中國通俗小說書目提要》。也有人對此持存
　　疑態度，見林辰《明清通俗小說述錄》第100頁。
[42]胡士瑩《話本小說概論》第15章，第2節。

平事跡不詳。但是，從他為小說《女才子書》寫的一篇〈敘〉文
中，我們得知其大致的生活經歷。他頗以文才自負，自稱其「筆
尖花足與長安花爭麗」。早年他也有過「激昂青云」之志，渴望
「纓冕之榮」。可是他抱怨自己命運「坎廩」，懷才不遇，直至
「二毛」(亦即頭髮斑白)之時，「猶局促作轅下駒」，一生貧困，
竟「無鷦鷯之一枝」；往日的豪邁志向，「恍在春風一夢中」，
而今「則已壯心灰冷」。每自外歸家，家人都譴責他。他的困窘
使我們回想起蘇秦發跡前的那段經歷。不僅如此，這位〈敘〉
作者還在文中感嘆他的心境十分孤寂，好比「絃冷高山，子期未
遇」，「其有知我者，唯松頂之清颸，山間之明月耳」。從這些
話語中看出，作者既把自身的不幸遭遇歸咎於社會對他的不理解
與不承認，同時又一再表白個人的清高，[43]這是我們在傳統中
國文人的作品裏一再聽到的聲音。

根據以上各種材料，我們大致可以得出這樣一種推斷：才子
佳人小說的作者很多是生活在當時社會下層的文人。他們自負文
才，渴望功名仕宦，卻又責怪政府和社會不承認自己的才華，就
像天花藏主人和煙水散人抱怨的那樣。一方面自稱自己（或被作
者的某個以序文作者身份出現的朋友所稱贊的那樣）是「曠世奇
才」，一方面卻強調親身經歷的窮愁潦倒，兩種鮮明對立的狀況
並置於同一個指稱對象，從而造成一種反諷的效果，因為對比性
的敘評暗諷了政府與社會的過錯：扼殺人才。

然而具有諷刺意味的是，這些自視才能不凡，卻又抱怨其才

---

[43]《女才子書》，《古本小說集成》本(上海：古籍出版社，1990年)，
頁1-10。不僅「煙水散人」是這樣一個自視懷才不遇者，他所交往的
朋友如鍾斐，也是「浮沉於煙濤蘆葦之間」的寒士。見後者為《女才
子書》寫的一篇〈序〉文，同書鍾〈序〉部分，頁1。

能得不到社會承認的作者，在他們所寫的小說裏，卻創造了一個與自身形象大相徑庭的角色。這些角色在小說世界裏的種種經歷，與作者在現實社會裏的眞實經歷構成了強烈的對比關係。下面，就讓我們考察一下他們寫的是怎樣的一些故事，然後討論小說角色經歷的故事與作者在生活中的親身經歷之間究竟有著何種關係以及這種關係所蘊含的意義何在。

二、才子佳人小說概貌

現存的才子佳人小說有好幾拾部。其中自明末至清代乾隆以前的作品主要有《玉嬌梨》、《平山冷燕》、《好逑傳》、《吳江雪》、《女開科傳》、《飛花詠》、《兩交婚》、《合浦珠》、《賽紅絲》、《麟儿報》、《醒風流》、《孤山再夢》、《金云翹》、《畫圖緣》、《定情人》、《玉支璣》、《幻中眞》、《宛如約》、《賽花鈴》、《錦香亭》、《飛花艷想》、《鐵花仙使》、《鴛鴦媒》等作品。乾隆及其以後的作品，主要以《金石緣》、《水石緣》、《夢中緣》、《三分夢全傳》、《嶺南逸史》、《白魚亭》、《白圭志》、《五鳳吟》、《英雲夢》、《玉燕姻緣全傳》等作品爲代表。在本書第六章裏，我們將以乾隆爲界，把這些作品分爲前後兩期，來考察兩個時期才子佳人小說中發生的變化。在這裏，出於討論的方便，讓我們以前期作品爲主，以述評的方式，對才子佳人小說的主題和內容作一簡要的整體介紹。

首先就故事主題講，這類小說敘述的都是有關愛情與婚姻的故事，主要角色是青年男女，女性角色幾乎都是名門望族中的大家閨秀，家庭背景十分優裕，有的是御史的女兒[44]，有的是

---

[44]如《錦香亭》裏的葛明霞。

尙書的後代[45]；有的生於翰林、學士之家[46]，有的出自國子祭
酒、太常正卿之門[47]。此外還有通判、太守的小姐[48]，如此等
等，不一而足。至於男性角色（也就是作者稱作的「才子」）的
家庭背景，則與女性角色大不相同，雖然他們中的很多人，其祖
宗曾在仕宦或書香之列，諸如「三國劉先主甘夫人的支派，近代
衣冠文物之家」[49]，或「眉山蘇子瞻之族」，[50]可是到他們這
一代時，已經喪失了往日的余輝。這大概也暗示出中國社會時常
發生劇變所帶來的社會地位的變化無常。作者爲故事中的很多男
主角設置了「幼年喪父」的家境，這在以男權爲中心的官僚社會
裏，無疑是「家道衰落」的象徵。譬如《平山冷燕》裏的兩個才
子燕白頷與平如衡，前者雖是世家出身，父親也作過掌堂都御
史，可是早已亡過。[51]後者則是「自幼父母雙亡」。[52]《定情
人》裏的雙星，年僅三歲，就沒了曾做過禮部侍郎的父親，此後
的家境被作者描述爲「門庭冷落」。[53]前面提及的具有「三國
劉先主甘夫人的支派，近代衣冠文物之家」背景的才子甘頤，據
稱也是由「寡母田氏撫養大」。[54]而所謂「眉山蘇子瞻之族」
的後裔，《玉嬌梨》裏的蘇友白，作者並沒有忘記交代其「父母

---

[45]如《麟兒報》中的幸昭華、《醒風流》中的馮閨英。
[46]如《平山冷燕》中的山黛、《春柳鶯》中的梅凌春、《鴛鴦媒》中的
　　崔玉英、崔玉端等等。
[47]如《玉嬌梨》中的白紅玉、《兩交婚》中的辛古釵。
[48]如《春柳鶯》中的畢臨鶯、《飛花艷想》中的雪瑞云。
[49]如《兩交婚》中的甘頤、甘夢。
[50]如《玉嬌梨》中的蘇友白。
[51]《平山冷燕》，第9回，頁270。
[52]同前注，第7回，頁218。
[53]《定情人》，《古本小說集成》（上海：古籍出版社，1990年），第
　　1回，頁2。
[54]《兩交婚》，《古本小說集成》（上海：古籍出版社，1990年），第
　　1回，頁3。

俱已亡過，家下貧寒。」[55]當他自恃其才，拒絕了翰林學士吳珪爲侄女的提親，作者稱之爲「窮秀才辭婚富貴女」。[56]「窮秀才」一詞，幾乎可以用來指稱很多才子佳人小說裏的男性主角。一方是名門望族的大家閨秀，一方是家道衰落的窮秀才。社會地位的強烈反差使男女角色之間的愛情與婚姻故事顯得更爲醒目和具有吸引力。作者爲角色作這樣的背景設置，頗爲符合閱讀者的心理。在傳統的官僚社會裏，人們看重出身門第；而在以科舉制度爲選拔官僚和社會精英的文化氛圍裏，斯文一脈受到人們的尊重。一個社會地位低下的窮秀才可以憑籍自己的文學才能，娶到他理想中的「佳人」，這無疑可以激發讀者豐富的想像力。就在它們流行於世之時，人們便稱這些故事爲「佳話」。[57]當然，無論家道怎樣衰落，這些男主角都有讀書的機會，因而日後的進步才有可能。[58]

在作者筆下，故事中的男女主角幾乎個個都是幼年早慧，并受過很好的文學教養，而且不論男女，都是既有文才又有美貌，堪稱才貌雙全。例如《平山冷燕》中的才子平如衡被作者描述爲「生得面如美玉，體若兼金」，「聰明天縱，讀書過目不忘，作文不假思索。十三歲上就以案首進學，屢考不是第一，定是第二，決不出三名。」[59]《春柳鶯》里的石延川，「眉清目秀，

---

[55]《玉嬌梨》，《古本小說集成》（上海：古籍出版社，1990年），第4回，頁137。

[56]見本故事第 5 回回目。

[57]見以「吳門拚飲潛夫」署名者爲《春柳鶯》寫的序文，《春柳鶯》，《古本小說集成》（上海：古籍出版社，1990年），頁9。在小說《兩交婚》第 1 回開端，敘述者也把這類故事稱作「佳話」。

[58]在個別小說裏，某個出身貧寒家庭的人，也可因其父輩的行善積德而受到福佑，從而獲得讀書的機會，如《麟兒報》裏的廉清。

[59]《平山冷燕》，第7回，頁218。

容貌不凡。……養到五歲上，教他攻書，凡《左傳》、「史策」，過目成誦，如舊物相逢，毫不作難。八九歲成文，十一歲時即入泮宮。……詩詞歌賦，諸子百家，無不精通。」[60]《吳江雪》中的江潮，「生得眉清目秀，資性聰明」。六歲攻書，「一教就會，講去就明，恰像讀過的一般。」[61]《飛花詠》中的昌谷，「生得面如春雪，體若秋山，襁褓中便乖巧異常。」「天性聰明，一教即知，知了便能背誦不忘。到了七歲，『四書』俱已讀完。……至於詩詞歌賦，并未教他，他便出口成章。」[62]《定情人》裏的雙星，「天生穎異，自幼就聰明過人。更兼姿容秀美，矯矯出群。年方弱冠，早學富五車。里中士大夫見了的，無不刮目相待。」[63]不僅男性主角如此才貌雙全，更有趣的是，作品里眾多的女主角也幾乎都是少年聰敏，文才與美貌均不亞於才子。譬如《玉嬌梨》裏的佳人白紅玉被描繪成「生得姿色非常，真是眉如春柳，眼湛秋波，更兼性情聰慧」。「有百分姿色，自有百分聰明，到得十四五時，便知書能文，竟已成一個女學士。」「於詩詞一道，尤其所長。」[64]《吳江雪》中的吳逸姝，「生得瑩潤如白玉碾成，明媚如鮮花妝就。」「七歲即會吟詩，」「到了十三四歲，詩詞歌賦件件精通，字兒又學就了衛夫人的筆法，春箋紅葉，題詠來都是不經人道的。」[65]《玉支璣》中的管彤秀，「美如春花，皎同秋月，慧如嬌鳥，爛比明珠。」「即其詩工

[60]《春柳鶯》，第1回，頁2-3。
[61]《吳江雪》，《古本小說集成》（上海：古籍出版社，1990年），第2回，頁8。
[62]《飛花詠》，《古本小說集成》（上海：古籍出版社，1990年），第1回，頁3。
[63]《定情人》，第1回，頁2-3。
[64]《玉嬌梨》，第1回，頁4。
[65]《吳江雪》，第4回，頁24-26。

詠雪，錦織迴文，猶其才之一斑，」[66]「竟是一個女中的儒士。」[67]
更出奇的是《平山冷燕》里的兩個才女，前者山黛年僅十歲，竟
然以作《白燕詩》壓倒朝廷百官，天子稱讚她爲「才女中之神
童。」[68]後者冷絳雪才貌也不遜於山黛，「生得如花似玉，眉
畫遠山，肌凝白雪，」「稟性聰明，賦情敏慧，」「到六七歲，
都能成誦，」「到了八九歲，竟下筆成文，出口成詩。」[69]這兩
位才女扮作記室，與後來考中狀元與探花的洛陽才子平如衡、松
江才子燕白頷對試詩才，二才子均被挫敗。在這些引文中我們注
意到，作者在對故事角色才貌特徵的描述時，採用的是類型化的
總體把握的方式，他們都是傳統中國文學中理想的文人與才女形
象，可是由於每個角色都缺乏獨特的個性特徵的描述，結果造成
他們在形象上的模糊性，讀者很難從視覺上把握他們的形象，僅
僅能從感覺上被提醒到這些角色是才貌出眾的。這樣一種描述方
式一再受到批評家的指責，可是，如果我們意識到傳統中國美學
上重「意」不重「形」的特徵的話，就不會對之感到大惑不解了。

　　這樣的類型化描述方式不僅被用於對角色形象的把握上，同
樣也被作爲故事情節的處理方式。由於這些角色都是才貌俱全，
於是當他們進入擇偶年齡時，身爲才子的，立志要娶一位有貌有
才的佳人；身爲佳人的，也決心嫁一位有才有貌的才子。這不但
是他們父母的願望，更重要的，是他們本人的主張。很顯然，作
者有意地強調了當事人在婚姻大事上的決定作用，以此與傳統的

---

[66]案「斑」原作「班」，疑誤。
[67]《玉支璣》，《古本小說集成》（上海：古籍出版社，1990年），第
　　1回，頁3。
[68]《平山冷燕》，第1-2回，頁3-55。
[69]同前注，第6回，頁161-162。

婚姻觀念發生明顯的抵悟。小說中人物的姻緣，務必要定在自己鍾情的、才貌雙全的才子或佳人身上，就像才子雙星說的：「若不遇定情之人，情願一世孤單，決不肯自棄。」[70]這裏以「定情」作爲擇偶的標準，並視那種屈於「父母之命」而娶嫁匪人的傳統婚姻方式爲「自棄」，也就是「自我墮落」，可見小說的作者對此一傳統觀念的態度。可是，在男主角的眼裏，他們追求的佳人並不同於人們習慣上認爲的美人。美人主要是外表漂亮，佳人不僅外表漂亮，而且更重要的是，她們必須有文學天賦，擅長詩文一道。在敘述者以及故事的男主角看來，要娶一個美人是比較容易的，而要娶一個如小說中描寫的佳人，就顯得很難了，這一點同時也是很多小說作者和序者所感嘆的，就像小說《兩交婚》開篇作者借敘述人口吻所說的：「自古才難，從來有美」。[71]由於尋求的困難，像雙星[72]、甘頤[73]、石延川[74]那樣的男主角便以游學爲名，奔走他鄉，尋求佳人。所去之處又多是江南一帶尋求，因爲他們聽說那里的女子既有才又有貌。其它小說中的才子，則是等待適當機會，實現擇偶之愿。至於佳人一方，或者因爲父母必要選一個有才有貌的佳婿，因此耽擱到十六歲尙未聯姻（如《玉嬌梨》中的白紅玉）；或者自誓要嫁一個才貌雙全的才子，而拒絕不如意的議親，甚至女扮男裝，離家出走（如《宛如約》中的趙如子、《麟兒報》中的幸昭華）。[75]

然而，故事裏男女主角（即才子與佳人）的相逢，多數表現

---

[70]《定情人》，第1回，頁17。
[71]《兩交婚》，第1回，頁2。
[72]《定情人》。
[73]《兩交婚》。
[74]《春柳鶯》。
[75]也有的男女雙方幼年已露才貌，由雙方家長結成兒女親家，如《飛花詠》中的昌谷與端容姑。但這種情況并不多見。

爲某種偶然的契機，而一旦相遇，便結下了不解之緣。這種愛情的連結主要通過以下五種方式實現：一是男女雙方一見鍾情後，在某個「紅娘」的幫助下私訂終身，如《吳江雪》中江潮與吳逸姝、《孤山再夢》中錢雨林與萬宵娘。這樣的場景設置自然受到過《西廂記》的啓發。二是沒有「紅娘」的幫助，由才子佳人自訂婚約，如《金雲翹》中金重與王翠翹、《玉嬌梨》中蘇友白與蘆夢梨。三是由於一方才華出眾而引起另一方的愛慕與追求，如《平山冷燕》中燕白頷與山黛、平如衡與冷絳雪，以及《春柳鶯》中石延川與梅凌春、畢臨鶯。當然，這些才華出眾者同時又具有美貌。四是雙方本無愛慕之私，因才子路見不平，拯佳人於困境，二人逐成知己。如《好逑傳》中鐵中玉與水冰心，《醒風流》中梅干與馮閨英。五是家長擇婿，或先聘爲西席，後選作東床（《玉支璣》中長孫肖）；或明察才子日後必飛黃騰達，盡管目前貧賤，也慨然收歸門下（《麟兒報》中廉清）。[76]在這一部分情節處理中，我們看到此前的愛情戲劇對才子佳人小說的影響，比如貼身丫環或僕人在其中充當「紅娘」的角色及其所起的重要作用，男女主角相遇的場景設置通常安排在女主角家中的後花園，而兩人的交往多採取以詩詞傳情的方式進行等等。

在這樣的情況下，才子佳人的婚姻似乎可以順理成章地圓滿實現了。可是，作者有意識地在兩人相遇之後，爲他們安排了很長一段戲劇性的冒險經歷。在這段經歷中，才子與佳人私訂的婚約受到家庭和社會的挑戰，作者設計了種種阻撓與破壞來考驗他們的愛情。這種阻撓與破壞主要來自兩個方面。一是權貴勢力的以強凌弱：《宛如約》中的李公子喪妻，欲娶佳人趙宛子續弦，

---

[76]參見林辰《明末清初小說述錄》，頁75–76。

其父李尙書奏請皇上御賜婚姻。可是趙宛子早已立志嫁給才子司空約，便堅辭不肯。同樣的挑戰也發生在才子司空約身上，就在他高中金榜，選爲翰林學士之時。朝廷的晏尙書欲選他爲女婿，司空約不肯，在「齒錄」中刻下妻室爲趙如子和趙宛子。李、晏二尙書因此惱羞成怒，上奏皇帝，企圖陷害司空約。在另一部小說《吳江雪》裏，才子江潮與佳人吳逸姝私訂終身後，便遇到令狐尙書的公子向逸姝求婚。遭拒絕後，平遠侯獻蛟又爲其子求婚逸姝，不獲允許，便上奏皇帝，奉旨逼婚。相似的遭遇發生在《定情人》裏，當江蕊珠與雙星私訂婚盟後，又遇朝中權臣之子赫炎強行求婚。未能如願，赫炎怀恨在心，趁皇帝到兩浙點選民女之機，買通姚太監，把蕊珠選入宮中，生生拆散這一對戀人。與此同時，雙星高中狀元後，駙馬屠勞欲招之爲婿，見雙星拒婚，便奏請皇上，派雙星出使琉球、高麗等國，以此作爲報復。又如《錦香亭》中的新科狀元鍾景期，因上疏參奏安祿山、李林甫罪狀，被貶爲四川石泉堡司戶。他所鍾愛的佳人葛明霞卻跟隨被安祿山迫害的父親去了范陽，致使這對情人天各一方，歷盡磨難。

　　除了權貴勢力從中作梗之外，才子佳人的愛情婚姻還遭到第二種阻力，這就是平庸小人、地痞、無賴的挑撥離間。這些小人多是才貌平平，卻一心想娶才女爲媳婦，可謂「癩蛤蟆想吃天鵝肉」。游手好閒的宋脫天，爲了強娶端容姑爲妻，便勾結盜賊，搶走容姑。[77]文字不通的蘇友德，「探知蘇友白與白小姐婚姻有約，便心怀不良，要於中取事」。他假冒蘇友白之名，騙得吳翰林做媒的書信，到白府求婚，企圖桃代李僵。[78]尙書之子卜

---

[77]《飛花詠》。
[78]《玉嬌梨》。

成仁，在才子長孫肖已聘了佳人管彤秀之後，一面加害於長孫肖，一面到管家搶親。[79]以賄賂而獲得舉人虛名的庸才夏元虛，在奸邪小人畢純來的謀划下，不顧蔡小姐與王儒珍前有婚約而向蔡府提親。[80]這種權貴勢力與地方惡少的撥亂離間有時也發生在才子佳人訂立婚約之前，或是他們相遇之前。例如被敘述者諷刺的奸佞御史楊延昭陰謀強娶白紅玉作兒媳，他的兒子楊芳卻是不學無術的紈褲子弟。[81]刁直企圖逼迫表妹甘夢爲繼室，自己卻「一字不通」。[82]小說爲男女主角設計的這樣一些挫折性經歷，無非是要暗示，人世間理想的實現，并非輕而易舉之事。只有經受住艱苦考驗的愛情，才是忠貞的愛情。就象天花藏主人所說的那樣：「金不煉，不知其堅；檀不焚，不知其香；才子佳人不經一番磨折，何以知其才之慕色如膠，色眷才似漆？」[83]把才子佳人曲折的遭遇作爲小說結構的重要部分來處理，其意義還在於，它爲男女主角展示其才學提供了較爲充分的機會。用天花藏主人的話來說，就是：「設父母有命，媒妁有言，百兩而去，百兩而來，不過僅完其紅絲之公案。而錦香里之佳聯不幾埋沒乎！風園芍藥之深盟將誰與結乎？」[84]在敘述特徵上，這一段冒險經歷通常是以兩條線索同時並進的方式展開的，男女主角分別在不同的空間或地點遭受挫折，然而事件卻發生在相同的時間。敘述者採用了雙向視角，讓敘事焦點在兩個主角活動的不同空間來回地穿梭。

---

[79]《玉支璣》。
[80]《鐵花仙史》。
[81]《玉嬌梨》。
[82]《兩交婚》。
[83]《飛花詠原序》。
[84]同前注。

　　在這一部分的敘述裏，敘述者突出地講述了男女主角如何面對來自多方的種種挫折和挑戰。一般來講，才子通常被描述成能夠在困境中自強不息，發憤攻書，然後在科舉場上告捷，甚至連中三元，衣錦榮歸。這些敘述顯得大同小異，沒有多少特色。可是對佳人的敘述，則顯得比才子要有趣得多。佳人的文才仍然得到強調，然而敘述者賦予她們更多的聰明和智慧，以應付種種磨難。在家庭和社會施與的壓力面前，她們或是女扮男裝逃走（《麟兒報》中的幸昭華、《醒風流》中的馮閨英、《鐵花仙史》中的蔡若蘭），或是設計掉包（《醒風流》、《鐵花仙史》），或是假裝自殺（《玉支璣》中管彤秀），終於躲過糾纏，保住了自身貞潔。

　　敘述者在處理上述故事情節時，常常安置一些社會地位較爲低下、卻又心地善良的故事人物，其中以女性爲主。她們在幫助才子特別是佳人克服挫折方面，扮演著重要的角色，因此使得她們的存在與阻撓破壞才子佳人婚約的力量恰好形成小說結構上的對應關係。扮演這些角色的人通常是佳人的貼身丫環如《錦香亭》中的紅于、《鐵花仙史》里的愛月以及《定情人》中的彩雲，或是替人「穿珠點翠」的媒婆如《吳江雪》裏的雪婆；或是青樓妓女如《兩交婚》中黎青，或是寺院尼姑如《金云翹》中的覺緣。他們雖然身份微賤，卻能夠見義勇爲，常常爲才子佳人愛情的建立或發展穿針引線，必要時寧可犧牲自己的生命例如《錦香亭》裏的紅于。才子佳人在經受挫折時，往往得力於這些輔助角色的援助，從而逢凶化吉。

　　作爲小說的結局，男女主角通常都成功地克服了種種挫折，實現了故事開始雙方私訂的婚約，從而把故事情節推向高潮。此部分場景的設置，通常是才子在科舉場上金榜高中，并與鍾情的

佳人重逢。在一些小說的結尾部分，敘述者甚至以艷羨的口吻，
講述男女主角那段不尋常的浪漫愛情感動了天子，於是欽賜完
婚，解決了這一椿風流公案。在不少作品裏，一個才子娶了兩個
或兩個以上的佳人，其中最甚者要數《飛花艷想》中的柳友梅、
《合浦珠》里的錢九畹和《賽花鈴》中的紅文畹，他們每個人都
連妻帶妾娶了四位，美其名曰「四美共侍一夫」。在我們所涉及
的清代前期二十四部小說中，以這樣的事件作爲故事結局的，就
達十三部之多。在作者筆下，這些妻妾多是在才子功成名就之
前，就與之一見鍾情。有的在才子游學或落難之際眞誠相助，由
此結下良緣。作者有意地安排諸美人共侍一夫，而相互間毫無妒
意，幾方家長也予贊同。例如曾任過太常正卿、工部侍郎的白
玄，甚至自作主張將女儿和甥女同嫁才子蘇白友。[85]中國自從
周代以後，在禮制和法律上開始承認一夫一妻制爲正當的婚姻形
式，但是實際上，數千年的古代社會一直實行著一夫多妻制[86]。
或者雙娶、二嫡，或者廣納媵妾，上至帝王、下至富族，多過著
這種奢侈的生活。所謂娥皇、女英同事一舜、甘糜二夫人齊眉先
主，也從傳說到史實表明了社會對這種現象的認可。然而有一點
是我們應當注意的：當作者通過敘述人，用一種肯定的態度和語
氣來講述這種結局時，其用意是不難揣測的，因爲它暗示出一個
觀念：婚姻的成功是以一種變形的方式體現了社會對於文人價值
的承認，妻妾也代表著一種社會財富，對其佔有的多寡，象徵
著文人在社會中擁有權力和地位的大小高低。所謂「諸美共侍一
夫」的結局安排，實質上反映出一種膨脹了的傳統文人的心理和

---

[85]《玉嬌梨》。
[86]史鳳儀《中國古代婚姻與家庭》(武漢：湖北人民出版社，1987年)，
　　頁 72-78。

願望。為了強調這個推論，我們還注意到，在對於「諸美共侍一夫」的結局處理上，幾乎所有小說都帶有一個共同的特徵：才子都是在取得功名進入社會上層之後，才擁有一夫多妻的特權。柳友梅昇任大學士以後，於同一良辰娶了梅如玉、雪端雲和朝霞，後來又續娶了李春花。錢九畹在考中進士、獲得官職之後，才先後娶了范夢珠、白瑤枝、趙友梅和秋煙。紅文畹娶方素雲、媚娘和瓊英三位夫人，又收凌宵作妾，則是他官封兵部少堂以後的「榮幸」。一旦科舉場上功名成就，文人就可能擁有官職。官職是權力的象徵，也代表了社會對他的承認和他自身價值的實現。假如才子未能穫得功名利祿，總是一介寒士，那麼，「諸美共侍一夫」永遠只是他的黃粱夢。

緊接著獲取功名與妻妾的這一故事高潮之後，作者還往往為小說設計了一個略為出乎讀者意料的故事尾聲：才子功成名就，欽賜完婚之後，均享盡人間榮華富貴、嬌妻美妾的歡樂，其妻妾相繼生得貴子，長成後俱登科甲。當此之時，很多才子想到的是「物極則反」，況且官海多風險，宜早急流勇退，於是紛紛「上疏乞歸」。錢九畹三十六歲就上表辭官[87]，紅文畹隱姓埋名，自稱寶玄居士[88]，梅干受任丞相後，「便高隱學道」[89]，石延川「官未數年，亦托病歸家，同岳翁梅公暨李穆如、懷伊人各攜妻子，遁跡山林，著書去了」[90]。「燕白頷同山黛榮歸松江，生子繼述書香。平如衡也同冷絳雪回到洛陽，重整門閭，祭祀父

[87]《合浦珠》，第16回，頁520-521。
[88]《賽花鈴》，《古本小說集成》（上海：古籍出版社，1990年），第16回，頁359。
[89]《醒風流》，《古本小說集成》（上海：古籍出版社，1990年），第20回，頁523。
[90]《春柳鶯》，《古本小說叢刊》第25輯，4冊（北京：中華書局，1991年），第10回，頁1782。

母。」[91]鍾景期受任宰相二十年，「遂上表辭官，」[92]錢雨林
「一日報到，行取了科道」，便急流勇退[93]。王儒珍與陳秋遴
官至尚書後，也「同時告回籍，優游林下」。[94]總而言之，只要
他們於功成之後及時身退，一般是能美滿幸福地享盡天年的[95]。

以上就是我們所看到的才子佳人小說敘述的故事梗概。這個
梗概主要是從明末至清代乾隆以前二十多部小說的共同特徵中歸
納出來的，盡管有的作品在情節描寫上偶有例外，要其大概，則
不出上述範圍。至於乾隆以後問世的才子佳人小說所發生的某些
重要變化，將在後面的章節中加以專門討論。

三、幻想與現實

如果把前面討論過的作者真實生活經歷與他們所寫的才子佳
人小說的敘事內容作一番比較，讀者會驚訝地看到，兩者之間存
在著巨大的差異。除了劉璋、李修行和王兆特外，絕大多數才子
佳人小說的作者在科舉仕宦生涯中，都是不成功的。其中有的人
曾經有志於這條路，卻在競爭中被擠了出來，例如李春榮、曹梧
岡和上谷氏蓉江；有的則一生與科舉無緣，如「運蹇」的張士登、
「生也不辰」的黃瀚、「未逢伯樂之知」的古吳蛾川主人，以及
自嘆「青雲未附」如絃冷深山，無人欣賞的天花藏主人和「壯心
灰冷，謀食方艱」的煙水散人等等。[96]

---

[91] 《平山冷燕》，第20回，頁 660 。
[92] 《錦香亭》，《古本小說集成》（上海：古籍出版社，1990年），第
　　　16回，頁 283 。
[93] 《孤山再夢》。
[94] 《鐵花仙史》，《古本小說集成》（上海：古籍出版社，1990年），
　　　第26回，頁 896 。
[95] 對才子「功成身退」的評論，將在後面專門談到。
[96] 煙水散人序，見《女才子書》（《古本小說集成》影印大德堂本），
　　　頁 3 。

　　然而具有諷刺意味的是，我們在小說中看到的是男女主要角色（才子和佳人）十分幸運和成功的記載：才子在其對科舉仕宦的角逐中、在對理想中的愛情與婚姻的追求中，總是如願以償。他們並非多麼的用功，就能一舉奪魁，如很多才子所言，「取功名如拾芥」。而且，由於考場的勝利，他們也能娶到如意的佳人。[97]

　　譬如古吳娥川主人在小說前的〈序〉文部分裏被描述爲一生「浪蹟四方，風塵顛躓，益無所遇」。[98]可是，他的小說中的才子康夢庚不僅於科舉場上高中金榜，榮膺翰林修撰───一個清代新中進士的最高職銜和令人尊敬的史書修撰官職，而且還娶了倆個才貌雙全的佳人。[99]另一個署名上谷氏蓉江的作者在其所寫的〈序〉中，感嘆自己懷才不遇，科舉場上名落孫山，然而在他小說裏的才子侯春旭卻是一個幸運兒：盡管在考試中，他因試卷受到主考官不公正的評判而落選，卻由於皇帝對他的詩作大加贊賞，而被授予翰林學士的銜頭。[100]小說中才子的幸運總是與作者的不幸構成鮮明的對比，這種對比最好的例證還可見於天花藏主人和煙水散人兩人身上。天花藏主人在《平山冷燕》自序中這樣描述他的生活遭遇：

　　　　時命不倫，即間擲金聲，時裁五色，而過者若罔聞罔見。

　　　　淹忽老矣。欲人致其身而既不能，欲自短其氣而又不忍。

可是在他的小說中，才子燕白頷和平如衡在應試中雙雙奪得狀元和探花。煙水散人在〈女才子書序〉里描述自身的情況似乎更

---

[97]見《玉嬌梨》、《定情人》、《白魚亭》等作品。
[98]見青門逸史石倉氏爲《生花夢》所寫的序。
[99]《生花夢》，《古本小說集成》本，上海：古籍出版社，1990年。
[100]《西湖小史》，卷15，頁29。

糟。他自稱是「壯心灰冷，謀食方艱」。可是在他的小說《合浦珠》里面，男主角錢蘭卻是功名與佳人雙收獲：

> 以一介書生，爲名進士，官居三品，享福至此。所謂騷壇
> 領袖，風月總管。

在作者個人經歷與小說角色的經歷之間發生了如此強烈的對比關係，其中一方是窮愁潦倒的「窮秀才」，另一方則是集榮華富貴於一身的「幸運兒」。由此引起了一個問題：爲甚麼這些「窮秀才」總喜歡寫幸運者的故事？其動機和目的到底何在？現實生活中的「窮秀才」與小說裏的幸運者有著怎樣的關係？這種關係本身又蘊涵著怎樣的意義？

　　答案並非是一兩句話就能概括的，它使我們想到在傳統中國的社會條件下文人如何實現自身的理想與價值以及如何塑造「文人形象」的問題。首先就第一方面看，自從先秦以來，中國古代文人就把自己的人生理想與仕途生活聯係在一起。他們自幼受到「學而優則仕」觀念的影響，把讀書看成是走向社會的一個必備條件，而功名富貴的獲取，則是實現社會承認的重要標誌。就像有的西方學者注意到的，西方人注重個體的自主性，其價值觀是以個體的價值爲中心的。而傳統的中國人較爲看重集體的利益，其價值觀則以社會的整體利益爲中心的。因此，個人的價值觀與社會的價值觀幾乎是合而爲一的，其具體地表現在「修身，齊家，治國，平天下」這一傳統儒家的人生理想上，自我的修養不是最高目標，與社會的功利相比，它僅是一種準備和手段。個人及其價值也不是獨立的，他只有在與社會群體發生關係、作爲社會一分子並在其中發生作用時才是有意義的，[101]不像西方人，個體

[101]參見狄百瑞（Wm. Theodore deBary）〈晚明思想中的個人主義與人
　　道主義〉（Individualism and Humanitarianism in Late Ming

本身就代表了價值。傳統的中國文人實現自我價值和理想的最重要的方式，是其才能得到朝廷的任用與社會的尊重，得到了這些，也就是得到了社會的承認。特別是在唐代以後的各個政治穩定時期，這種認可往往通過科舉來實現，因爲有了功名就有了官職，在權利至上的傳統中國就能得到社會的尊重，因此，無法實現社會的承認，就等於一生無望。

從一般理論上講，朝廷用人，也注意在「德才兼備」的士人中選拔。無論是漢代以經學取士，唐代以詩文取士或是明清以八股文取士，都爲文人「讀書做官」提供了一條可能的途徑。在清代長期的政治穩定時期，通過科舉來獲取社會認可，就同樣成爲文人實現價值和理想的最顯著標誌。因此許許多多的士人，爲了踏入仕途，實現其濟世才能和自身價值，便假學問以干利祿，博功名而享榮華，此現象成爲古代文人的一種較爲普遍的人生追求。

可是，并非有多少文人能夠如願以償。朝廷以科舉取士，應試者衆多，中舉者極少。例如唐代以詩賦和財務策取士的進士科，每年應試者「多則二千人，少猶不減千人」，可是「得第者百一二」[102]，甚至有人「屢戰屢敗」，以致老死於文場[103]。又如明清時期的科舉情況，據恩師余英時先生統計，「明代(1368-1644)共取進士24594人，清代（1644-1911）共26747人，所增微不足道。」「中國的人口從明初到十九世紀中業增加了好幾倍，

Thought)一文，見作者所編《明代思想中的自我與社會》（Self and Society in Ming Thought)(紐約：哥倫比亞大學出版社，1970年），頁145-150。

[102]杜佑《通典》（北京：中華書局，1984年），卷15。

[103]《唐摭言》（上海：古籍出版社，1957年），卷1，頁4-5。

而舉人、進士的名額卻並未相應增加，因此考中功名的機會自然越來越小」。[104]特別是在等級森嚴的官僚制度下，一大批出生寒門的文人要想通過自己的才學擠入上層社會，更是難上加難。在這樣的社會裏，許多文人努力奮鬥，也只能充任卑職，甚至於仕進無路。仕進無路，就等於一生的奮鬥付之東流。理想無法實現，他們作為文人的存在價值也就得不到社會的承認，因此在所處的環境裏顯得十分的落魄。應當說，很多才子佳人小說的作者都屬於這樣一類文人。我們前面已經談到，這些作者一方面自恃有才，一方面又強調自身的不幸遭遇，從而暗諷了政府與社會扼殺人才的過錯。然而，由此又引出了一個問題，為什麼這些文人總是把自己受到的挫折歸咎於政府和社會呢？這是因為他們付出極大的努力，換來的仍是窮愁潦倒，心裏便對朝廷和社會的公正性產生極大的疑問。他們自視富有才華，卻得不到相應的待遇，在他們看來，過失當然就在朝廷和社會身上了。從另一方面看，由於他們的理想與價值觀同社會的關係如此密切，很少有它種選擇的自由，[105]也就造成了他們對於社會的極大依賴性。因此，一旦不能向社會索取他們所希望得到的尊重與承認，他們就很容易把不滿向社會發泄，把責任歸咎於社會。

　　與文人希望得到社會承認的理想相關聯的，是文人「自我形象」的塑造問題。所謂文人的「自我形象」是指文人作為一個群體在社會中所扮演的角色，它通常由兩個方面來決定，一是文人自己所希望扮演的角色，一是社會對文人所要求的角色。前面曾

---

[104]余英時《士與中國文化》（上海：上海人民出版社，1987年），頁536，又見同頁注1。

[105]雖然歷代都有一些隱士，過著遠離社會的生活，然而他們在整個文人群體中仍佔少數，而且，其中不少人仍與社會關係密切，甚至還有人走「終南捷徑」，以另一種方式獲得社會的承認。

經談到，傳統的中國文人較爲看重集體的利益，其價值觀則以社會的整體利益爲中心，因此，古代中國文人的「自我形象」更多地具有社會的特征，或者說是社會性的「文人形象」。從個人的角度出發，文人希望在社會生活中扮演文化精英和政治精英兩項特徵兼而有之的角色，而這又恰巧是社會對文人所期待的角色，個人理想與社會要求的和諧統一，造成了文官制度在中國社會的興盛。在這樣的前提下，讓我們來看一看在才子佳人小說作者與其作品兩者的關係中所體現出的「文人形象」。

在中國文學作品中，序文與正文歷來有著密切的聯係。這種聯係主要表現爲兩者在結構上互相發明或互相闡釋的作用。從陶淵明、歐陽修、蘇東坡等人的詩詞文裏常常可以看到這樣的特徵。[106]因此，讀者必須在充分瞭解這兩部分的關聯及其意義時，才可能對作品有較爲全面的把握。

同樣的閱讀方式也適用於才子佳人小說。在大量的這些作品中，〈序〉、〈敘〉、〈跋〉與正文出自同一個人的手筆，即使有的不是出自同一人的手筆，也一定出自與正文作者關係密切的友人，就象《紅樓夢》中脂硯齋與曹雪芹那樣的關係。當我們把這些〈序〉、〈敘〉、〈跋〉文字與小說正文聯係起來加以考察，就會看到他們兩者的結合正好代表了文人形象的兩個方面：「窮秀才」與「幸運兒」。無論是「窮秀才」還是「幸運兒」，它們均從不同方面體現了傳統中國社會的「文人形象」。就整個群體而言，文人包括成功與不成功的兩種，「文人形象」也因此既包括失意文人的形象，又包括得志文人的形象。小說〈敘〉〈跋〉

---

[106]參見陶淵明〈桃花源記〉、歐陽修〈新五代史·伶官傳〉以及蘇東坡〈水調歌頭·丙辰中秋〉、〈浣溪沙·徐門石潭謝雨〉、〈定風波·三月七日〉等詞作。

勾畫出的「窮秀才」代表了前者，而作者在小說裏描繪的「幸運兒」則代表了後者。在眞實生活中，只有極少數的文人能夠獲得「幸運兒」那樣的成功，然而這種可能性卻激發著大多數文人向往和追求的激情。古代中國的文人形象實際上由這兩種文人形象所組成，或者說，他們從兩方面建構了傳統中國社會條件下的文人形象。作爲一個文人，如果你成功了，你就可能是小說裏描述的「幸運兒」；如果你失敗了，那麼等待你的，可能就是〈序〉、〈敘〉、〈跋〉文中「窮秀才」那樣的命運，兩種可能性都是存在的。從另一個角度看，每一個「幸運兒」都曾經是一個「窮秀才」，而每一個「窮秀才」都渴望成爲「幸運兒」。兩種截然對立的現象實質上有著互相轉換的可能性，由此暗示出其內在的聯係。從這樣的角度來看，我們說，才子佳人小說是通過〈序〉、〈敘〉、〈跋〉文與正文的相互呼應，顯示了完整的古代中國的「文人形象」。

　　把〈敘〉〈跋〉文字與小說正文聯係起來考察，還可以發現其中蘊涵著某種程度的反諷意味。所謂「反諷」，指的是修辭學上通過表層含義與深層含意的分離或對立，造成的一種似是而非的敘述效果。前面已經談到，才子佳人小說中故事主角的經歷與小說作者自身的眞實生活經歷之間存在著巨大的差異。前者無論在功名或是婚姻的追求中，都圓滿地如願以償，它可以爲讀者造成這樣一種印象，好象一個人只要有才能，實現理想是輕而易舉的事。可是，在〈敘〉〈跋〉的文字裏，作者卻時時暗示著我們，一個人即使有才能，也仍舊擺不脫窮愁潦倒的命運。

　　但是，假如我們換一個角度看問題，則又覺得小說中的才子實際上已經帶有作者的影子，因爲他們所追求的也就是作者所希望的。天花藏主人就曾表明他寫作小說的動機是「不得已而借烏

有先生以發泄其黃粱事業」。[107]這裏所講的「黃粱事業」不僅是一種自嘲，它還與作者的個人遭遇有著緊密的聯係，因爲「黃粱事業」實質上是對作者生活的現實社會的一種顛覆。透過這種顛覆，我們感受到作者對現實社會的譴責（天花藏主人就抱怨過他受到現實社會的不公正待遇）。而在譴責社會對其不公正待遇的同時，我們也看到作者於自我調侃中抒發了內心的失意與鬱悶，同時引導他們再一次走進自己的富貴夢里逍遙一番。在他們看來，寫這樣的小說也是一種心理缺憾的補償。這種補償通常是借助於創作或閱讀過程中「角色置換」的方式來實現的。當作者採用與個人眞實經歷相對應的某種理想方式來設計小說的世界與角色的時候，「角色置換」就成爲可能。在這裏，我們想到了T.S.艾略特關於「客體呼應」（Objective correlative）的理論。在其著名的〈哈姆萊特〉一文裏，艾略特提出這一論點，他認爲「在藝術的結構中，表達情感的唯一方式，是找到一種『客體呼應』；換言之，一組客體，一種狀態，一連串事件，它們是（表達）特定情感的習慣方式；因此，當這些在感覺經驗中確已消失的外在事實被用到的時候，那種情感就立刻被喚起。」[108]艾略特的這一理論無疑給了我們一定的啓發。才子佳人小說的作者似乎也在建構一種「客體呼應」，不過這種呼應是建立在相反的而不是相似的基礎之上的。從宏觀的角度看，小說正文中主要角色的成功經歷恰好與〈序〉〈跋〉裏講述的作者的不幸遭遇構成了一種「客體呼應」關係。在構思小說的時候，作者常常把自己作爲一個對立面的參照物，來虛構小說主角的成功經歷，並且不時

---

[107]《平山冷燕序》。

[108]T.S.艾略特（T.S. Eliot）《文選》（Selected Essays）（London: Faber and Faber Limited，1966），頁145。

地把自己的情緒投射到小說的人物和事件之中；同時，作者又與
他虛構的故事人物相互敞開心扉，在彼此的呼應中達到情緒的交
流，就像天花藏主人宣稱的那樣：

　　凡紙上之可歌可驚，皆胸中之欲歌欲哭。[109]

也就是在這樣的情況下，我們所說的「角色置換」才得以實現，
因為在虛構小說主角成功經歷的過程中，作者還可以把自己想象
成為這個角色，從而與之同憂喜、共命運，就像煙水散人所描述
的那樣：

> 壯心灰冷，謀食方艱。於是唾壺擊碎，收粉黛於香閨；形
> 管飛輝，拾珠璣於繡閨……予乃得為風月主人，煙花總
> 管，檢點金釵，品題羅袖。雖無異乎遊僊之虛夢，躋顯之
> 浮思而已。潑墨成濤，揮毫落錦，飄飄然若置身於凌雲臺
> 榭，亦可以變啼為笑，破恨成歡矣。使予生酣綺夢，死弔
> 青蠅，而縱情吐氣，結一天際想於無何有之鄉。雖即蓬頭
> 攣耳，躑躅泥犁，可以無憾。[110]

當作者或讀者與小說的角色合而為一的時候，前者便可能站在後
者的立場來享受後者成功的樂趣。無論是天花藏主人的「欲歌欲
哭」，或是煙水散人的「破恨成歡」，都很好地說明了這種「角色
置換」的發生。這種發生又恰好表明作者的經歷與小說角色的經
歷之間構成鮮明對比的意義所在。盡管小說中的美妙生活不太可
能在作者的個人經歷中實現，作者卻能夠在與之對應的小說角色
的經歷中分享到這樣的生活。[111]韋勒克（Rene Wellek）與華倫

---

[109]〈平山冷燕序〉。

[110]《女才子書敍》。

[111]另一個寫作這些小說的原因是，很多作者由於生活境遇貧寒，他們
　　便編寫這樣的小說，賣給書商，以資生計。在清代一些官方頒布的禁
　　書令中，我們可以看到對這種作者與書商以此牟利的行為的譴責。

(Austin Warren)在合著的《文學理論》(Theory of Literature)一書中，曾經引用過弗洛伊德 (Sigmund Freud) 對作家的幻想作的一段有意思的心理剖析，我在這里加以引用，是因爲它同樣可以被用來說明才子佳人小說作者與小說角色之間的這種關係：

> 藝術家本來就是這種人：他脫離現實，因爲他不能放棄那種滿足原始本能的要求。於是在幻想的世界裏，他就放縱其情欲和雄心勃勃的願望。然而，他找到了一條從幻想世界返回現實的途徑，這就是以其特殊的天賦，他把自己的幻想塑造成一種新的現實，而人們又承認這種塑造的合理性，把它當作一種對實際生活的有價值的反映。因此，通過特定的方式，他實際上變成了自己所渴望成爲的英雄、帝王、創造者和受人鍾愛的人物，而不必去走那條實際地改造外部世界的曲折道路了。[112]

在現實生活中，一個窮秀才想娶名門望族的小姐，是難乎其難的。然而在小說里，作者可以讓他們在後花園私訂終身，然後，窮秀才高中金榜，衣錦榮歸，娶了小姐爲妻。才子佳人小說作者就是這樣以想象的方式，虛構出他們所希望的那種生活，從而使自己得到心理的滿足。天花藏主人就曾這樣描述他與小說主角所分享的那種成功的樂趣：「有時色香援引兒女相憐，有時針芥關投友朋愛敬，有時影動龍蛇而大臣變色，有時氣沖牛斗而天子改容。」[113]而煙水散人也宣稱他在自己的小說裏得到的相似的滿足感：「飄飄然若置身於凌雲臺榭」，進而做起了「風月主人，煙花總管」，好不風流得意！那些經歷過一番磨難，終於金榜題

---

[112]Rene Wellek & Austin Warren,*Theory of Literature* (New York: Penguin Books Ltd. 1978), part 3, ch.8, p. 82.
[113]《平山冷燕序》。

名，妻妾滿堂，享盡榮華富貴的主人公，實際上是作者想象中的
自身的形象。他們在現實生活中落魄不偶，而在其小說世界里卻
是時來運轉的幸運兒。

　　現在需要討論一下這類小說中的團圓結局。作者幾乎爲每一
部小說都提供了一個相似而又完美的故事結局，才子金榜高中，
並與他所愛的佳人無一例外地結成幸福的夫妻。對故事結局作這
樣的設計，近年來已經引起許多學者的爭議，其評價有褒有貶，
又主要來自兩個方面：部分學者承襲魯迅、胡適等人當年的批
評，認爲這種結局的安排是不切實際的幻想，並給讀者以很壞的
影響。這樣的看法可見於何滿子《對明末清初才子佳人小說的評
價》[114]與蘇興《天花藏主人及其才子佳人小說》等文，[115]持相
反意見的學者則對團圓結局作了正面的肯定，認爲這種團圓結局
體現了人們的美好願望，鼓勵了他們追求理想愛情與婚姻的信心
和勇氣。[116]這兩種觀點雖然截然對立，卻都是以社會與政治批
評爲出發點的。

　　如果仔細地比較一下這些爭論，可以發現在其對立的背後，
仍有著相似之處，即兩者都承認這種團圓結局屬於沒有現實基礎
的虛構。我想在此提出質疑的是：這樣的結論是否有失片面？難
道團圓結局眞的就沒有現實的基礎嗎？我在這裏想要說明的是，
才子佳人小說中的團圓結局並非完全是不切實際的虛構，它也有
其現實性的一面。

　　首先，我同意前面提及的後一種說法，對於很多遭遇不順的
作者來說，小說描寫的浪漫的愛情與婚姻故事的确表達了他們的

---

[114]《光明日報》1983年6月14日。
[115]《才子佳人小說述林》(沈陽：春風文藝出版社，1985年)，頁9–26。
[116]苗壯《談才子佳人小說》，《才子佳人小說述林》，頁70–83。

某種生活理想。這種理想是以他們對自身坎坷遭遇的不滿爲基礎的。對他們來說，小說中建構的理想生活是不太可能在他們的眞實生活中實現的。[117]

可是，對作者不可能的事對別人也許是可能的。當我們討論的焦點從小說與作者的關係轉移到小說與清代社會的關係時，我們就能看到這種可能性。盡管對作者來說，小說中才子的幸運是虛構的美夢，但是在清代社會裏，得到這種幸運的人並不是沒有，這一點恰好賦予這些小說以某種程度的現實性。由於舉國上下施行科舉制，通過考試而不是以門第的高低來選舉文官，這就爲出身中下層的文人提供了一條改善社會地位的途徑。在現實社會裏，貧寒之士榮膺狀元、擢昇顯職的事並不是沒有過的。相對於魏晉時期的九品中正制來說，科舉制度具有的公平競爭的性質，使文人(哪怕是出身貧寒的文人)有機會得到「金榜題名」，躋身仕途的幸運，以及隨之而來的嬌妻美妾的艷福。

爲了解釋這一論點，且讓我們考察一下清代乾隆時期姚世錫撰寫的筆記《前徽錄》。該書記載了浙江吳興地區的名人事略，成書於1751年，並被當時人視爲可靠的資料。[118]書中提到了三個貧寒之士由於科舉應試的成功，而變貧窮爲富貴。第一個例子是嚴我斯，一個出身貧寒的文士。順治甲午（1654）年，嚴我斯參加省試，由於貧窮，竟無錢支付船費，他只好攜帶飯筐去附乘一艘運載糞便的船。盡管船上污穢逼人，他也只能吃在船上，別無選擇。及放榜日，報錄至，他仍屈居在「破屋一椽」裏，使報

---

[117]從才子佳人小說中附錄的大量〈序〉〈跋〉文字中，可以清楚地看到這一點。

[118]見王元禮爲此書作的序，《筆記小說大觀》(臺北：新興書局，1962年)，初編，冊6，頁6391。

人無法容身。於是，只好借用鄰居的屋子接待報人。這個出身貧
寒的人卻於康熙甲辰（1664）年在朝廷殿試中，榮獲狀元，後被
任命爲禮部侍郎。[119]另一個相似的例子是嚴蒼潤。他也是「由
孤寒起家」，後於康熙癸酉（1693）年考中舉人，并於次年中進
士，任職戶部郎中。[120]此外，康熙壬戌（1682）年中進士的文
人吳啓宗，也曾經是「家極貧，饔飧不給，衣穿屨敝」。[121]

　　在追求科舉仕途的文人中，還有的奮鬥了大半輩子，直到年
老，才終於如願以償。《前徵錄》提到的另外三人徐倬、姜宸英
和裘璉就是如此。徐倬（1624-1713）是在考場上屢戰屢敗之後，
直到五十歲時，才考中進士，並被授以工部尚書的職務。[122]姜
宸英與裘璉比起徐倬來更加典型。他們一個在70歲、一個在72歲
時，才考中進士。姜宸英在考中探花之後，任命爲翰林纂修官，
而裘璉則充任翰林院檢討。[123]在此之前，他們也是一次又一次
地名落孫山。以上六個例子都是來自江南吳興一處，其他地方想
必也有類似的事例。

　　我之所以要列舉這些事例，是爲了強調，作爲清代文人，無
論其社會地位的高低，他們都可能有機會在科舉場上競爭，在官

---

[119]見《筆記小說大觀》（臺北：新興書局，1978年）22編，冊9，頁
　　6024-6028；李桓編《國朝耆獻類徵初編》（臺北：明文書局，1985
　　年），卷52，頁43。
[120]同前注，頁6028。
[121]同前注，頁6030。
[122]同前注，頁6037。徐倬在1673年中進士之後，曾被授予翰林學士，
　　事見《清史列傳》（臺北：中華書局影印，1962年），冊9，卷70，
　　頁58。
[123]《清史列傳》（臺北：中華書局，1962年）冊1，卷8，頁3-4，6-7；
　　冊9，卷71，頁19-21。同樣的事例不但存在於漢族文人之中，亦可見
　　於滿族文人。例如清初順治年間第一個獲得解元榮銜的滿人賽麟閣，
　　幼年時也遭遇貧寒。見震鈞《天咫偶聞》，《筆記小說大觀》（臺北：
　　新興書局，1976年），十三編，冊7，卷4，頁26。

場上角逐，而且，由此在現實生活中脫白衣穿紫袍、變貧窮爲富貴，也是確有其人其事。

由於應試成功，這些文人的聲望大增，在婚姻方面的運氣，自然也就順利得多。他們或者容易得到想要的佳人爲妻妾，或者被選爲皇族的乘龍快婿，或者被委以高官。例如，清代學者胡兆龍，在考中進士之後，被大司馬劉餘祐「強字其女」，盡管胡已前有他聘。[124]

也許最令人矚目的例子要算是明末清初大詩人吳偉業（1609-1672）了。他比前面提到的人稍早一點，其功名與婚姻兩方面的成功都發生在明末崇禎四年（1631）。吳偉業於那年二月考中進士第一，次月殿試中榜眼。崇禎皇帝對吳偉業的才華十分欣賞，特別恩准他回鄉完婚。這一特許在當時可算是極大的榮譽，受到同輩人的艷羨，一時傳爲美談。與他同年考中進士、受以翰林學士的另一位著名文人張溥（1602-1641），曾在吳偉業奉旨回鄉完婚之際，寫詩賀之：

人間好事皆歸子，日下清名不愧儒。[125]

吳偉業與胡兆龍的事例同樣證明了這樣一種可能性：如果一個文人在科舉角逐場上春風得意，他的婚姻也就更容易如願以償。雖然以上所舉，僅是見諸於史料記載的那一部分，他們卻能爲時人提供一種獲得成功的可能與希望。盡管出身貧寒，只要有文才，就有望在功名與婚姻上雙獲成功。這一點，恰好是才子佳人小說中所描述的。當小說強化文人的這種理想時，不要忘了，它們同樣有現實中這些成功的人們作爲依據。在清代，盡管有很多文

[124]談遷《北遊錄・紀聞下》，《筆記小說大觀》七編，冊8，頁352。
[125]見馮其庸、葉君遠《吳梅村年譜》（南京：江蘇古籍出版社，1990年），頁42-43；54-55。

人，包括這些小說作者，在科舉場上飽受挫折，可是，像嚴我斯、嚴蒼潤、吳啓宗那樣的人，卻成功了。可見，小說中才子的成功正好反映出這樣的社會現實。

總而言之，才子佳人小說既表達了清代文人的美好願望和理想，同樣重要的是，它也反映了文人成功的社會現實。一方面，小說作者創造了一個對他們本人來說是無法實現的愛情和婚姻故事；另一方面，這種故事對於清代文人整體來說，又具有一定的現實性及其意義。當這些小說作者並不能享受其故事中的大團圓時，別的文人卻比他們要幸運得多。理想性與現實性兩方面共同構成了這類小說的創作基礎。

才子佳人小說對於清代社會的現實、特別是大衆的信仰，起到過重要的影響作用。這一作用已經被蘇姍‧娜坤（Susan Naquin）和愛維倫‧諾夫斯基（EvelynRawski）注意到了。他們在合著的《十八世紀的中國社會》（Chinese Society in the Eighteenth Century）一書中，在分析十八世紀中國社會階層向上流社會流動的狀況時曾經指出：

> 這種向上流社會流動的潮流被一種普遍的信仰所鼓勵。這種信仰認爲，出身低賤的農家子，有可能成爲天下最好的學者和皇帝的老師。這種在民間傳聞、戲曲與小說中被一再地津津樂道的信仰，與這個重視教育、強調努力工作、與人爲善以及改善個人物質狀況的民族兩相結合，從而產生出一個強有力的促進社會的貢獻。[126]

才子佳人小說作者通過故事的方式所傳達的意蘊，對當時社會所

---

[126]Susan Naquin & Evelyn Rawski, Chinese Society in the Eighteenth Century (New Haven: Yale University Press, 1987), part 2, ch. 4, p. 123.

起到的，正是這樣的作用。同時也正是由於這種作用，使他們的
作品在清代社會中具有意義。

第三章 才子佳人小說的
出版者與讀者

　　本章旨在考察清代才子佳人小說的出版和流傳情況。所要涉及的問題有：這些小說是何時出版的？是誰出版的？它們曾經有多麼流行？在回答這兩個問題的基礎上，我將討論這些小說的主要讀者群以及與之相關的讀者評價。

　　做這樣的考證工作難度很大，目前已有的研究成果也微乎其微。爲數有限的幾本討論中國出版與印刷史的書籍，涉及清代的，僅提及出版經、史二部典籍的主要書坊和出版商，對於出版小說的書坊與商家，卻是相當的忽略。這固然與輕視戲曲小說的傳統偏見有關，同時也因爲有關史料十分缺少的緣故。前面章節曾經提及，由於輕視小說戲曲的傳統偏見等因素，小說作者要隱諱其名，私家書坊在出版這些作品時，也常常冠以假名。由於假名的普遍使用，給我們今天研究才子佳人小說的出版與流傳情況造成了困難。

　　然而，也有一些研究小說的專書，從中可以找到有關才子佳人小說印刷和出版情況的某些材料。其中最重要的要算孫楷第的《中國通俗小說書目》[1]、日本學者大塚秀高《中國通俗小說書目改訂稿》[2]、澳洲學者柳存仁《倫敦所見中國小說書目提

---

[1]孫楷第《中國通俗小說書目》（北京：人民文學出版社，1982年），
　　頁 151–171。
[2]大塚秀高《中國通俗小說書目改訂稿》（東京：汲古書院，1984年），
　　頁 56–92。

要》[3]等專著及有關文章[4]。孫楷第的《書目》列舉了他所見所聞的小說以及他認爲是重要的小說的不同版本，但是仍有不少的版本並未被他列出，或許因爲他尚未見過或聽聞過這些本子，或許他認爲它們並不重要才略而不提。大塚秀高的《改訂稿》以孫楷第《書目》爲基礎，又補充了更多不同版本的小說。柳存仁的《提要》列舉了他所見到的今存於倫敦大不列顚博物館和皇家亞洲學會的所有中國古代小說。這三部著作在提供中國通俗小說書目的時候，自然涉及到大量的才子佳人小說的不同版本，從提供的這些不同版本中，我們得知那些印刷出版才子佳人小說的衆多而又不同的書坊，這些材料都是本文研究所基於的出發點。

然而，這些《書目》提供的材料仍是十分有限的，因爲它們很少提到那些書坊所處的地點，因此使人很難知道這些小說究竟是在什麼地區被印刷和出版發行的。此外，它們在小說書坊特別是印刷才子佳人小說的書坊方面搜集的資料並不齊全，致使一些才子佳人小說尚未在這三本書中得到提及。

有關才子佳人小說印刷和出版的時間和地點的問題，目前還沒有專書論及。我們所能找到的與之有關的材料是間接而有限的，它們來自極少數的《中國印刷史》以及有關地方書坊的零星記載。在此方面，有三部書爲我們考察那些出版過才子佳人小說的書坊的情況，提供了有用的材料。其中之一是孫殿起編輯和部分撰寫的《琉璃廠小誌》。[5]這位編者兼作者曾經在北京琉璃廠

---

[3]柳存仁《倫敦所見中國小說書目提要》（臺北：鳳凰出版社，1974
　　年），頁 313-325。
[4]見戴不凡《小說見聞錄》、蔣瑞藻《小說考證》、阿英《小說閑談》。
　　此外，林辰《明末清初小說述錄》及江蘇省社會科學院編《中國通俗
　　小說總目提要》在介紹這些小說時，也間或提及它們的版本情況。
[5]孫殿起《琉璃廠小誌》，北京：北京出版社，1962年。

一家名爲通學齋的書店裏工作了幾十年。在此期間，他搜集了大量的有關北京琉璃廠和隆福寺兩處衆多的書店及書坊的歷史沿革的材料，清朝時期位於這兩處的幾乎所有書坊的名稱，都在他的書中被提到。這本書之所以對我的研究有意義，是因爲書中提及的一些書坊可以被證實曾經印刷出版過一些才子佳人小說。

　　另一部與此相關的書籍是張秀民撰寫的《中國印刷史》。[6]它是目前爲止最重要的有關中國印刷史的專書之一。其中對我的研究最有用處的，是其討論清代蘇州與南京地區書坊的部分。

　　此外，柳存仁的《明清中國通俗小說版本研究》也簡要地討論到明清時期一些書坊的地點，[7]這有助於我考證某些清代出版才子佳人小說的書坊。楊繩信的《中國版刻綜錄》搜集了大量從宋至清的書坊的名稱，[8]從中我也找到一些有用的考證材料。葉德輝的《書林清話》[9]與李致忠的《歷代刻書考述》[10]也提供了有關清代才子佳人小說出版的一些材料。

　　然而這並不等於說這些資料已經夠了。盡管它們部分地涉及到某些才子佳人小說的出版書坊，還是不足以用來完滿解決我們的課題。例如張秀民的《中國印刷史》，主要列舉的是那些印刷出版過歷史上公認爲重要的經、史、子、集四部的書坊、以及他認爲在印刷史上有過重要影響的地區的書坊，而對其它書坊特別是印刷出版過才子佳人小說的書坊提及甚少。惟其對我們有意義的是，此書提到的一些書坊、特別是蘇州、南京兩地書坊的名字，有助於我們考證出它們是否就是曾經出版過才子佳人小說的

[6]張秀民《中國印刷史》，上海人民出版社，1989年。
[7]柳存仁《明清中國通俗小說版本研究》，香港：孟氏出版社，1972年。
[8]楊繩信《中國版刻綜錄》，西安：陝西人民出版社，1987年。
[9]葉德輝《書林清話》，北京：中華書局，1987年。
[10]李致忠《歷代刻書考述》，成都：巴蜀書社，1990年。

書坊。孫殿起的《琉璃廠小誌》對清代北京這兩處書市的書店與
文具店的介紹也顯得粗略。葉德輝的書盡管涉及明清時期小說的
印刷書坊，其所提供的材料，則比前兩者更少。我這樣說，當然
不是要抹煞他們的成績，而是從我的研究角度，指出其美中之不
足。

　　以上提及的諸種書籍均成爲我在本章討論出版才子佳人小說
的書坊的主要材料來源。首先，我將把孫楷第、大塚秀高、柳存
仁的三部《書目》列舉的出版小說的書房名稱與孫殿起、張秀民
等書提供的書坊名稱及其地點作一仔細的對照，以期看到在當時
有哪些地區的書坊參與過這類小說的印刷出版活動，並且由此進
一步推測這類小說通常在哪些地區較爲流行。

　　這種考察當然有很大的困難，也很難保證不出差錯。這不僅
由於材料缺乏，而且也因爲同一個名稱可能被不同地區的不同書
坊所共用。例如，李致忠的《歷代刻書考述》就注意到，以「善
成堂」署名的書坊，其總店和分店共有八家，分布在北京琉璃
廠、重慶、武漢、南昌、沙市、濟南、河北等地的八個地區，而
以重慶一處爲其總店。[11]柳存仁《明清中國通俗小說版本研究》
還提到另外兩處以「善成堂」署名的書坊。在蘇州、杭州兩地，
也有幾家書坊使用相同的名號，它們或許是同一書商所擁有的不
同分店，或許根本就屬於不同的商家。[12]這樣的問題自然爲我
們準確地考察那些出版才子佳人小說的書坊帶來困難。然而，根
據現有的材料，我們還是能在這方面做一些工作。在此基礎上，
我們也許能對於才子佳人小說最爲流行的地區、以及其流行特徵

---

[11]李致忠《歷代刻書考述》，頁 361-362 。
[12]柳存仁《明清中國通俗小說版本研究》，頁30 。 孫殿起也談到建於
　　1820年的琉璃廠善成堂的相同情況。見該書，頁 104 。

有一些初步的印象。

　　爲了方便本文的討論，有必要解釋我們常用到的一些術語。首先是「堂」這一名詞，它在清代及更早的時期曾有多種用途。從傳統上看，「堂」既可以指稱書坊、書店，又可用作個人書齋之名號。在琉璃廠和其它一些書籍出版和流通市場，許多與種種不同名稱連用的「堂」，指的是那些既印刷又出售書籍（包括才子佳人小說）的書坊或書店。例如善成堂，這個擁有數家分店的大書坊，曾經印刷出版過大量經史之書和小說作品。[13]在本章的下文中討論的種種「堂」，指的是印刷和出版小說特別是才子佳人小說的書坊。在其它很多場合下，「堂」用以指稱個人的書齋，如李慈銘（1830-1894）的「越縵堂」、俞樾（1821-1907）的「春在堂」等等。除了個別例外，這些私人書齋通常不涉及印刷活動。[14]

　　其次是「藏板」這一名詞，往往與書坊之名一道題署在書中。這一術語通常涉及到印書者對所印書籍擁有的版權，而且，它也意味著擁有這一刻板的地方就是這部書的出版者。

　　另一個常見於刻書的用語是「本衙」。所謂「衙」，通常指古代官署，有時也指政府官吏或有一定社會地位者的私人住宅，相當於「本府」。「本衙」通常標示著官方批准的出版權。在清代，出版業受到政府嚴格的控制和審查，如果某書的印刷出版業經官方許可，通常會在書中標以「本衙」二字。在這樣的情況下，盡管尚未得到官方的審查認可，一些書坊仍在他們印的書中標以「本衙」二字，假裝此書已經審查。另外，兩個術語的合用「本

---

[13]李致忠《歷代刻書考述》，頁 361-362。
[14]李致忠曾討論過以「堂」署名的書坊與以「堂」署名的私人書齋之間的區別，見《歷代刻書考述》，頁 350-353。

衙藏板」，則表示書坊對其所印書籍擁有的出版權。

需要指出的是，才子佳人小說在清代曾經一度流行。一些代表作品先後多次被再版。例如小說《平山冷燕》，今存的版本就多達二十九種，而《玉嬌梨》也有同樣多的版本。[15]這一現象至少說明，這些小說在當時是那樣的流行，其再版的頻率遠勝過《西遊記》和《水滸傳》。據孫楷第與大塚秀高的《書目》所載，今存的《西遊記》有九個本子，《水滸傳》有二十個本子，都比前者要少。[16]

一、小說出版與流行的主要地區

經過考證，在一百二十多家出版過才子佳人小說的書坊中，一部分書坊的地點已經得到證實，從而使我們推測這類小說出版和流行的主要地區成爲可能。這些地區包括了北京、南京、蘇州和廣州等地區，那里的許多書坊曾經參與過印刷和出版多種才子佳人小說的活動。

首先是北京，那里有聞名當時的琉璃廠和隆福寺兩處印刷和出售書籍的大市場，其中琉璃廠是京城最重要的書籍和文房用具市場。作爲印刷出版、搜購和出售書籍的重要中心，琉璃廠發展於十八世紀初期的康熙年間，並在十八世紀中期的乾隆時代臻於繁榮。[17]在它的鼎盛時期，琉璃廠的出版業者多達三十一家，分別來自江西、福建和中國北方。

---

[15]大塚秀高《中國通俗小說書目改訂稿》(東京：汲古書院，1984年)，頁 56-59。

[16]孫楷第《書目》列有《西遊記》八個版本，《水滸傳》二十個版本。大塚秀高的《改訂稿》對《水滸傳》的版本沒有作任何增加，至於《西遊記》，僅增添了一種以《夢斬涇河龍》爲書名的本子。見該書，頁 193。

[17]王冶秋《琉璃廠史話》(北京：三聯書店，1963年)，頁16。

　　這些書店和書坊在清代的書籍流通方面發揮了相當大的作用。
當時有很多朝廷的文官居住在琉璃廠附近的宣武門地區。一些著
名文人如王士禛（1634-1711）、孫承澤（1592-1676）等甚至就
住在琉璃廠一帶。除此之外，從宣武門到前門一段地方，有很多
由各地州府或大縣開設的會館，用以接待從各地來京城的官員、
應考者、文人和商人。琉璃廠附近的書店、書坊和會館使那一帶
地區成爲京城文人會萃之地，而這些文人的文學需求極大地刺激
了琉璃廠一帶印書業的發展。

　　在那時，琉璃廠並不僅僅迎合學者的個人需要，而且還爲朝
廷的《四庫全書》的編撰提供了大量的材料。由於那里的書店藏
書極爲豐富，使琉璃廠成爲一個重要的參考書籍中心，並在這一
浩大的工程中扮演著十分重要的角色。據說在編纂《四庫全書》
期間，撰者每天都要列出所需檢閱書籍的名單，然後去琉璃廠查
找這些書籍。[18]

　　當然，對我們來說更重要的是，琉璃廠是清代印刷和銷售才
子佳人小說最重要的地方之一。無論是孫殿起的《琉璃廠小誌》，
張秀民的《中國印刷史》，還是孫楷第《中國通俗小說書目》和
大塚秀高的改訂稿，其中不少材料都可以證實，琉璃廠的許多書
坊參與過印刷和出版才子佳人小說。例如，那里的寶仁堂和大文
堂就曾出版過《玉嬌梨》和《平山冷燕》，靜寄山房、文德堂和
善成堂[19]出版過《平山冷燕》，煥文堂出版過另一部才子佳人
小說《好逑傳》，[20]聚秀堂印刷過《英雲夢》，而書業堂則出

---

[18]王冶秋《琉璃廠史話》（北京：三聯書店，1963年），頁18。又見孫
　　殿起《琉璃廠小誌》所收張涵銳《琉璃廠沿革考》一文。
[19]大塚秀高《中國通俗小說書目改訂稿》，頁51-56。善成堂的總店在
　　重慶，而在琉璃廠卻有一分店，見孫殿起《琉璃廠小誌》，頁41。
[20]大塚秀高《中國通俗小說書目改訂稿》，頁70。

版過《英雲夢》和《二度梅》。[21]

　　另一個北京的書坊中心位於隆福寺一帶，其中也有幾家出版過才子佳人小說。例如那里的寶文堂印刷過《麟兒報》，文奎堂出版過《聽月樓》，而文光堂則印刷過《平山冷燕》。這些數量可觀的北京書坊和書店表明，北京是出版和流傳才子佳人小說的最重要的地區之一。

　　說明這類小說在北京流傳的一個很好的例證，是冰玉主人的故事。他是當時皇族的成員。當他從一名宦官手里得到小說《平山冷燕》，閱讀之後，顯然極感興趣，特地為此書寫了一篇序言。[22]

　　另一個清代著名的印刷出版中心蘇州，也同樣出版了不少才子佳人小說。那里的擁萬堂印刷過《玉嬌梨》、《平山冷燕》和《好逑傳》，紅葉山房出版過《兩交婚》，而聚盛堂則出版過《玉嬌梨》。張秀民在其《中國印刷史》中曾經指出，清代初期的書坊發覺編印出版小說戲曲能獲大利，蘇州的一些書商也在為小說複製精美的插圖上面下功夫，並因此而著稱。這些引人注目的插圖促成了地方官府對小說戲曲的禁毀，因為當時很多由蘇州印刷的小說引起了當地官府的警覺，他們認為這樣的小說有誨淫之嫌。其結果是，那些出版這類小說戲曲的書坊被處以罰款。這種禁令曾由湯斌頒布，他曾於一六八四至一七零九年出任江蘇地區巡撫。此後在一八六八年和其他時候，丁日昌也頒布了相同的法令，禁毀小說戲曲多達百餘種。[23]

---

[21]同上，頁81。
[22]冰玉主人的序言見於《平山冷燕》的靜寄山房刊本。此轉引自朱一玄《明清小說資料選編》（濟南：齊魯書社，1990年），頁822。
[23]張秀民《中國印刷史》，卷一，頁555。1883年版《蘇州府誌》（臺北：成文出版社，1970年），卷68，頁37。王利器《元明清三代禁毀小說戲曲史料》（上海：古籍出版社，1981年），頁142。

　　除了北京和蘇州兩地，南京也印刷出版過許多的才子佳人小說。在他們當中，僅聚錦堂一處就出版了包括《玉嬌梨》、《平山冷燕》、《英雲夢》、《雪月梅》在內的很多才子佳人小說。至於其它出版過這類小說的書店和書坊，則有啓盛堂、九如堂、富春堂和芥子園。[24]

　　此外還有廣州地區，也在較小規模上出版過這些小說。其中《兩交婚》和《畫圖緣》的多種版本之一，就來自那里的老會賢堂（又稱正祖會賢堂），[25]《玉支璣》與《情夢柝》二書的一個版本來自廣州的華文堂，《平山冷燕》和《好逑傳》的一個本子也來自廣州的青雲樓，《麟兒報》與《二度梅全傳》曾被那裏的丹桂堂印刷過，而另一部才子佳人小說《金石緣》則是由廣州古經閣出版。[26]

　　此外在廈門的三家書坊也出版過此類小說，其中多文齋出版過《玉支璣》與《五美緣》，同安徐管城印刷過《玉嬌梨》和《平山冷燕》，而文德堂則出版了《水石緣》與《白圭志》。[27]

　　還有許多書坊印刷出版過才子佳人小說，它們的地點卻難以確定。這是因爲不同地點的書坊有著相同的書坊名號。例如文成堂這個出版過《夢中緣》的書坊，由於在北京、天津、浙江、重慶等五處皆有以此名命名的書坊，而無法鑒別其本子究竟是由哪一家印刷。

　　值得注意的是，許多才子佳人小說中的男女主角均是出生於

[24]例如啓盛堂印有《平山冷燕》，九如堂出版過《五美緣》，富春堂刻有《兩交婚》，而芥子園則印刷了《情夢柝》。
[25]柳存仁《明清中國通俗小說版本研究》，頁32。
[26]大塚秀高《中國通俗小說書目改訂稿》，頁65；68；73；60；69；72。
[27]謝水順《清代閩南刻書史述略》，見《文獻》（北京：書目文獻出版社），1986年3期，頁263；大塚秀高《中國通俗小說書目改訂稿》，頁65；柳存仁《明清中國通俗小說版本研究》，頁31。

江南地區，這一事實也許可以幫助我們考察這類小說作者的出生
地以及小說的印刷與流傳情況。在《玉嬌梨》這部作品中，才
子蘇有白和那兩個有表姐妹關係的佳人都是籍貫南京。《平山冷
燕》中的才子出生於江南的松江，而佳人冷絳雪來自江都，亦即
今天的揚州。《飛花詠》裏的才子與佳人雙雙來自松江，辛古釵
及其兄弟來自揚州。在小說《定情人》里，女主角出生於浙江山
陰縣，而《玉支璣》里的管彤秀、《畫圖緣》中的花天荷也都來
自那塊極富人文傳統的地方。

　　江南地區也是許多清代後期才子佳人小說中故事發生的主要
地方，在小說《金石緣》、《水石緣》、《西湖小史》和《三分
夢全傳》里均能見到這一情況。作者對這一地區的專注也間接地
暗示了他們或許就生活在那些地方。

　　此外，江南地區很有可能就是這類小說印刷出版和流行最興
盛的一個地方。因爲江南的風光幾乎在所有的才子佳人小說中不
同程度地得到描述（盡管其它地方也間或被提及），簡直成了這
類愛情故事的溫床，難怪直到如今，「江南才子」一詞已經成爲
帶有成語性質的固定詞組，時常被人們用到。在清代初期的小說
《玉嬌梨》裏，故事發生的地點主要集中在金陵(今日之南京)、
和浙江山陰這兩個地方，北京雖然也是情節發展中涉及的一個地
區，其在小說中的作用卻顯得次要得多。《平山冷燕》的故事涉
及的空間背景循環於江都、南京、山東溫縣和首都北京。在《飛
花詠》裏，故事的空間包括了松江、揚州、山東臨清、陝西和湖
廣地區。小說《兩交婚》的故事空間是由重慶、揚州和北京所組
成。在《定情人》裏，作者爲小說設計了成都、浙江山陰和京城
三地循環往復的空間結構。《玉支璣》中的愛情故事發生在浙江
青田和北京以及在敘事結構上作用很小的北直棣滄州。在另一部

小說《金雲翹》裏，故事的空間從北京開始，轉移至山東臨淄，然後到浙江，再返回臨淄，最終仍結局於浙江。

在清代後期才子佳人小說中仍然可見類似的情況。《金石緣》的敘事空間結構由揚州、蘇州和江南其它地區組成，《水石緣》講述的故事發生在浙江、荊楚和陝西地區。《三分夢全傳》的故事發生在浙江、福建、廣東等地，而《西湖小史》則涉及到浙江、山東和北京等地。

在清代，北京不僅是中國的首都，同時也是文化的中心，她吸引著全國各地的文人學者前往游學和拜訪名人。這些文人學者來往於京城與各自的地方，從而密切了兩地的聯係，北京因此能夠得到全國各地的信息。同時，北京的書坊也派人到各地收購手稿和書籍，再把它們加以出版、再版和銷售。正是因爲這樣，才使北京象江南一樣，成爲才子佳人小說出版和流行的主要地區之一。

下面，我將列出兩個表格來說明在清代印刷出版過才子佳人小說書坊名稱及其地理位置，以幫助我們對這類小說的出版和流傳狀況有一個大致的瞭解。

表一：已考證出地理位置的出版才子佳人小說的書坊：[28]

出版時期	書名	編著者	卷數	序跋作者	出版者	地理位置
	《玉嬌梨》(重鐫繡像圈點秘本)	黃荻山人	20回		金閶擁萬堂b	蘇州c
	同上(新鐫繡像圈點秘本三才子傳)				同安徐管城b	廈門k
	同上(第三才子)		4卷	天花藏主人	大文堂b	北京f
	同上(第三才子)		4卷	天花藏主人	老會賢b	廣州e
	同上		4卷	天花藏主人	三元堂b	廣州?蘇州c
	同上(七才子書，與《平山冷燕》合刻)			天花藏主人	聚錦堂b	金陵c
	同上(七才子書，與《平山冷燕》合刻)			天花藏主人	綠蔭堂b	蘇州c
	同上(天花藏七才子前後集)				寶仁堂b	北京f
	同上				聚盛堂b	蘇州c
	平山冷燕	荻岸散人	20回		靜寄山房b	北京f
	同上(重鐫繡像圈點秘本)				金閶擁萬堂b	蘇州c
	同上			天花藏主人	同安徐管城b	廈門k
	同上(第四才子書)		2卷		文光堂b	北京c
	同上(第四才子書)		4卷	天花藏主人	大文堂b	北京f

出版時期	書名	編著者	卷數	序跋作者	出版者	出版地
	同上(四才子書)		6卷		啓盛堂b	南京c
	同上		8卷	天花藏主人	文德堂b	北京c?廈門?f,e
	同上			天花藏主人	青雲樓b	廣州c
	麟兒報(葛僩翁全傳)		16回	天花藏主人	寶文堂b	北京c
1843	同上(《怡園五種》之五)				怡園b	廣東肇慶h
	同上				丹桂堂b	廣州e
	畫圖緣小傳(畫圖緣平夷傳)		4卷		正祖會賢堂b	廣州
嘉慶間翻刻	同上		4卷		測海樓b	揚州b
1888	兩交婚小傳(雙飛鳳)		4卷		姑蘇紅葉山房b	蘇州b
	同上				素位堂b	福建漳州k
	同上(續四才子)		4卷		富春堂b	南京i,c
1834	同上(雙奇夢、《怡園五種》之二)				怡園b	廣東肇慶h
	玉支璣小傳	天花藏主人	4卷20回		華文堂b	廣州h
1834	同上(《怡園五種》之一)				怡園b	廣東肇慶h
1858	同上				多文齋b	廈門b
嘉慶間	玉樓春	白雲道人	4卷24回		煥文堂b	北京f
	情夢柝	蕙水安陽酒民	4卷20回		華文堂b	廣州h
1834	同上(《怡園五種》之三)				怡園b	廣東肇慶h
1857	同上(三巧緣)				芥子園b	南京j
1885	夢中緣	李修行	4卷15回		有益堂b	北京j
1760	好逑傳	名教中人	4卷18回		青雲樓b	廣州c
	同上				擁萬堂b	蘇州c
	同上				煥文堂b	北京f
1851	金石緣	省齋主人	8卷20回		文粹堂b	北京?蘇州?c,f
1841	同上				崇雅堂b	廈門k
1865	同上				古經閣b	廣州b,c,h
1834	蝴蝶媒(《怡園五種》之四)				怡園b	廣東肇慶h
	同上				華文堂b	廣州h
	巧聯珠	煙霞逸士	4卷15回		得月樓b	北京?h
	水石緣	李春榮	6卷30回		文德堂b	廈門e,k
1809	嶺南逸史	黃耐庵	28回		樓外樓b	蘇州?e
1856	二度梅全傳	惜陰堂主人	6卷40回		丹桂堂b	廣州e
	同上				書業堂b	北京?蘇州?c
1826	合錦迴文傳	李漁	16卷		大文堂b	北京f
	白圭志	崔象川	4集16回		文德堂k	廈門k
	英雲夢傳	震澤九容樓主人松雲氏			聚錦堂b	南京c
1805	同上				書業堂b	北京?蘇州?c
1821	同上				綠蔭堂b	蘇州b
	同上				聚秀堂b	北京f
1819	聽月樓		20回		同文堂b	蘇州c
1824?	同上				文奎堂b	北京f
1824	五美緣		80回		樓外樓b	蘇州?e
1845	同上				聚文堂b	蘇州c,
1848	同上				九如堂b	南京a[29]
	同上(新刊再生緣全傳)		10卷		多文齋b	廈門b
1880	同上				文奎堂b	北京f
1665g	吳江雪	吳中佩衡子	24回	佩衡子	東吳赤綠山房a	蘇州c

表二：未考證出地理位置的出版才子佳人小說的書坊：

出版時期	書名	編著者	卷數	序跋作者	出版者
康熙間刊	新鐫玉嬌梨	黃荻山人	20回		?b
	玉嬌梨				本衙b
舊刊	同上(新鐫……)				?b
	同上(新鐫……)				本衙b

	同上(重訂……)				本衙b
康熙間刊	同上(重訂……)				?b
	同上(新鐫……)		4卷		益智堂b
	同上(新刻……)		4卷		兩儀堂b
	同上(新刻……)		4卷		映月樓b
	同上		4卷	天花藏主人	經倫堂b(文光堂)b
	同上		4卷	天花藏主人	善成堂b
	同上		4卷	天花藏主人	經元堂b
重刊	同上(與好逑傳合刻)		4卷	天花藏主人	振賢堂b
1730	同上(七才子書、與平山冷燕合刻)				退思堂b
1730	同上(七才子書、與平山冷燕合刻)			天花藏主人	崇德堂b
1748	同上(七才子書、與平山冷燕合刻)		4卷	天花藏主人	?b
乾隆間	同上(七才子書、與平山冷燕合刻)		5卷	天花藏主人	本衙(翼聖堂)b
	同上(七才子書、與平山冷燕合刻)		5卷	天花藏主人	本衙b
	同上(七才子書、與平山冷燕合刻)		5卷	天花藏主人	英德堂b
1658	平山冷燕(四才子書)	荻岸散人	20回		?b
	同上(天花藏原本)				本衙b
	同上(天花藏批評)				本衙b
	同上(第四才子書)		4卷	天花藏主人	令德堂b
	同上(第四才子書)		4卷	天花藏主人	英德堂b
	同上(第四才子書)		4卷		清明堂b
	同上(第四才子書)		4卷	天花藏主人	經綸堂b
	同上(第四才子書)		4卷	天花藏主人	振賢堂b
	同上(第四才子書)		4卷	天花藏主人	維經堂b
	同上				玉蘭堂b
	同上			天花藏主人	茂選樓b
清初刊	春柳鶯	南北鶹冠史者	4卷10回		?b
1662序刊本	同上				?b
刊本	同上				?b
1672序刊本	麟兒報		16回		?b
康熙間刊	同上		4卷		嘯花軒b
乾隆間刊	同上(葛仙翁全傳)				?b
1808年刊	同上(葛仙翁全傳)				集古居b
1821年刊	同上(葛仙翁全傳)				集古居b
1852年刊	同上				經國堂b
1852年刊	同上(葛仙翁全傳)				?b
	同上(葛仙翁全傳)		4卷		□□堂b
刊本	同上		4卷		?b
清初刊	飛花詠(玉雙魚)		16回		本衙b
清初刊	賽紅絲小說		16回	天花藏主人	本衙b
康熙間刊	畫圖緣小傳(畫圖緣平夷傳)		16回	天花藏主人	?b
	同上				本衙b
	同上		4卷		益智堂b
	同上		4卷		積經堂b
清初刊	定情人		16回	素政堂主人 即天花藏主人	本衙b
乾隆間覆刻	同上		4卷		?b
	兩交婚小傳(續四才子、雙飛鳳)		18回	天花藏主人	本衙b
道咸間刊	同上		4卷		枕松堂b
清初刊	金雲翹傳(雙奇夢)	青心才人	4卷20回		本衙b
刊本	同上				?b
乾隆間刊	同上				衛花軒b
	同上				嘯華軒b
	同上(雙奇夢)				談惜軒b
刊本	同上(雙奇夢傳)				?b
	玉支璣小傳(雙英記、方正合傳)		4卷20回	天花藏主人	?b
	同上				醉花樓b

年代	書名	作者	卷回	堂號
1855	同上(雙英記)		12回節本	十二室b
清初刊	幻中眞	煙霞散人	12回	本衙b
坊刊翻刻	同上		4卷10回	?b
	人間樂	天花藏主人	18回	?b
乾隆間刊	同上		4卷	寶綸堂b
舊刊本	駕鴦媒(駕鴦配)	徐震(橋李煙水散人)	4卷12回	?b
	同上			□□藏板b
康熙刊	合浦珠	徐震(橋李煙水散人)	16回	?b
康熙間原刊	夢月樓情史	徐震(橋李煙水散人)	16回	?b
1722年序刊本	賽花鈴	白雲道人	16回	本衙b
嘉慶間刊	玉樓春	白雲道人	12回	嘯花軒b
	同上		24回	二酉局b
康熙間刊	情夢柝	蕙水安陽酒民	4卷20回	嘯花軒b
刊本	同上			?b
1822	同上		7卷	?b
1885	夢中樓	李修行	4卷15回	義堂b
1885年序刊本	同上			崇德堂b
1885年序刊本	同上			文成堂b
刊本	好逑傳(俠義風月傳)	名教中人	4卷18回	?b
乾隆間刊	同上			凌雲閣b
1782重刊	同上(與玉嬌梨合刻)			?b
1859	同上			?b
1860	同上			光華堂b
1863	同上			獨處軒b
1866	同上			?b
1866	同上			萃芳樓b
	同上			文誠堂b
	同上			三讓堂b
	同上(第二才子書)			善成堂b(三讓堂)
	同上			映雪軒b
刊本	同上			?b
	快心編	天花才子	初集5卷10回 2集5卷10回 3集6卷12回	課花書屋b
雍乾間刊	鳳凰池(續四才子書)	煙霞散人	16回	耕書屋b
雍正間刊	飛花艷想(駕鴦影、夢花想)	劉璋(樵雲山人)	18回	?b
刊本	同上(夢花想)			?b
1822	同上(駕鴦影)			?b
1822	同上(駕鴦影)			?b
1835	同上(駕鴦影)			?b
1800	金石綠	省齋主人	8卷24回	鼎翰樓b
1815	同上			石渠山房b
1816	同上			同盛堂b
1851	同上			文粹堂b
1853	同上			?b
1853	同上			?b
乾隆間刊	醒風流奇傳	鶴市道人	20回	?b
	蝴蝶媒	南岳道人	4卷16回	本堂藏板b
	同上			本堂刊本b
	同上			積經堂b
	同上			四友堂b
1904	同上			經翼山房b
乾隆間刊	五鳳吟(續六才子書)	雲陽嗤嗤道人	20回	草閑堂b
	同上		4卷	稼史齋b
	同上(續六才子書)		4卷	鳳吟樓b
道咸間刊	同上		4卷	?b
1865	同上		4卷	醉月樓b

刊本	引鳳簫	楓江牛雲友	4卷16回	?b
清初刊	錦香亭	古吳素庵主人	4卷16回	?b
	同上			岐園b
	同上			愛蓮齋b
	同上			大經堂b
道光間刊	同上			經元堂b
	同上			經倫堂b
	巧聯珠	煙霞逸士	4卷15回	可語堂b
	同上			得月樓b
	女開科傳(萬斛泉)	岐山左臣	12回	名山聚b
清初刊	同上			?b
	同上			何必居b
1768	蹖雲樓	步月齋主人(煙霞主人)	18回	本衙b
	水石緣	李春榮	6卷30則	經綸堂b
	同上			自得軒b
	同上			明德堂b
1841	同上			攻玉山莊b
1870	同上			?b
1783	駐春園小史	吳航野客	6卷24回	三餘堂b
1783	同上			三畏堂b
1788	同上			?b
1842	離合劍蓮子瓶		32回	綠雲軒b
1843？	同上			綠雲軒b
	繡屏緣		4卷19回	養浩堂b
刊本	醒名花		16回	?b
清初刊本	同上			?b
1809	嶺南逸史	黃耐庵	28回	樓外樓b
1809	同上			?b
	同上			文道堂b
	同上			裕德堂b
1857	同上			?b
	生花夢	古吳娥川主人	4卷12回	本衙b
舊刊本	金蘭筏	惜陰堂主人	4卷20回	?b
乾隆間刊	同上			?b
1800	二度梅全傳	惜陰堂主人(天花主人)	6卷40回	福文堂b
1821	同上(新刻增刪二度梅奇說)			?b
1857	同上			維經堂b
1873	同上			崇德堂b
1877	同上			聚興堂b
	同上(新註二度梅奇說全集)		4卷	三讓堂b
	同上			益秀堂b
	同上			五雲堂b
1826	合錦迴文傳	李漁	16卷	寶研齋b
	白圭志	崔象川	4集16回	經綸堂b
1805	同上(第八才子書)			補餘軒b
1841	同上			補餘軒b
	同上(第八才子書)			三讓堂b
1859	同上(第十才子書)			右文堂b
	同上(第十才子書)			近文堂b
1878	同上(第八才子書)			□□齋b
	同上(第八才子書)			盛德堂b
	英雲夢傳	震澤九容樓主人松雲氏	8卷	啓秀堂b
	同上			寶華順b
	同上			二友堂b
1856	西湖小史	上谷氏蓉江	4卷16回	琅玕山館b
1876重刊	同上			六經堂b
1815	聽月樓		20回	忠恕堂1

1819				登秀堂b
嘉慶間刊	三分夢全傳	張士登	16回	?b
1835	同上			?b
1848	同上			衙內b
1822	五美緣		80回	?b
1828	同上			芸香閣b
1854	同上			文安堂b
1841	梅蘭佳話	曹梧岡(阿閣主人)	4卷40則	至成堂b
1842	白魚亭	黃瀚	60回	紅梅山房b
清初刊	才美巧相逢宛如約	惜花主人	4卷16回	?b
	同上			醉月山居b
	鐵花仙史	雲封山人	26回	本衙b
	章臺柳		4卷16回	醉月樓b
	意外緣(再求鳳傳)		12回	悅花樓b
刊本	蕉葉帕		4卷16回	?b
	同上			嘯月軒m
	燕子箋	玩花主人	6卷18回	迎薰樓b
	霞箋記(情樓迷史)		4卷12回	醉月樓b
刊本	風箏記(錯定緣)		8回	?b
	同上			本堂n

由以上圖表可知，才子佳人小說曾經被大量的書坊印刷出版過，
它說明了此類小說在清代是廣泛流行的，而且有著數量可觀的讀
者群。

---

[28]材料來源：
　　a，孫楷第《中國通俗小說書目》；
　　b，大塚秀高《中國通俗小說書目改訂稿》；
　　c，張秀民《中國印刷史》；
　　d，柳存仁《倫敦所見中國小說書目提要》；
　　e，柳存仁《明清中國通俗小說版本研究》；
　　f，孫殿起《琉璃廠小誌》；
　　g，林辰《明末清初小說述錄》；
　　h，楊繩信《中國版刻綜錄》；
　　i，鄭振鐸《插圖本中國文學史》；
　　j，李致中《歷代刻書考述》；
　　k，謝水順〈清代閩南刻書史述略〉，《文獻》(北京：書目文獻出版
　　　社)，1986年3期，頁256-263；
　　l，《聽月樓》，《古本小說集成》，上海：古籍出版社，1990年；
　　m，《蕉葉帕》，《古本小說集成》，上海：古籍出版社，1990年；
　　n，《風箏配》，《古本小說集成》，上海：古籍出版社，1990年。
[29]見孫楷第《中國通俗小說書目》，頁199，「韓湘子全傳」條。

二、小說的主要讀者群

關於小說的讀者群問題，以前的學者很少討論過。目前所能找到的有關方面的材料僅可見於劉大杰的《中國文學發展史》中的一段討論，他把這類小說作爲上流社會喜好的讀物。[30]換句話講，上層社會階級是這些小說的主要讀者群。

然而，我卻認爲這類小說的主要讀者群來自中下階層的文人，而並非上層文人。這些中下階層的文人在追求功名與美滿婚姻方面並不順利，他們因此很喜歡閱讀這些實現了他們生活願望的小說。

作這樣的推測當然不是說，其它階層的讀者就完全被排除在外。這里僅就其主要讀者群而言。長期以來，在傳統中國社會裏存在著一大群中下層文人。他們渴望通過刻苦的讀書，以求通過從地方到朝廷一級又一級考試，獲取功名與利祿，從而改善自身的社會地位。這一目標的實現本身就意味著社會對他們一生奮鬥的承認。

這樣一種社會現象在才子佳人小說裏得到夸張的演繹。首先，小說主題突出的是才子佳人的愛情與婚姻、成功的功名與文官仕宦生涯，這兩方面都是傳統中國文人一生追求的目標，而這一點也暗示了文人與這類小說的聯係。正如我在前面章節里談到的，許多小說中的男主角都是出身於社會的中下層階級，這一社會地位與中下階層的文人讀者相符。這些男主角因爲自恃有才，所以也立志要找才貌雙全的佳人爲妻。然而這並非易事，爲了贏得佳人的愛，他們必須在科舉考試中高中金榜。作爲故事的結

---

[30]劉大杰《中國文學史發展史》（北京：中華書局，1963），卷2，頁1066。

局，男主角終於實現了他們奮鬥的目標，得到了希望得到的一切：功名與佳人。男主角在故事中奮鬥和追求的經歷，實在代表了社會的中下層文人一生奮斗的經歷，而作者爲他們安排的圓滿成功的結局，也體現出這些中下層文人渴望通過努力改善社會地位的要求和願望。作者透過故事傳達出的寓意，道出了這些文人的心聲，因而也拉近了兩者間的距離。在小說以讀者代言人的身分發生作用時，讀者就可以從其中看到自己的影子。於是，小說代表了中下層文人的利益，而後者由此激發的閱讀和欣賞興趣又推動著這些小說的廣泛流行，這就是我們注意到的在兩者間存在的千絲萬縷的聯係。

三、歷來對這類小說的評論

　　與小說的讀者群相關的另一個問題，是人們對才子佳人小說的評價。自從這類小說興起以後，就引起時人和後世論者的種種批評，大致毀多於譽，評價不高。然而透過這些批評，我們可以看到批評者所持的不同立場和態度，及其所基於的社會與美學的價值標準。

　　較早對這類小說作出評價的是一些清代士大夫文人。他們主要站在保守的道德立場上，對這類小說的社會影響進行批評。康熙年間，劉廷璣曾提出《平山冷燕》、《情夢柝》、《風流配》、《春柳鶯》、《玉嬌梨》等才子佳人小說是「慕色慕才，已出之非正，猶不至於大傷風俗」[31]。所謂「猶不至於大傷風俗」，大概指的是這類小說對當時社會的道德風氣不會有多大的危害。可是，另外一些人卻把小說對社會的危害看得嚴重得多。在他們

---

[31]《在園雜誌》，卷 2。

看來，這些小說「多演男女之穢跡，敷爲才子佳人，以淫奔無恥
爲逸韻，以私情苟合爲風流，雲期雨約，摹寫傳神，少年閱之，
未有不意蕩心迷、神魂顚倒者。在作者本屬子虛，在看者認爲實
有，逐以鑽穴逾牆爲美舉，以六禮父命爲迂闊，逐致傷風敗俗，
滅理亂倫」，因此，他們認爲這類小說「流毒直行數世」，應當
嚴行禁毀。[32]所謂「淫奔無恥」、「私情苟合」，自然指的是
故事中男女主角自由戀愛的行爲，這對於傳統社會裏「男女授受
不親」、「父母之命」、「媒妁之言」等道德觀念無疑是一嚴重
的挑戰，因而引起以上的非議。可是，如果站在今天的立場上看
問題，自由戀愛的行爲沖破了「男女大防」的陳腐的禮教，又未
嘗沒有積極的意義。上述對才子佳人小說所作的指責，反映了論
者觀念的保守和歷史局限，也說明了那個時期保守的道德倫理對
社會的影響深廣。

　　另一種批評意見出現在小說《紅樓夢》裏，其所涉及的對象，
不僅是才子佳人小說，也包括了與才子佳人故事有關的其它作品
例如戲曲等。在小說的開端，那塊有靈性的石頭便指責「才子佳
人等書」是「千部一腔，千人一面，且終不能不涉於淫濫，」此
外「『之乎者也』，非理即文，大不近情，自相矛盾」[33]。在
小說的第五十四回裏，賈母發過一段議論，說這些故事「編的連
影兒也沒有了」。[34]如果把這些話與劉廷璣等人的批評加以比
較，就不難看出，它是從另外一種角度來看待才子佳人故事的。

---

[32]〔清〕李仲麟《增訂愿體集》卷二「防微」條。此類評論又見〔清〕
　　史澄《趨庭瑣語》卷七、黃正元《欲海慈航·禁絕淫類》、清同治六
　　年重鐫《匯纂功過格》卷七等書。見王利器《元明清三代禁毀小說戲
　　曲史料》，頁 234-242。
[33]《紅樓夢》（北京：人民文學出版社，1979年），第1回，頁3。
[34]同前注，頁 683。

它認爲這些小說在敘述方式上存在著程式化的毛病，在敘事內容方面遠離了生活的眞實，這就把批評的眼光，從以往單純的道德評價轉移到小說的敘述方式以及故事裏的虛構與眞實生活的關係這樣一些與敘事原則相關的方面了，這種批評的意義在於，它爲人們評論才子佳人小說提供了一種新的角度。[35]

「五四」以後，對才子佳人小說的評論發生了較大的變化。那時候在新文化運動的推動下，人們開始破除保守的傳統道德觀念，提倡自由平等、個性解放等新的思想，評論者也注意從這一特定角度來重新衡量才子佳人小說。

魯迅是第一個從反對傳統道德觀的立場來評價才子佳人小說的人。他認爲故事中的男女主角以題詩爲媒介建立愛情關係，「這似乎是很有悖於『父母之命，媒妁之言』的婚姻，對於舊習慣是有些反對的意思的」，同時他又對小說用團圓甚至奉旨成婚來作爲故事結局持以譴責的態度。[36]與此同時，魯迅還把這類小說與此前的長篇小說《金瓶梅》作比較，指出「這類的書名字，仍多襲用《金瓶梅》式，往往摘取書中人物的姓名來做書名；但內容卻不是淫夫蕩婦，而變了才子佳人了」[37]，因此，魯迅稱這些小說是「講所謂『溫柔敦厚』的」，是《金瓶梅》等書的「異流」[38]或「反動」。[39]對於這些小說的敘述文字，魯迅基本持否定看法，他稱「那些書的文章也沒有一部好」[40]。魯迅的上述批評盡管有些不夠全面和令人信服，但是他試圖從一個專

---

[35]關於《紅樓夢》中的這些批評，將會在本書第八章裏專門討論。
[36]《中國小說的歷史的變遷》，《中國小說史略》（北京：人民文學出版社，1973年），第5講，頁300。
[37]同前注。
[38]《中國小說史略》第20篇。
[39]《中國小說的歷史的變遷》第5講。
[40]同前注。

業的小說批評家的立場，來揭示這類小說的一些基本特徵，因此，他不僅評論了小說的敘事內容，而且還注意它的某些敘述方式，從而爲後來的小說批評建立了一些指導性的原則。

　　魯迅以後的相當長一段時間，很多論者對才子佳人小說持以激烈批評的態度。其所持的批評立場更多地帶有社會革命的性質。他們認爲這類小說「無非給男性一些平庸的榮華富貴與卑污的浪漫思想。給女性一些三從四德和辱沒『人格』的意識。其流毒至於使全社會腐敗，使被宰割者的革命性消失，使人的創造性汨沒。」[41]關於這些小說的敘事技巧，也被他們認爲是「拙劣」的。[42]另一方面，也有的論者肯定了小說的某些長處，例如他們認爲《好逑傳》揭發了統治階級貪婪好色，而又愚蠢到極點的劣性，也譴責了他們欺凌人民的罪惡[43]。《玉嬌梨》、《平山冷燕》二書，「內容棄絕猥褻，致意風雅，雖然矩度狹隘，不如《金瓶梅》暴露範圍的廣闊，總可以說又走上了一條較新的道路。」[44]盡管這些批評互有差異，對才子佳人小說的整體評價，卻仍然是不高的。

　　從本世紀七八十年代開始，對才子佳人小說的研究發生了一些新的變化。如本書第一章開始提及的，在美國出現了以研究才子佳人小說爲專題的博士學位論文。如本書第一章裏介紹的，他們不是停留在簡單的褒或貶的評價上，而是具體地討論這些小說與明代以來的文化潮流的關係，以及小說在情節處理和語言運用上的特徵。在中國大陸，一批中青年學者也把研究目光轉向這塊

---

[41]郭昌鶴《佳人才子小說研究》，《文學季刊》第二期，鄭振鐸等編，
　　北平立達書局1934至1935年發行。
[42]同前注。
[43]游國恩等主編《中國文學史》。
[44]中國科學院文學研究所編《中國文學史》。

尚未充分開發過的領域，從而寫出了專論專著。他們在前人批評的基礎上，對才子佳人小說的成書年代、版本流傳情況以及作者姓名及其生平等等，作了進一步考證，從而糾正了前人的一些失誤[45]。有的文章試圖從多種角度考察這類小說的性質、特點、產生原因、文學地位和歷史影響。在評價上，很多論者仍然遵循當年在《紅樓夢》中出現的批評以及魯迅對才子佳人小說的態度，有的還進一步指出，「才子佳人小說所描寫的愛情與婚姻，在那個時代，在那個社會裏是不現實的，是胡編的幻想，作者是沒有生活基礎的。」[46]也有論者從小說史的角度，對這類小說的歷史作用作了一定程度的正面肯定，認為「從《金瓶梅》到《紅樓夢》，其間是由才子佳人小說作為發展的鏈環，把二者聯繫起來的。」[47]還有論者在此基礎上進一步肯定作者以大團圓作為小說結局的方式，從而向魯迅等一些權威論點提出了挑戰。他們認為：「提倡由自願自主而結美滿姻緣的小說，自應是團圓的結局。」「請出皇帝來支持自主自願的婚姻，正是爭取這種婚姻合法化的願望。」[48]這種觀點自然也受到維護魯迅觀點的論者的反對。但是，看法的分歧，也顯示出今天的論者力圖站在新的立場上，重新解釋才子佳人小說這一歷史文學現象的勇氣，而不是一味追隨前人的陳說。以上各種各樣的批評，又提供了堅實的基礎，成為本書在後面章節裏進一步討論這類小說的出發點和推動力。

---

[45]如魯迅《中國小說史略》列《平山冷燕》、《好逑傳》為「明之人情小說」，孫楷第《中國通俗小說書目》定為清初作品，林辰《明末清初小說述錄》進一步證為清順治十五年作品等等。
[46]司馬師《新領域在開拓中》引文，《才子佳人小說述林》，第5頁。
[47]盧興基《小說發展分支的一個重要環節》，《才子佳人小說述林》，頁54。
[48]司馬師《新領域在開拓中》引文，《才子佳人小說述林》，頁5。

第四章　小説評析(上)：
　　　　文化層面的詮釋

才子佳人小說絕不是一些經過精心製作的作品，然而它們也不是毫無意味的。在某些方面，它令人吃驚地揭示出傳統中國社會的某些文化特徵，甚至隱約地透露出對某些社會弊病的譴責。特別值得注意的是，這眾多的小說都選用了十分相似的幾段主要事件，來構成小說的情節和結構，它們出現在一部又一部的作品中，不斷喚起讀者的注意，從而使讀者不得不思考：爲什麼幾乎每一部小說都重復地用到這些性質相似的事件？通過這些事件究竟要告訴讀者甚麼東西？

小說通常是某種文化的文字載體，才子佳人小說更是如此。如果把它們當作一個整體來考察研究，則不難看到，彼此之間敘事系列的相似性體現出作者對同樣一種文化特征的反復謳歌，這種文化的特征體現爲傳統中國社會裏文人的自我優越感，以及這種優越感在以權力爲中心的社會生活中的現實化傾向。至少在早期的幾部才子佳人小說裏，作者有意識地挑選了幾個頗有代表性的事件，從不同的角度來強化這樣的文化特徵。下面，我將從小說故事中分別抽取這些主要事件，來討論其所具有的文化的意蘊。

一、神靈祥瑞隱含的天賦優越性

在不少中外文學作品裏，作者常常在作品的開始，便以某種暗示的手法，爲主要角色設計了一個或吉或凶的命運。這種命運

是無法改變的。假如他們運交華蓋，則無論作了多麼感天動地的
搏鬥，也無論怎樣不屈不撓地同厄神抗爭，他們終究逃不脫命中
注定的結局。古希臘悲劇中的許多人物（如索福克勒斯筆下的俄
狄浦斯）就是這樣產生出來的。

才子佳人小說也帶有這種宿命色彩，只是作者爲角色設計的
不是厄運，而是幸運。這些故事主角往往是天生的寵兒，因爲在
他們來到人間之時，已有某種吉祥的神靈瑞應顯現。首先，很多
故事主角都被描寫爲其父母結婚多年才孕而得之，[1]這就暗示了
這些角色來之不易。而吉祥的神靈瑞應，則成了他們的專利。譬
如白紅玉小姐「臨生這日，白公夢一神人賜他美玉一塊，顏色紅
赤如日」，[2]江蕊珠小姐將生之時，其母「一夜忽得一夢，夢入
天宮，仙女賜珠一粒，江夫人拜而受之，因而有孕。」[3]另一名
故事女主角山黛降生的時刻，其父母分別夢見「瑤光星墜於庭」，
其母「迎而吞之」的相似的吉兆，[4]而在小說《春柳鶯》裏的男
主角石延川，在他出世之日，其父「夢一神人，賜古墨一錠，雕
畫金龍，外包著錦繡雙鳳絹兒，云此墨乃延川石液所成。」古墨
自然象徵了這位未來才子將具有的學問淵博，而外包的雙鳳絹兒
也暗示了他會娶到兩位佳人。故事中的吉祥瑞應，已爲剛剛出世
的角色罩上了神異的光環，暗示了他們擁有某種與生俱來的非凡
秉賦，同時也預示了在小說後面的情節發展中，他們將有與衆不

---

[１]《玉嬌梨》中的白紅玉、《平山冷燕》裏的冷絳雪、《吳江雪》中的
　　江潮、《飛花詠》裏的昌谷，都是其父四十歲上下所生。《鐵花仙史》
　　中王儒珍與蔡若蘭，都是其父「年近五旬」所得，而且，分別生於同
　　一時辰。《麟兒報》裏廉清，其父五十而得，《春柳鶯》中的石延川，
　　其父「五十歲上」所生。
[２]《玉嬌梨》。
[３]《定情人》。
[４]《平山冷燕》。

同的遭遇。

　　通過某種神靈祥瑞來暗示人物未來的命運，並不是這些小說作者的獨創，可以說多見於中國早期的敘事文學。《詩經》裏的敘事詩就曾記載過周人的祖先姜嫄踐履巨人足跡，受孕而生后稷的傳說，以及簡狄吞食玄鳥卵，因此受孕生契的故事。[5]司馬遷的《史記》寫漢高祖劉邦的來歷更是奇異：「其先劉媼嘗息大澤之陂，夢與神遇。是時雷電晦冥，太公往視，則見蛟龍於其上。已而有身，遂產高祖」[6]。

　　產生這一現象的原因，也許可以追溯到更早的時候，先秦時期巫卜文化的發達，影響到人們的日常行為，[7]就連國家重要的政治軍事活動，也要事先通過占卜占筮來預測吉凶。目前已發現的甲骨文及其它先秦典籍可證明這一點。巫卜文化的興盛反映了在對客觀外界的認識水平低下的社會條件下，人們對外在於人類的超自然力量的崇拜和迷信，因此，當人們面對這些歷史傳說或文獻中記載的杰出人物時，往往難以解釋其特殊能力與貢獻產生的原因，於是簡單地歸之於神的意志，叫做「本其天意」。兩漢時期董仲舒的「天人感應」與「君權神授」之說，就是這種原始宗教崇拜與神學迷信的理論化表現。這種影響一直流行於古代中國社會，成為中國文化傳統中的一種重要特征。在才子佳人小說裏，我們看到了這種特征的傳承。作者把神靈祥瑞世俗化，從聖君賢帝身上轉移到普通生活裏的小說主要角色身上，從而給他們戴上了神異的光環。小說作這樣的描述，暗示了故事角色的命運

---

[5]《詩經・大雅・生民》，見阮元主持校刻《十三經注疏》（北京：中華書局，1980年），頁 528-532。

[6]《史記・高祖本紀》（北京：中華書局，1975年），卷8，頁341。

[7]《詩經・衛風・氓》裏提到男女的婚嫁都要以占卜占筮來預測吉凶，盡管其有失算之處。

從一開始就受著某種神秘力量的支配，才子佳人的行為與結局，無非證明了「謀事在人，成事在天」這樣一個似是而非的道理，就象作者自己宣稱的：「明珠應產龍胎，蛾眉自解憐才。費盡人情婉轉，成全天意安排」[8]。作者在小說開頭作這樣的設計，其意義在於，把故事角色的成功歸因於角色的天賦才能，等於變相地解脫了對自身不幸遭遇的責任，因為人的命運既然由天意安排，則個人的不幸也就不該歸罪於自己了。與此同時，作者對自身的現實處境不滿意，便寄希望於某種神靈意志，來幫助自己擺脫窘境。從小說中那些才能超常的才子佳人身上，正好使我們看到作者的這種幻想和希望。

二、一見鍾情、私訂終身所體現的婚姻觀念

在古代的中國社會，男女婚姻是涉及到維繫家族利益、繼承財產、確保社會地位的重大事情，因為家庭是以血緣關係為基礎的。家庭中每一個男女的婚嫁，都是對原有家庭的補充。特別是對有一定社會地位的家庭來說，「結婚是一種政治的行為，是一種借新的聯姻來擴大自己勢力的機會；起決定作用的是家世的利益，而決不是個人的意愿」[9]。正是這種「家世的利益」使家長把子女婚姻看得至關重要，因此，「父母之命」就成為子女婚姻上必不可少而又舉足輕重的一步。可是，就是在封建的社會裏，也難免發生這樣的事：父母要根據「家世的利益」為子女選擇配偶，而子女又想憑個人興趣和愛好確定對象，於是就發生兩種選擇方式及其所體現的婚姻觀念之間的沖突。卓文君夜奔司馬相

---

[8]《平山冷燕》，第20回（清平樂）一詞。
[9]恩格斯《家庭·私有制和國家的起源》，《馬克思恩格斯選集》（北京：人民出版社，1974年），卷4，頁74。

如，張生與鶯鶯西廂私會，梁山泊與祝英台靈魂化蝶，都反映出
這種沖突的社會現象。正是在這樣的社會背景下，才子佳人小說
所涉及的愛情與婚姻主題才顯得有意義，小說中的敘述人對婚姻
當事人自由選擇配偶的做法表現出熱情的肯定和贊賞，顯示了作
者在此問題上對傳統社會習俗與觀念的挑戰。

　　「媒妁之言」是與「父母之命」相輔相成的另一個婚姻條件，
也是溝通「兩性之好」的橋梁。從很早的時期，人們就受到這種
禮制的束縛，「取妻如何？匪媒不得」[10]「處女無媒，老且不
嫁；舍媒而自衒，弊而不售。」[11]這種「男女無媒不交」[12]的
禮教對於古代人的婚姻發生過十分巨大的影響。唐代以後，「媒
妁之言」已被作爲法律確定下來：「爲婚之法，必有行媒」，
「諸嫁娶違律，祖父母，父母主婚者，獨坐主婚。」[13]在溝通
兩姓婚姻的過程中，「媒妁之言」主要傳達的是雙方家庭的「父
母之命」而不是婚姻當事人的意願。因此，男女雙方的自由戀
愛、私訂婚姻在與「父母之命」相沖突時，也連同「媒妁之言」
一起對立起來了。在才子佳人小說裏，我們常可以看到故事主角
對那些貪圖錢財，阻礙自訂婚姻的媒人的作弄和嘲笑。

　　在安排故事男女主角相互間對婚姻表示承諾的細節中，讀者
常常感覺到敘述人對「父母之命」「媒妁之言」的嘲諷和譴責。
《玉嬌梨》中蘇友白和女扮男裝的盧夢梨在後花園私訂終身時，
曾有過如下一段對話：

---

[10]《詩·豳風·伐斧》，見《十三經注疏》，頁399。
[11]《戰國策·燕策》，見繆文遠《戰國策新校注》（成都：巴蜀書社，
　　1992年），卷29，頁1063。
[12]《禮記·坊記》，見《十三經注疏》，頁1622。
[13]［唐］長孫無忌等撰《唐律疏議》（北京：中華書局，1983年），卷
　　14，頁272。

　　蘇友白道：「不滿盧兄説，小弟若肯苟圖富貴，則室中有
婦久矣。只是小弟從來有一癡想，人生五倫，小弟不幸父
母雙亡，又鮮兄弟，君臣朋友間遇合尚不可知，若是夫
妻之間不得一有才有德的絕色佳人終身相對，則雖玉堂金
馬，終不快心。誠飄零一身，今猶如故。」盧夢梨道：
「蘇兄深情，足令天下有才女子皆爲感泣。」因歎一口氣
道：「蘇兄擇婦之難如此，不知絕色佳人，或制於父母、
或誤於媒妁，不能一當風流才婿而飲恨深閨者不少。故文
君既見相如，不辭越禮，良有以也。」蘇友白道：「禮制
其常耳，豈爲眞正才子佳人而設？」[14]

這段對話裏，小説的主角並非僅僅感歎個人的遭遇，他們所譴責
的，是生活中一般人都習以爲常的社會現象。「父母之命」「媒
妁之言」造成的後果，是才子「飄零一身」而佳人「飲恨深閨」。
對這種非人道的傳統的批評，在過去的小説裏也曾有過，卻沒有
像這段對話中表現得如此強烈。作者插入這樣的人物對話，實際
上已經爲故事男女主角背著父母私訂婚姻的思想動機提供了合理
的解釋，從而幫助讀者對男女主角的一系列「越禮」行爲給予同
情和認可。

　　對於「媒妁之言」的作用，小説也沒忘記給予諷刺和嘲笑。
在小説《錦香亭》裏，敘述者向我們講述了男主角鍾景期的遭遇：

　　父親要與他選擇親事，他再三阻擋，自己時常想道：「天
下有個才子，必要一個佳人作對。父母擇親，不是惑于媒
妁，定是拘了門楣，[15]那家女兒的嫿妍好歹那裡知道？
倘然造次成了親事，娶來卻是平常女子，退又退不得，這

---

[14]《玉嬌梨》，第14回，頁478-479。
[15]案「楣」原作「媚」，疑誤。

終身大事，如何了得？」執了這個念頭，決意不要父母替
他擇婚，心裡只想要自己去東尋西覓，靠著天緣，遇著個
有不世出的佳人，方遂得平生之願。」[16]

事實上，除了《吳江雪》裏的雪婆外，在很多小說裏，凡是直接
由家長全權委托而不是出於才子或佳人意願的媒人，在故事中都
被描述成粗俗而又愚蠢的負面角色。他們替人家說媒，爲的是能
賺錢，絕不是「成人之美」。可是他們往往機關算盡，卻弄巧成
拙。這個在真實生活中人們習以爲常的人物在小說裏卻扮演著不
光彩的滑稽丑角的角色。例如《麟兒報》中描述的「褚媒婆，年
紀只好二十四五歲，打扮得風風騷騷。凡有人家托他相婿擇婿，
他先要試驗試驗新郎。他若歡喜，這親事無有不成。人就起他一
個渾名叫做『試新媒』。」[17]可是，這個替人作媒「無有不成」
的「試新媒」，在撮合幸小姐與紈褲子弟貝公子的婚姻時，卻遭
到了失敗。這樣一種結果的安排與故事前面敘述人介紹她的「無
有不成」的媒人角色相互抵悟。從這種抵悟中我們讀出了敘述人
對媒人的嘲諷。

　　小說對媒人的態度並不僅止於嘲諷，它還對媒人本身的道德
品質提出了質疑。褚媒婆在說媒遭到失敗後，居然自己扮了新
娘，冒充小姐，進了洞房。貝公子雖然怒不可遏，但他二人原是
私通過的，也就無可奈何。小說安排這樣的細節來描述媒婆，實
際告訴了讀者，在婚姻這種最具道德性質的人際關係中，起聯接
或紐帶作用的卻是道德敗壞的人。

　　實際上，小說也並非不分青紅皂白地一味反對父母與媒人在
婚姻上的作用。在有的作品裏，如果父母或媒人的撮合能夠順應

---

[16]《錦香亭》，第1回，頁6。
[17]《麟兒報》，第6回，頁181-182。

婚姻當事人的心願，他們的作用也受到作者的肯定。例如小說
《玉嬌梨》裏的白太玄，在漫游山陰時，竟爲女兒與甥女擇定佳
婿；《平山冷燕》中的兩對才子佳人的良緣，也曾得力於竇知府、
冷大戶的作伐；《賽紅絲》裏斐、宋兩家的兩對才子佳人，也是
賀知府從中撮合、兩家定婚的。《飛花詠》中昌谷與端容姑幼年
之時，已被雙方家長結爲婚姻。至於《好逑傳》，在奉行「父母
之命」上甚至近乎迂腐。小說做這樣的細節安排，也許是因爲在
重視「正名」的文化氛圍裏，父母對婚姻的認可還是應當受到尊
重的。

　　但是在小說中，父母與媒人的作用相對於婚姻當事人的私訂
婚姻來說，僅僅起到從屬或輔助的作用，就如剛才談到的，它必
須以順應婚姻當事人的心願爲前提，也就是說，必須在接受才子
佳人自由戀愛、自主婚姻的前提之下，父母與媒人的作用才會在
小說裏得到肯定。一旦兩者間發生沖突，前者必須屈從於後者。
這就是小說顯示的對於「父母之命」「媒妁之言」的基本態度。
當然，「父母之命」「媒妁之言」對男女主角間自由戀愛與婚姻
的參與，反映了小說對於傳統禮俗的妥協性，特別是一些小說中
「欽賜婚姻」的結局安排，更顯出小說作者對待此問題所持的矛
盾態度。它與現代意義上的自由戀愛與婚姻還不是一回事，因爲
後者是排除了以上妥協性與矛盾態度的愛情的結合。它所體現的
是不同於「父母之命」、「媒妁之言」或「欽賜婚姻」的那樣一
種新的愛情婚姻的道德標準。

　　通過故事的敘述，作者讓我們領略到古代中國社會裏有關男
女婚嫁的一般社會風尙。在當時，「男女授受不親」的禮教，爲
兩性之間的交往設下沉重的障礙。戒備森嚴的深閨繡樓，更是把
女子禁錮在個人的小天地裏，使她們不得輕易與社會接觸。小說

《吳江雪》第一回提到的深閨 "防閑之法" 大致反映了這種真實的狀況：

> 第一，須內外肅清，不許外人入內；第二，要閨范嚴屬，
> 不許女子出外；第三，俊仆變童，不許令他常見；第四，
> 遠房兄弟和那表親，不可令他親熱……；第六，傷春詞
> 曲，不可令他觀看；第七，不正之婦，不可同他作伴；第
> 八，不可容他拈弄筆墨；第九，不可縱他看戲；第十，不
> 可放他出外燒香。[18]

處在這樣環境中的女子，若要實現自己的婚姻，只有依靠「父母之命」「媒妁之言」了。「父母之命」取代了她本人的擇偶要求，甚至可以說，很多深閨女子由於接觸人事較少，本身很難有較為具體的擇偶標準。他們唯一知道的婚姻的信息，只有來自父母及貼身仆人。其中一部分才女，由於接受了文學作品的熏陶，本身又有文學興趣，於是就把詩文一道作為擇偶標準，以求情趣相投，由此便產生才女必配才子的婚姻理想。可是，這樣的才子該去那裏尋求呢？才女身居閨閣，哪裏有條件去自由地選擇理想的才子呢？另一方面，富有才華的男子要尋求一個有才華的佳人為妻，也同樣是談何容易。他們很難得到機會與深閨佳人相會，更談不上有多少選擇余地了。處於這樣的社會條件下，一些情竇初開的懷春女子、風流子弟，如果在某個十分偶然的機會相遇，很容易勾起一縷戀情。當他們進一步得知對方與自己才貌相當時，就很可能「一見鍾情」起來。這種「一見鍾情」在涉世未深、天真純潔的少男少女身上一旦發生，就往往表現出遠非理智所能束縛的極大熱情。「男女授受不親」的禮教頃刻化為烏有，「父母

---

[18]《吳江雪》，第1回，頁4-5。

之命」「媒妁之言」早已抛之腦後，當雙方愛情深一步發展時，他們就可能「私訂終身」，這就是我們在小說裏常看到的情況。

按照傳統社會的習俗，男女雙方訂婚，必須立下文字婚約，交納聘禮。其中聘禮是構成婚約的核心。納聘之風盛行，在當時是「爭多竟少，恬不爲怪」[19]。它象徵了婚姻雙方的財力與地位，並含有買賣婚姻的意思。這種在生活中習以爲常的現象，在小說裏卻被非財非利的形式所否定。才子與佳人私訂的婚約，或是一腔誓言，[20]或是一紙盟書；[21]或是一幅仙人贈送的畫圖，[22]或是雙方各持一半的妝鏡。[23]即使有某個玉支璣或玉佩爲聘，[24]也絕沒有財力和地位的含義，絕沒有門第觀念的雜質，而完全是眞誠愛情的象徵。這種以男女雙方的情投意合爲基礎的戀愛與婚姻方式，對「父母之命」、「媒妁之言」這一傳統禮教無疑帶有挑戰的意味。

作者通過敘述人的贊美的口吻來講述故事主角的這種婚約行爲，從而顯示了他對這種挑戰所持的態度。如果我們把現實生活現象與小說描述的事件加以對照，就不難看出操縱小說情節的作者對現存婚姻觀念與婚姻制度的懷疑，對這一制度與觀念阻礙人們自由結合之弊端的不滿和指責。

對傳統婚姻制度的挑戰還體現在故事主角對理想婚姻的不屈不撓的追求上。前面已經提及有的小說中存在「欽定婚姻」的細節描述，可是如果「欽定婚姻」違反了故事主角的意願，同樣也

---

[19]趙翼《二十二史劄記》（臺北：世界書局，1962年），卷15，頁197。
[20]《定情人》。
[21]《金云翹》。
[22]《畫圖緣》。
[23]《吳江雪》。
[24]《玉支璣》、《麟兒報》。

會遭到故事主角的抗拒。小說《兩交婚》裏的才子甘頤考中探花後，武威侯暴元帥的公子暴文想強他爲妹夫，甘頤因與才女辛古釵早已相愛有約，故苦辭不允。於是，暴公子買通公侯、太監，上疏皇帝請賜暴小姐與甘頤完婚。甘頤上表辭婚，遭據絕，便挂冠國門而去。故事角色的抗婚行爲被描寫得這樣富有勇氣，實在是透露出作者在愛情與婚姻問題上的理想主義的主張，那就是婚姻必須以愛情爲基礎，必須尊重雙方當事人的意願，盡管這裏的當事人指的是文人。

　　小說主角具有的文才，是故事裏愛情與婚姻實現的關鍵因素。這種文才又是以詩賦的擅長爲其標誌，因爲男女主角往往通過寫詩作賦來實現相互間的認識和瞭解，而且在婚姻的角逐中，优勝者總是那些詩賦寫得最好的人。

　　爲了強調上述觀念，小說常常採用了這樣的細節處理方式，即佳人出詩擇夫或才子贈詩傳情。例如男主角江潮與女主角吳媛初次相遇於支硎山，兩人便作詩表達愛慕之情。[25]錢雨林與萬宵娘始而通過木婆傳詩通情，繼而當面試詩訂好。[26]司空約與趙如子能夠私訂婚姻，是由於相互表露情感的詩賦。[27]畢臨鶯之所以看中石延川，是因爲欣賞他的梅花詩。[28]與之相似的是，女主角的家長在選擇女婿時，也十分看重對方的詩賦之才。例如小說《玉嬌梨》裏講述的故事：白玄告病回家，因鄉村無處擇婿，「偶因紅玉小姐題得一首《新柳詩》，遂開一個和詩之門，以爲擇婿之端」。[29]在另一部小說《玉支璣》裏，當卜成仁倚仗父

---

[25]《吳江雪》，第5回，頁47-73。
[26]《孤山再夢》。
[27]《宛如約》，第1-4回，頁5-62。
[28]《春柳鶯》，第3回，頁87-106。
[29]《玉嬌梨》，第6回，頁211-235。

親權勢到管家求婚，管家便來一次考詩對試，使卜公子一敗塗地。

小說描述的這樣的事在當時的現實生活中，會被看作有傷風化，是要治罪的。《飛花艷想》裏的雪太守因爲試詩選婿，被奸人告發，捉拿進京問罪。《平山冷燕》中的才女山黛、冷絳雪因與才子平如衡、燕白頷賽詩以擇夫，被張吏部以「大傷風化」之名，參奏皇上，「以正其罪」。皇上因爲「事關婚姻風化」，命「禮部即差人拘提」，並要親自審理此案，可見事情的嚴重性。然而，由於作者對這種事情持以贊許的態度，便爲事件的結局作了理想化的安排：前者由於才子柳友梅使錢在獄中買動人情，終不予追究。後者因才女文才可嘉，才子又高中會元、會魁，因而免予治罪。敘述人以贊同的態度和津津樂道的口吻敘述這些事件，將其視爲美談，從中使我們看到作者所持的立場。如果作者認爲故事主角的行爲是值得贊許的，那麼，當這種行爲與傳統的社會道德標準發生衝突時，作者的同情心是傾向於筆下的人物的。

然而，我們並不認爲，作者與他那個社會的道德倫常標準完全是勢不兩立的。相反，在很多小說裏，當角色的行爲與社會的標準發生尖銳沖突的時候，作者除了同情他的故事人物外，還表現出立場和態度上的矛盾心理。他似乎不願讓筆下的人物走得太遠，就象孫悟空有再大的本事，作者也也不會讓他跳出如來佛的手心。這種矛盾心態可明顯地見於小說對「私訂婚約」與「欽賜完婚」關係的處理上。出現於清代前期的二十多部小說中，以所謂「欽賜完姻」作爲故事結局的，達半數之多。

小說這樣的結局安排曾受到現代批評者的強烈譴責。魯迅曾以嘲諷的口吻談道：「才子和佳人之遇合，就每每以題詩爲媒介。這似乎是很有悖於『父母之命，媒妁之言』的婚姻，對於舊習慣是有些反對的意思的，但到團圓的時節，又常是奉旨成婚，

我們就知道作者是尋到了更大的帽子了。」[30]

　　所謂「更大的帽子」與「父母之命」二者在本質上是相同的。傳統的中國社會是以血緣關係爲基礎的封建家長制社會。在這種社會裏，家庭或家族通常是國家的縮影，國家通常是家庭或家族的擴展或延伸，二者的內部結構在實質上是一樣的。一家之中，父輩享有特殊的統治地位，一個縣的縣官通常被稱作百姓的「父母官」，皇帝則是「國家之長」。當一個家庭內部出現問題時，行使處理職權的是父親。同一縣內，家族與家族之間若發生糾紛，負責調解的是當地的所謂「父母官」——知縣。知縣以上有知府，再上有廷臣，最高級是天子——一國中最高級的家長。在小說的敘述中，如果男女主角自主婚姻與雙方的「父母之命」發生衝突時，作者往往推出更高一級的「父母官」來解決。而當男主角已經高中了狀元、榜眼或探花，縣太爺、州太爺乃至朝廷閣臣都難以管束他時，作者往往抬出舉國最大的「家長」——皇帝——來解決兩者的沖突，除此此外，他們似乎想不出更好的解決辦法。

　　實際上，從小說敘述人艷羨的口吻中，我們看到作者最終不能完全否定社會的行爲準則。當一個家庭的「父母之命」有礙於故事主角的自主婚姻時，作者和故事人物還敢於把它拋在一邊。但是，沒有得到社會認可的婚姻，在他們看來也是「名不正，言不順」的。更重要的是，這種拋棄了「父母之命」「媒妁之言」的婚姻直接關涉到社會的「風化」，並與故事角色金榜高中後的社會地位息息相關。因此，才子佳人的自主婚姻與「父母之命」「媒妁之言」的沖突已不僅是家庭內部或家庭與家庭之間

---

[30]《中國小說的歷史的變遷》第5講，頁300。

的衝突，而是與那個社會的道德倫理力量之間的較量。當作者和小說角色無法在小說的虛構原則允許的範圍內贏得這場較量時，身爲社會最高主宰的皇帝便被請了出來，作爲作者的代言人，以小說人物的才華出眾而天子又欣賞才子作爲理由，使這場衝突以雙方都滿意的裁決方式得到解決。「欽賜完婚」所蘊涵的意義是：故事人物的越「禮」行爲獲得了原諒，而社會的道德規範也得到了維護。

三、功名與佳人：文人的人生追求

在不同的社會裏，人們總是自覺或不自覺地以某種方式實現著自我存在的價值。當人們爲自己確立了某種生活目標並爲之奮鬥的時候，這就是說，他們在追求自我存在價值的實現或者說自我價值的實現。但是，自我價值的實現必須有一個前提條件，只有當個人的追求與社會的價值取向相一致時，自我價值的實現才有可能。這一點，就是我們從小說描述的才子追求功名與佳人的歷程中所看到的。

明末清初時期，爲社會普遍認同的價值取向與行爲准則基本上延續著傳統儒家文化一套體系。就相當一部分士人而言，他們信奉的仍是「學而優則仕」、「立功名於世」等價值觀，信守的仍是「忠孝節義」等行爲准則。所有這些文化觀念，都通過小說中男主角甚至女扮男裝的主角科舉及第的敘述過程得到體現。這些角色通常被描述爲有卓越的天賦才能，他們在科舉考場上總是表現出才華超群，當周圍的舉子被宗師的難題唬得跑散時，他們卻憑著自己的能力輕易奪魁，就像很多小說裏形容的：「取功名如拾芥」。他們或者名列前茅，如《麟兒報》中的廉清、《玉支璣》中的長孫肖；或者「連中三元」，最後殿試，欽點的，或是狀元，

或是榜眼，或是探花，如《平山冷燕》中的燕白頷、平如衡，《吳江雪》中的江潮等等。除了《畫圖緣》裏的花天棟因為軍功封侯、《醒風流》裏的梅干因其父親對朝廷的的忠誠而被授爵之外，其余才子都是科舉及第的幸運者。才子能夠金榜高中，無疑是社會對其行為的承認，他們自我存在的價值就在此社會承認中得到實現。在個人對追求功名的認同與社會對此追求予以充分承認的背景下，故事人物的成功就凸顯了小說對上述價值觀的充分肯定，這是我們在清代前期才子佳人小說裏時常看到的特徵。[31]

如果說，對功名的追求體現了個人的才能及努力與社會的重要聯係，那麼，對理想中的佳人的追求，則顯示出此才能和努力同個人私生活的幸福息息相關。小說男主角志在必得的，並不僅僅是金榜題名，而且還有理想的婚姻。對兩者的努力追求，構成了小說的主要敘事情節和結構方式，成為實現才子自身價值的唯一途徑。這一結構方式同時也有力地強化了小說敘述的主題：「書中自有黃金屋，書中有女顏如玉」，一個在傳統中國社會裏得到普遍承認的真理。

值得注意的是，如果把這兩者在小說中的關係加以仔細的比較，又不難看出，在功名富貴與嬌妻美妾這兩個目標上，故事男主角更重視的是對佳人的追求而不是對功名的索取。

在小說中常常可以見到這樣的描述：故事男主角追求佳人的興趣遠遠超過對功名的追求。《玉嬌梨》裏的蘇友白就曾對一個前來說媒的人宣稱：「不要把富貴看得重，佳人轉看輕了。古今凡搏金紫者，無不是富貴，而絕色佳人能有幾個？」[32]因此

---

[31]關於這種特徵在後期小說裏發生的某些變化，將在本書後面的章節裏詳加討論。
[32]緊接這段宣稱之後，蘇友白還解釋了他對於甚麼樣的女子才算得上佳

「若是夫妻之間不得一有才有德的絕色佳人終身相對，則雖玉堂金馬，終不快心。」[33]同樣的態度也可見於另一部小說《女開科傳》裏的男主角余麗卿，他說：「大丈夫生在世上，只恐不曾讀得幾句書，若是果然讀得幾句書，那『功名』二字是吾輩囊中物，就是得之，不足爲榮；失之，不足爲辱。朝榮夕落，豈堪耐久。若說到妻子之間，不娶一個有才有色、有情有德的絕代佳人終身相對，便做到玉堂金馬，終是虛度一生。」正是基於這樣的認識，小說的男主角才把追求佳人放在比追求功名更爲重要的地位。蘇友白一度錯把無艷認作無嬌，不肯屈就這位象貌平常的小姐，因此被吳翰林黜退了秀才的前程。這時他想到的對喪失秀才前程的惋惜，而是對佳人的追求：「莫若隨了叔父上京一遊，雖不貪他的富貴，倘或因此訪得一個佳人，也可完我心愿。」[34]在他就任杭州縣推官期間，撫臺楊廷詔以勢相逼，要把女兒嫁他。他毅然挂冠辭官，決不屈從。[35]另一部小說裏，當甘頤高中探花、威武侯暴雷請旨逼他爲婿時，他也憤然地挂冠國門而去，寧願辭掉功名，也不放棄與佳人辛古釵前訂的婚約。在他看來，「探花二字，不過榮名耳。做得穩，也只是這個甘頤；做不穩，也只是這個甘頤，又何加焉？」[36]可是對於佳人辛古釵的追求，他卻千方百計，鍥而不舍，一點兒含糊也沒有。當功名與佳人兩者發生不可調和的沖突時，故事中的男主角是寧要佳人不取功名的，這些就是我們從才子佳人小說裏看到的又一個重要特徵。

人的看法：「有才無色算不得佳人，有色無才算不得佳人，即有才有色而與我蘇友白無一段脈脈相關之情，亦算不得我蘇友白的佳人。」見《玉嬌梨》，第5回，頁169。
[33]同前注，第14回，頁478。
[34]《玉嬌梨》，第5回，頁188。
[35]《玉嬌梨》，第17回，頁610-611。
[36]《兩交婚》，第16回，頁535。

　　小說的這一特徵實在有些不同於此前的一些描述文人追求功名或美女的作品。例如唐代傳奇《李娃傳》，它講述的是關於應試文人與妓女愛情與婚姻的故事，同樣涉及到文人追求功名與美人的主題。然而，故事從一開始爲故事主角滎陽公子設計好的行爲動機，是追求功名而不是美人，它與清代才子佳人小說把追求佳人作爲男主角行爲動機的特征有所不同。其次，妓女李娃與滎陽公子婚姻的實現，是因爲她幫助公子從墮落的泥潭裏解脫出來，[37]成功地走上功名的正道，其行爲感動了滎陽公子及其父母。結局的設置再次強調了追求功名在小說裏至關重要的主題，由此也不同於才子佳人小說，因爲後者把婚姻而不是功名作爲故事主角行爲的最終目標。

　　我們甚至從很多小說裏見到，佳人是故事男主角追求的最高目標，功名僅僅是他們追求佳人所需要的手段。譬如才子雙星與江蕊珠小姐私訂終身時，兩人有過如下一段對話：

> 小姐道：「君無他，妾無他，父母諒亦無他。欲促成其事，別無機括，惟功名是一捷徑，望賢兄努力。他非小妹所知也。」雙星聽了，連連點頭道：『字字入情，言言切理』……」。[38]

盧夢梨也用相同的話語勸告過才子蘇友白：

> 千秋才美，固不需於富貴，然天下所重者功名也。仁兄既具此拾芥之才，此去又適當鹿鳴之候，若一舉成名，則凡事易爲力矣。[39]

---

[37]實際上，李娃在拯救滎陽公子的同時，也使自己從墮落的泥潭裏得到拯救。

[38]《定情人》，《古本小說集成》本，第6回，頁177。

[39]《玉嬌梨》，《古本小說集成》本，第14回，頁495。

吳媛小姐更是態度鮮明地向江潮表示：「倘君不得科甲，則妾愿守孤幃，未能即侍巾櫛也。」[40]這就是說，如果江潮不能科舉及第，她就是孤守一生，也決不會嫁他。

　　通過獲取功名來促成婚姻的實現，這不僅是故事女主角的意愿，而且還是其父母的主張，因爲在重視功名與地位的社會裏，作爲家長的，自然希望有一個功成名就、富貴榮華的好女婿。在小說裏，凡是女主角的父母早先看上的東床，一般都是有能力取得功名的人。即使他們早年貧賤，將來一定是科甲中人。作爲未來的岳丈，這些父輩甚至更是毫不含糊地敦促未來的女婿去參加科舉應試。小說《定情人》中的江章對女兒江蕊珠與雙星的婚事起初猶豫不定，其中原因之一便是：「我堂堂相府，不便招贅白衣，故此躊躇。」[41]《玉嬌梨》裏的吳翰林爲白紅玉小姐選中蘇友白作丈夫，是因爲他明白蘇友白「才貌兼全，後來必定發達。[42]《賽紅絲》裏賀知府爲故事男主角宋采作伐，求婚於斐家，是因爲他懂得宋采「今雖一童子，然學通孔孟，筆帶風雲，異日功名不在令郎之下。」[43]《兩交婚》中辛祭酒見了才子甘頤，動了擇婿的念頭，是由於他深知甘頤「雖尙書生，然其人如玉，其才如金，定非長貧賤者」[44]，而且，「異日功名，必在我上」。[45]當甘頤隱隱約約地道出自己想娶辛小姐的心事後，辛祭酒就對這個未來的佳婿作了如下勸告：

　　　　甘兄所思之事，我學生久已有心。當機尚未動，時尚未
　　　　至，事尚未可，故忍而不言。甘兄歸去，幸努力功名，此

[40]《吳江雪》，《古本小說集成》本，第23回，頁382。
[41]《定情人》，《古本小說集成》本，第7回，頁190。
[42]《玉嬌梨》，第4回，頁141。
[43]《賽紅絲》，《古本小說集成》本，第10回，頁267。
[44]《兩交婚》，第8回，頁280。
[45]同前注，第9回，頁283。

姻自在，我學生斷不食言。

在這一番諄諄告誡之後，甘頤只得表示：

感蒙不棄，肺腑謹銘，誓當取拾青紫，斷不敢有辱門楣。

倘辱台望，從此再不敢復傍門牆，早晚即當行矣。[46]

甘頤當然知道，如果不能科舉及第，他是不敢再向辛家求婚的。就連為才子佳人作紅娘的賀知府，在為斐、宋兩家舉辦的訂婚酒席上也斷然表示：「此雖紅絲婚姻繫定，然非玉堂金馬，不許親迎。兩賢侄各宜努力。」[47]正是在佳人、岳父，媒人等方面的壓力下，小說的男主角為了實現理想中的婚姻，便發憤讀書，搏取金紫。當他們「金榜題名」之時，也就是「洞房花燭」之日。從這些描述中我們看到，在功名與佳人兩者孰輕孰重的問題上，小說作者所持的基本立場。

這種立場還體現在小說對兩者進行敘述的詳略之別方面。一般來說，在敘述故事男主角對功名的索求方面，作者採用的是淡墨疏筆，略為帶過，而寫他們對佳人的追求時，則多用濃墨重彩，詳盡其致。才子的金榜高中，往往被描述成輕而易舉的事，可是才子與佳人的戀愛與婚姻，卻被寫得九曲十八折，其間充滿了喜怒哀樂，悲歡離合。不僅如此，故事還敘述了男女主角在終於幸福地結合之後，他們中的很多人可以辭官還鄉，歸隱林下，功名似乎可以不要了，可是佳人卻萬萬不能少。這樣的細節描寫常常被用來作為小說的故事結局，從而再一次強化了作者對於兩者關係所持的態度。對功名的追求，是為了實現與佳人的婚姻，前者的成功為後者提供了必要的保障。而婚姻與功名的雙雙告捷，標誌著才子的努力終於獲得社會的承認，作為文人的代

[46]同前注，第11回，頁 385-386。
[47]《賽紅絲》，第11回，頁 290。

表，他們的存在價值就在此社會的承認中得到實現，小說由此傳達出的意思是不難看到的。

四、功成身退：感傷的個人理想與社會責任的分離

我們剛才提到，小說在故事的結局部分，常常爲男主角設置了這樣的細節：在與佳人結婚以後，便很快地辭官還鄉、歸隱林下。同時我們也指出了小說這樣的處理方式在強化作者對功名與佳人的態度方面所起的作用。然而問題決不止於此，在這種結局處理的背後，實在隱含深長的意味，因爲它既可以揭示出小說與其所由產生的那種文化傳統之間的重要聯係，同時又能顯示傳統中國文人在此文化氛圍之中普遍具有的某種心態。

在不少的清代前期才子佳人小說裏，故事男主角在「金榜高中」「洞房花燭」之後，便急流勇退。他們或歸隱林下，或致仕還鄉，作者很少提到他們在朝廷給予了高官厚祿、社會給予了承認與尊重之後，如何利用自己的權力和地位來有所作爲，以服務於他們的國家。前面敘及的燕白頷、平如衡、錢九畹、石延川、錢雨林、鍾景期、梅干、王儒珍、陳秋遴等人就是如此。不僅才子是這樣，就連書中涉及的一些賢達人士也同樣奉行著這樣一種行爲方式。大學士山顯仁「因爲女兒才高得寵，壓倒朝臣，未免招許多妒忌。逐連疏告病，要辭歸還鄉。天子不准。當不得山顯仁苦苦疏求，」逐領旨移居靜養[48]。孟宗政功成受封護國大將軍後，終於辭去印綬，「自己竟入山去了」[49]。宋古玉在翰林院做官之後，也想到「物盛則反」，便「上疏乞歸」。[50]功成

---

[48]《平山冷燕》，第13回，頁 395。
[49]《醒風流》，第20回，頁 520。
[50]《賽紅絲》，第16回，頁 450–451。

而後身退，在古代中國文人的仕宦生活裏似乎是一較爲特殊的現象，可是在小說裏，卻成爲作者所肯定的一種文人的生活歸宿。

小說作這樣的描述，實在與古代社會的政治與思想等文化環境有著密切的關係。首先是它通過對文人功成身退行爲的肯定，影射了古代官僚政治制度下人際關係的險惡以及由此引起的文人的恐懼心理。在以權力爲中心、以文官爲精英主體的中國古代社會裏，不同政治集團間的相互傾軋，其激烈與殘酷的程度是相當的駭人聽聞，史書對此的記載也算得上汗牛充棟。例如西漢初期，韓信功高震主，慘遭殺害。[51]東漢「黨錮之禍」，「其死徙廢禁者六七百人」[52]。南朝皇權之爭，導致親生骨肉自相殘殺，連皇子也爲此悲歎「願後身不復生王家」[53]。唐代「牛李之爭」數十年，甲党進則乙党退，乙党進而甲党退。[54]延及明清，政治角逐有增無已。朱元璋稱帝不久，將開國功臣屠戮殆盡。[55]輔佐萬歷皇帝的一代名相張居正，生前位極群臣，死後盡削官秩，抄沒家產，其子女「餓死者十餘輩」[56]。震驚朝野的東林大獄，使得三百零九人「生者削籍，死者追奪，已經削籍者禁錮」。[57]清代開國功臣阿濟格（清太祖第十二子）因所謂「謀反」罪被幽禁賜死。[58]滿漢大臣之間的權力之爭，至使漢

---

[51] 《史記・准陰侯列傳》，見《史記》，卷92，頁2628。
[52] 《後漢書・黨錮列傳序》，見《後漢書》(北京：中華書局，1982年)，卷67，頁2188。
[53] 《南史・始平孝敬王子鸞傳》，見《南史》（北京：中華書局，1983年），卷14，頁415。
[54] 見陳寅恪《唐代政治史述論稿》（上海：古籍出版社，1982年），頁112。
[55] 馮天瑜《明清文化史散論》（武昌：華中工學院出版社，1986年），頁299。
[56] 《明史・張居正傳》，見《明史》（北京：中華書局，1984年），卷213，頁5651。
[57] 馮天瑜《明清文化史散論》，頁313-315。
[58] 《清史稿・阿濟格傳》，見《清史稿》(北京：中華書局，1994年)，卷217，頁9018。

臣李呈祥「流徙盛京」[59]，陳名夏慘遭絞刑。[60]殘酷無情的政治鬥爭使得人們稍有不慎，隨時可能招致殺身之禍。

從這樣的歷史與現實教訓中，文人深切感受到宦途的風險。他們既要認同「讀書做官」，建功立業的價值觀，把「金榜題名」作為實現自身價值的理想方式，同時，又害怕可能遭遇的官場風波，不測之禍。在此兩難困境之下，文人既要追求功名，又要全身避禍，於是「功成身退」遂成為一些文人所接受的生活選擇。

這種選擇早在諸侯爭霸的先秦時期就已經為一些士大夫所接受。《戰國策》裏就記載過當時的策士蔡澤奉勸秦國應侯及早引退的故事。他在大段的議論中，以齊桓公、吳王夫差、商鞅、白起、吳起、文種等人的經驗教訓為例，提醒應侯說：「君之功極矣」，「而身不退，竊為君危之」。應侯終於聽從他的勸告，「請歸相印」。[61]此後的很多文人，基於歷史、現實和個人的經驗，也發出過類似蔡澤的感慨，如李白就在詩中感歎過：「吾觀自古賢達人，功成不退皆殞身。」[62]

文人選擇「功成身退」的生活方式，除了政治的原因外，還有著深刻的思想文化方面的原因。中國很早以來，就有一種「天道忌盈」的觀念流傳於世。《易經》謙卦說道：「天道虧盈而益謙，地道變盈而流謙，鬼神害盈而福謙，人道惡盈而好謙。」[63]老子將這種思想進一步發揮，提出了「功成、名遂、身退、天之道」[64]的人生哲學。這樣的理論本身就來自論者對於社會現象

---

[59]《清世祖實錄》，卷72。
[60]《清世祖實錄》，卷82。
[61]《戰國策·秦策三》，見繆文遠《戰國策新校注》，卷5，頁201-207。
[62]《行路難》其三，見王琦《李太白集注》（上海：古籍出版社，1992年），頁77。
[63]孔穎達《周易正義》（《十三經注疏》，北京：中華書局，1980年），卷2，頁33。
[64]朱謙之《老子校釋》（北京：中華書局，1984年），卷9，頁35。

與個人經歷的認知和理解，因此也就容易在古代文人心中引起認同，並進而影響到他們的生活志向。歷代不少文人在取得高官以後，常常因爲政治的風浪所致，而徬徨於「仕」與「隱」的艱難抉擇之中，從他們流傳下來的大量詩文筆記裏，我們可以窺到這樣的心態。

這一心態投射到才子佳人小說裏，就形象地具體化爲故事人物在科舉及第、擁有官職與理想妻妾之後的及時引退。在小說的作者看來，才子科舉及第並擁有嬌妻美妾，就是到了「極盛」的地步，倘若再不自我貶損或引退，勢必遭致不測之禍，這就是「物盛則衰」的結果。

「功成身退」的觀念在很多部清代前期的才子佳人小說中都有涉及。它首先表現在小說爲故事設計的官場權力爭鬥的政治背景上。譬如吏部尙書趙汝愚與奸臣韓侂冑在飲酒賦詩間釀成口角，遂成嫌隙。韓侂冑便向皇帝進讒言，將趙汝愚革去職務。國子祭酒梅挺菴憤而上疏彈劾韓侂冑，韓便假造聖旨，處斬了梅挺菴。[65]蘇紫宸上疏彈劾賈學士認奸逐賢，用邪排正，因此遭賈學士暗算。[66]唐玄宗信用奸臣安祿山、李林甫，正直的御史大夫葛太史觸怒安祿山，被貶爲范陽郡僉判。新科狀元鍾景期上本參李林甫、安祿山罪狀，因此降授陝西州石泉堡司戶等等。[67]小說描述這樣的事件，爲才子在故事結尾處激流勇退的行爲無疑起到了合理解釋的作用。爲什麼要這樣說呢？因爲小說裏的才子都是忠直善良之士，一旦涉足勾心鬥角的官場，等待他們的將是怎樣的命運呢？他們要麼仗義直言，與權奸抗爭，那就很可能弄

---

[65]《醒風流》，第2回，頁40-42。
[66]《鐵花仙史》，卷18，頁 639-648 。
[67]《錦香亭》，第5回，頁72-76。

得家破人亡，就象梅挺菴那樣的結局；或者貶謫基層，在政治上難於翻身，就象鍾景期那樣的厄運。反之，如果要描寫他們屈從權奸，助紂爲虐，那又是才子和他們背後的小說作者所不願意的，因爲它將損害才子作爲文人代表這一形象，勢必與作者本人的政治和道德立場相違背。於是，選擇功成身退作爲小說的結局，既使故事主角避免了官場鬥爭可能帶來的禍害，同時又維護了他們的道德形象，就如小說《錦香亭》裏描述的虢國夫人出家後，告誡才子鍾景期的那樣：「宦海微茫，好生珍重，功成名就，及早回頭。」[68]所以，透過小說描述的這種人生歸宿，我們既瞭解了古代中國社會裏官場的黑暗，同時又領略到古代中國文人在面對複雜的社會政治鬥爭時無能爲力，所表現出來的一種感傷情緒。所謂「功成身退」在實質上仍是一種軟弱的表現，是弱者在缺乏能力積極參與現實而產生的一種「明哲保身」的生活態度。同時，它也隱含著對現實狀況的一種負面的或恐懼的心理，就像黑格爾在分析東方哲學的特徵時曾經說過的那樣：「這種負面的感覺──感覺著某種東西不能長久支持下去──就是恐懼。」[69]

　　然而，由此也使我們注意到從小說的「功成身退」的結局處理上表現出的個人利益與社會責任之間的衝突以及作者對此衝突所持的立場與傾向。故事的主角在得到想要的一切之後，便從社會舞臺上消失，轉入一個自我滿足的個人生活圈子。他們雖然不在朝位，卻依然擁有榮華富貴，更重要的是身邊圍繞著嬌妻美妾，遂了平生心願，享盡天倫之樂，就象小說裏面一首詞中所唱的：「念宦波風險，回首微茫。惟有花前月下，盡教我對酒疏狂。

---

[68]《錦香亭》，第14回。

[69]黑格爾《哲學史講演錄》(北京：商務印書館，1959年)，卷1，頁95。

繁華處，清歌妙舞，醉擁紅妝。」[70]其實，這是一種近乎於自私的人生歸宿，因爲它在強調滿足文人的個人生活欲望時，把他們對社會應盡的責任拋在了一邊。

五、團圓結局與讀者的期待心理

才子佳人小說中對團圓結局的處理方式，迄今仍是一個有爭議的問題。褒之者認爲：它「與明朝中葉興起的浪漫主義思潮相呼應」，是「從現實出發，對現實的否定，從而可以激發人們對理想的追求和對現實的鬥爭」[71]。貶之者指出：它「完全是作者頭腦里製造出來的，絲毫沒有生活現實依據。」[72]是「和封建婚姻制度下殘酷的現實相背的虛假的大團圓。」[73]

對團圓結局持有的否定態度還可上溯到更早的時候。魯迅就曾譏諷地說過：

> 這因爲中國人底心理，是很喜歡團圓的，所以必致於如此，大概人生現實底缺陷，中國人也很知道，但不願說出來；因爲一說出來，就要發生「怎樣補救這缺點」的問題，或者免不了要煩悶，要改良，事情就麻煩了。而中國人不大喜歡麻煩和煩悶，現在倘在小說裏敘了人生底缺陷，便要使讀者感著不快。所以凡是歷史上不團圓的，在小說裏往往給他團圓；沒有報應的，給他報應，互相騙騙。——

---

[70]《錦香亭》，第16回，頁 264。

[71]苗壯《談才子佳人小說的團圓結局》，見《才子佳人小說述林》（沈陽：春風文藝出版社，1985年），頁 73-74。

[72]蘇興《天花藏主人及其才子佳人小說》㈡，見《才子佳人小說述林》，頁22。

[73]何滿子《對明末清初才子佳人小說的評價》，《光明日報》1983年6月14日。

這實在是關於國民性的問題。[74]
除魯迅外，胡適也抨擊「這種『團圓的迷信』乃是中國人思想薄弱的鐵證」，「是說謊的文學」。[75]從這裏我們看到，魯迅、胡適等人是站在社會革命家的立場上，批判了這種所謂國民心態對於社會變革的消極作用。

對於這個問題，有必要從歷史的角度和民族的審美心理兩方面進行認識。所謂團圓結局的處理，其實是傳統的中國文學特別是民間傳說等通俗文學裏常常用到的敘述手法。從較早的敘事詩《孔雀東南飛》裏，我們就看到作者刻意讓這一對恩愛夫妻在殉情以後，仍能夠「枝枝相覆蓋，葉葉相交通」。[76]在早期的敘事文學裏，這種特徵也屢見不鮮，例如《搜神記》卷三十五第三十九條所寫的王道平與父喻的愛情故事，其間雖有悲劇的性質，卻終於以父喻起死复生，二人成爲夫婦作結。一些史藉記載或民間流傳的本是悲劇的故事，到後來經過作者加工，也逐漸改變成團圓結局或象征意義上的團圓結局。著名的民間故事「梁山泊與祝英臺」，在較早的記載中是悲劇：「祝適馬氏，舟過墓所，風濤不能進。聞之有山泊墓，祝登號慟，地忽自裂陷。祝氏遂並埋焉。」[77]可是後人在此基礎增補了「化蝶」的結尾，[78]進而改爲「還魂」結局，[79]後來乾脆寫他們轉世投胎結成夫妻。[80]另

[74]《中國小說的歷史的變遷》，第3講，頁283-284。
[75]《文學進化觀念與戲劇改良》，《胡適文存》（臺北：遠東圖書公司，1953年）卷1，頁152。
[76]徐陵編《玉臺新詠》(成都：古籍書店，不詳出版年月)，卷1，頁31。
[77]翟灝《通俗編》卷37引《宣室志》語，見《字典匯編》（北京：國際文化出版公司，1993年），第28冊，頁383。
[78]宋·薛季宣《游竹陵善權洞詩》。
[79]明·祁彪佳著、黃裳校錄《遠山堂明曲品劇品校錄》(上海出版公司，1955年)，頁143。
[80]曾永義《梁祝故事的淵源與發展》引文，見《說俗文學》（臺北：聯

一個著名的民間傳說「孟姜女哭長城」，在《左傳》所載「杞梁之妻」的基礎上被改寫成「哭倒長城」，後來又把他們封爲「天仙」和「大王」。[81]又如「白蛇傳」這一民間故事，較早記載中的結局是白蛇、青蛇被鎮在雷峰塔下，許宣出家，「一夕坐化去了」。[82]可是後來被人續上「報恩」、「祭塔」的結尾。今天人們看到的越劇《白蛇傳》，又改成「毀塔」之舉，然後有情人終成眷屬。[83]此外，《紅樓夢》的結局處理是悲劇性的，可是後面的文人卻不高興，寫了《紅樓圓夢》、《紅樓夢補》等書，讓死去的林黛玉還魂，與寶玉結成夫妻。再如白居易詩《琵琶行》，其結尾本是「江州司馬青衫濕」，可是馬致遠作《青衫淚》，偏教那琵琶商婦跳過船去，與白居易成了夫妻。戲曲《桃花扇》的結局，寫侯方域、李香君兩人割斷情根，雙雙入道。後來又出了顧天石的《南桃花扇》，讓侯、李二人終於團圓。所有事例都說明，團圓結局並非僅是才子佳人小說中特有的現象，它實在是繼承了文學中這樣一種「變悲爲喜」或「由悲化喜」的敘述傳統。

　　這種傳統其實在一定程度上反映出傳統的中國人對生活的認知心理和對藝術的審美心理。在以「仁愛」、「忠恕」爲基本道德原則的文化環境裏，人們希望看到上述故事中那些無辜又不幸

　　　經出版公司，1980年），頁124。錢南揚《祝英臺故事敘論》，見岑志忠編《中國民間傳說論集》（臺北：大方文化事業公司，不詳出版年月），頁125-135。

[81]顧頡剛《孟姜女故事研究》，見岑志忠編《中國民間傳說論集》，頁1-12。

[82]《警世通言》（劉世德等編《古本小說叢刊》，北京：中華書局，1991年）卷28，頁1445-1446。

[83]趙景深《〈白蛇傳〉考證》，見岑志忠編《中國民間傳說論集》，頁182-183。

的人物有一個良好結局作爲補償。如果就眞實生活的常理而言，故事人物不可能擺脫不幸的遭遇，那麼通過藝術的想象使其從不幸中超脫出來，就頗能與聽眾或讀者正常的期待心理相符合。就如王國維曾經說過的那樣：

> 吾國人之精神，世間的也，樂天的也，故代表其精神之戲曲小說，無往而不著此樂天之色彩：始於悲者終於歡，始於離者終於合，始於困者終於亨，非是而欲厭閱者之心，難矣！[84]

才子佳人小說對故事結局的處理，其意也在於符合讀者這樣的期待心理。然而這樣的處理很容易流於膚淺的形式，它那規範化的敘述很難在熟悉它的讀者中激發起震撼心靈的思想火花。從接受美學的角度看，最能夠打動讀者的文學作品，是由於它成功地顚倒了讀者習以爲常的某種預期效果。[85]就如小說《紅樓夢》那樣，讀者的期待與小說中沖突與危機的實際解決方式不一致，使中國古典文學中的現實主義達到了空前未有的高度，[86]而才子佳人小說卻因爲對讀者期待心理的順應，往往欠缺了深刻性。

六、小說對於某些社會弊端的揭露

通過小說的虛構方式描述理想中的文人生活經歷，並不等於

---

[84]《紅樓夢評論》，見《王國維文學美學論著集》（太原：北岳文藝出版社，1987年），頁10。

[85]布思（Wayne C. Booth）《小說修辭學》，華明等中譯本（北京大學出版社，1987年），頁126。

[86]何谷理（Robert Hegel），《明清文人小說中的非預測性及其意義》（Unpredictability and Meaning in Ming-Qing literati Novels），見伊娃·黃（Eva Huang）編《傳統中國文學的悖論》(Paradoxes of Traditional Chinese Literature）（香港中文大學，1994年），頁155-156。

作者就忽略了它與真實生活的聯係；相反，在很多小說裏，我們
看到作者有意識地把現實社會的種種特征植入小說中的世界，由
此造成虛構因素與真實因素之間的界線模糊化，使讀者增強對故
事敘述的信賴程度。我們曾經談到，小說的主角身上帶有作者的
影子，而這裏需要強調的是，小說主角生活的那個世界也同樣有
著作者生活其中的這個世界的投影。才子佳人的愛情故事並非始
終發生在作者虛構的後花園或深閨繡閨中，他們的愛情還要回到
外間的社會接受考驗。家長、親族和社會各種勢力的制約和影
響，才子佳人遭遇挫折的種種經歷，所有這些情節和事件的敘述
中，都提醒著讀者，它們時常發生在我們生活的周圍。作者在描
述心中理想的文人形象時，也把批評的視角指向了身外的社會。
這樣做的一個重要原因是，他們看到了現實社會與小說中的社會
的相似性，於是，在把現實中的人物與小說裏的角色等同看待的
時候，也就注重了小說對於現實生活的影響和作用，就像有的
作者說的：「天地間一大戲場，生旦丑淨畢集於中」[87]，因此
「吐辭宜為世情」[88]。

　　令人印象深刻的是，不少小說在敘述人物經歷時，都著力描
述了他們生活其中的那個小說世界的種種社會弊端。這些社會弊
端在小說中，往往與才子佳人對理想婚姻的追求交織在一起，並
對他們的追求起著阻礙作用。其中故事揭露較多的，是官吏制度
的腐敗，從中恰好使我們看到發生在作者周圍的那個現實世界的
投影。譬如在小說《麟兒報》裏，作者意味深長地描述了男主角
廉清等一幫孩兒學做知府的遊戲：

　　　　一個小兒搶先說道：「我想做官是個上人了。那個不來奉

---

[87] 《春柳鶯序》，見《春柳鶯》（《古本小說集成》本），頁1。
[88] 《平山冷燕序》，見《平山冷燕》，頁 5。

承我？我要銀子便有銀子，我要貨物便有貨物，惟有放下
老面孔來，貪些贓，家去與妻子受用。這便是做官天下通
行的大道理了。」……又有一個小兒擠出來說道：「……
若讓我做官，我不是板子就是夾棍，直打得他皮開肉綻，
直夾得他腿斷腳折。那時人人怕我，我雖不貪贓，而贓自
至矣。」[89]

讀了這段描述，讀者當然不會把它看作僅僅是作者漫不經心開的
玩笑。在另一部小說《好逑傳》裏，故事敘述了男女主角鐵中玉
與水冰心重結花燭後，奸惡的過學士不甘罷休，繼續搗亂，「因
行了些賄賂，買出一個相好的御史，姓萬名諤，叫他參劾鐵翰林
一本。那萬諤得了賄賂，果草了一道本章，奏上……。」[90]這
樣的描述正好可以為前面列舉《麟兒報》中孩子們的議論作一例
證。同樣的例子還可見於小說《鐵花仙史》，它生動地揭露了拿
錢買官的腐敗現象：

元盧笑道：「……實不相瞞，這名舉人，也還從四貝[91]
來的哩。」「秋間為這舉人，用去四五千金。雖然僥倖成
功，卻也不見十分威風，至今懊悔不已。若要買一個進
士，怕不要萬金之數？我有這若干銀子，在家好不快活，
卻定要這進士何用？」畢純來道：「吾兄何出此言？……
就是萬金，須有個用完的日子。如今把來買了一名進士，
選了一個衙門，那時烏紗絳服，紫綬金章，出則五花頭
踏，入則鼓樂喧迎，那個不來趨承你？假如有人要准一張
狀子，或是五金，或是十兩，送將進來，只要筆頭動動，

---

[89]《麟兒報》第2回，頁50-51。
[90]《好逑傳》（廣州：廣東人民出版社，1980年），第17回，頁203。
[91]「四」與「貝」二字合為一「買」字。

又不要費我氣力。那時少不得還要著幾個得力之人在外面做針兒引線，就有那好勝健訟的良民，尋覓著了線索，或是五十，或是一百，多則千金萬兩，謹具奉申將來，任憑他大小官司，只要價錢扣足，那時在法堂之上，變轉了這副面皮，發賣出來，把有理斷做沒理，無理審成有理，要打就打，要罵就罵，隨你施為，豈不名利兩全。兄今空有這萬金家計，無過稱得箇富翁老官，看財童子罷了，怎似那般的威風。」。元虛聽了畢純來這一席話，不覺喜歡道：「舉人雖已買了一個，不道這進士也買得來的。」畢純來道：「兄還不曉，那些發科發甲的，一大半是錢財上得來。若要真才實學，曾有幾人？」[92]

聽了畢純來一番勸告後，夏元虛便不惜變買房屋田產，湊足萬金，進京買官去了。小說作這樣的描述，其意義在於嘲諷那些憑籍手裏的錢財而不是個人的才能混入官場的假才子，同時也譴責了納錢買官而不是任人唯賢的社會現象。事實上，明清時期真的有過納錢糧買官的制度，叫做「捐納」。地主商人如果捐錢、捐米，已任官者可以得到進一步擢陞，革職者可以复職，候補官者可以優先录用，沒有官職者可以取得官職[93]。這種制度可以上溯到漢代的「納粟釋爵」，其後各朝均有沿用，然不及清代盛行。例如順治六年五月，朝廷開辦監生吏典承差等捐納。此後的康熙年間，為應付三藩之亂，朝廷又開捐納實官之例，捐納的銀兩以充財政，捐納之風遂進一步得到推廣[94]。這項制度的施行，開

---

[92]《鐵花僊史》，第17回，頁 592-595。

[93]見左言東編著《中國政治制度史》（杭州：浙江古籍出版社，1986年），第9章，頁407。

[94]見周伯棣編著《中國財政史》（上海：人民出版社，1981年），頁444。

了以財取官而非以才能取官的流弊，從而導致政府用人的不公平，因此在小說的作者看來，是十分腐敗和值得抨擊的。

　　與這樣的抨擊相關的，是小說對朝廷權臣假公濟私的政治弊端所作的譴責。小說《畫圖緣》裏有過這樣的一段描述：

> 柳青雲做出來的文字，別是一種，沒一點閩人的習氣，故縣考府考，皆取了第一。到了學院，看他的文字，神清氣俊，瀟洒出塵，板腐之習，淘汰俱盡，也打帳取他第一。不料有一個吏部天官的兒子，有父親的書來囑托，不敢違拗，只得將柳路名字，填做第二。[95]

小說作這樣的揭露，顯然是為現實生活中的真才子遭到權臣排擠的不公正現象鳴不平。這也許與作者本人的經歷有關。由於自身科舉不第，又無錢買官，因此對這種弊端比一般人感觸猶深，不滿情緒也更為強烈。

　　除了對官吏制度的抨擊之外，小說還把批評的目光投向朝廷「選女入宮」給民間帶來的災難。中國從西漢時期已開始實行選女入宮的方式。孝文竇皇后就是「以良家子選入宮」，[96]而後賜給文帝的。東漢把選婚作為一種制度規定下來，每年八月派人到各地，挑選十三歲以上二十歲以下的良家美女納入後宮，叫做「八月算人」。唐、宋、明三代，所選女子只供玩樂，不能當皇后。清代，每隔三年從旗人中選一次「秀女」。歷代選入宮中的女子，其遭遇多不如意。能夠象飛燕、合德、李夫人、楊貴妃那樣受寵的人有如鳳毛麟角，更多的女子整年閉鎖深宮，很難與皇帝接觸，有的直至人老花黃，也未能見上皇帝一面。因此，在很

---

[95]《畫圖緣》（《古本小說集成》本），第7回，頁245。
[96]《漢書·孝文竇皇后傳》，見《漢書》（北京：中華書局，1983年），卷97，頁3942。

多人看來，選女入宮是一椿不幸的事。在比才子佳人小說稍早的短篇小說《韓秀才乘亂聘嬌妻，吳太守憐才主姻簿》裏，我們已見到對這種災難的描述：

> 那浙江紛紛的訛傳道：「朝廷要到浙江各處點繡女。」那些愚民一個個信了。一時間嫁女兒的、討媳婦的，慌慌張張，不成禮體。只便宜了那些賣雜貨的店家，吹打的樂人，服侍的喜娘，抬轎的腳夫，讚禮的儐相。還有最可笑的，傳說道：「十個繡女要一個寡婦押送」，趕得那七老八十的都起身嫁人去了。但見：十三四的男兒，討著二十四五的女子。十二三的女子，嫁著三四十的男兒。粗蠢黑的面孔，還恐怕認做了絕世芳姿；[97] 寬定宕的東西，還恐怕認做了含花嫩蕊。[98]

我們當然不必把這段文字看得過於認真。可是，透過其遊戲的甚至粗俗的描述，還是能夠看到小說對「選女」的嘲諷。同樣以戲謔的口吻來嘲諷這種現象的文字也見於才子佳人小說，例如作者在《鐵花儇史》中使用一段駢體文字所作的描述：

> 人民鼎沸，婚娶如麻。崔屏推倒，那管男才女貌；東床高擱，無暇坦腹乘龍。造化兒郎，往往兩番花燭夜；紅顏女子，常常錯配白頭翁。竹馬迎親，果是兩小無嫌；練裳遣嫁，皆因緩不及事。只要出脫私鹽，不問門當戶對。[99]

在另一部小說《定情人》裏，作者描述時譴責的語氣有了明顯的加強：由於民間得知朝廷點選之事，「便將女子隱匿藏開，或是亂嫁，故此往年選來的俱是平常，難中皇爺龍目。」於是，這一

---

[97] 案「姿」原作「資」，疑誤。
[98] 《拍案驚奇》（《古本小說集成》本，上海：古籍出版社，1990年），卷10，頁382-383。
[99] 《鐵花儇史》，第13回，頁460-461。

次太監們汲取教訓，「奉密旨」「悄悄而來」，「家家挨查，戶戶搜尋」，終於「鬧動了城裏城外」，於是：

> 有女兒之家，聞了此信，俱驚得半死。也不論男女好醜，不問年紀多寡；只要將女兒嫁了出去，便是萬幸。再過了兩日，連路上走過的標致學生，也不問他有妻無妻，竟扯到家中就把女兒配他了。[100]

又如奸人赫公子挑唆太監，點選江蕊珠小姐入宮。小姐對此的反應如何呢？在作者的筆下，「小姐聽了這些光景，已知父親不能挽回，只唬得三魂渺渺，七魄悠悠，一跤跌倒，哭悶在地。」[101]小說作出上述描述，至少傳達出這樣一種警告：皇帝一人的私欲可以爲國家帶來極大的混亂，維持社會穩定的道德倫常也會因此土崩瓦解。因此，要使百姓安其居樂其俗，國君就應當節制自己的私欲，關心人民的利益。

小說在設計故事主角追求愛情婚姻的情節時，注意把他們與周圍的其他角色加以聯係，從後者的種種行爲的描述中，使讀者領悟到對所謂世態炎涼、人情冷暖的揭示。這些現象與讀者的眞實生活有著極大的相似性，於是，小說在暴露人際關係上的不良行爲時，也通過讀者的認同，起到了它對現實生活的批評作用。

有的小說敘述了奸臣弄權、迫害賢良以及人際之間爾虞我詐的現象。小說《醒風流》描述勢利小人程松爲了巴結奸臣韓侂冑，便「多方鑽謀，乃買一美女，教以歌舞，靚妝艷服，取名壽松，獻與韓侂冑」，並厚顏無恥地表示：「使美人與卑職同名者，猶之卑職奉侍，欲蒙大人記憶耳。」[102]另一部小說《賽紅絲》

---

[100]《定情人》，第10回，頁297-298。
[101]《定情人》，第11回，頁319。
[102]《醒風流》，第4回，頁66。

則涉及到趨炎附勢的社會現象。故事人物宋古玉回山東買房，房主段耀堅持索价四百兩銀子，而宋古玉僅有二百兩。起初多次討價，終不能成交。後來，當宋古玉科舉中了第三名經魁，段耀堅就承應以二百兩出讓，還殷勤地表示：「找價斷不敢領，只求宋相公青目一二便足矣」[103]。從開始的毫不讓價到後來的「找價斷不敢領」，其原因是對方有了功名，有了功名就相應地會有地位與權力。段耀堅並非不心疼失去的二百兩銀子，然而他深知還有比銀子更重要的，這就是巴結權貴所帶來的好處，其價值也許遠不止二百兩銀子。房主在故事前後部分截然相反的面目形成一強烈對比，諷刺的意味就在此對比中自然地流露出來。這是寫的一個人得志之時，趨奉之徒的巴結。可是如果他功名失意，面臨的將是另一種遭遇。小說《醒風流》就以敘述人的口吻描述和議論了故事主角梅干的父親梅挺庵觸怒權奸慘遭殺害之後，梅干受到世人的冷遇：

> 若梅挺庵衣錦榮歸，自然車馬填門。如今聞他死了，那些趨炎附勢的，誰肯來睬這個窮公子。連向日看管房產的家人，看見公子回來如此光景，也安身不牢，竟自別尋頭路去了。[104]

這樣的描述真的象西漢人翟公所說的：「一死一生，乃知交情；一貧一富，乃知交態；一貴一賤，交情乃見。」[105]小說所寫的內容往往與作者經歷的外在世界有著密切的關係，作者對此世界的態度，常常基於對自身經歷的體驗和認知。上述小說中的引文使我們自然地回想起諸如「天花藏主人」和「煙水散人」那樣的

---

[103]《賽紅絲》，第12回，頁314-320。
[104]《醒風流》，第3回，頁46-47。
[105]《漢書·鄭當時傳》，見《漢書》，卷50，頁2325。

小說作者在序言裏，對自身功名失意時受到的冷落發出的抱怨，因爲兩者之間實在有著很大的相似性。

　　小說中對於人際間特別是官場裏爾虞我詐現象的描述，也同樣透露出作者的揭露與譴責的立場。對這種現象的揭露，可以說廣見於中國大量的史書和文人的文集，由此看出其危害之烈，早已成爲人們關注的道德問題。也正因爲如此，小說裏對此邪惡行爲的描述就帶有對於現實生活的批判的性質。從這些作品裏，我們看到了在黑暗的政治官場中，有曹吉祥、石亨那樣的奸臣，「權傾中外，排陷忠良」，如果有人反對他們，他們就暗暗矯詔，將其下在獄中，用以極刑；[106]在普通的社會人群中，也有強之良那樣道德不良的小人，企圖離間才子佳人的婚姻，而在失敗之後，「聞知長孫肖聲聲只要報卜成仁之仇，料想卜成仁必定著忙，因思乘機詐他一塊用用。」[107]小說常常以譏諷的口吻來抨擊故事中一個個損人利己的奸詐性格，甚至借敘述人的口譴責他們「背地說人言帶劍，當前依舊笑藏刀。」[108]

　　在暴露這些假惡丑行爲的同時，小說也用肯定或贊美的筆觸描寫了那些感情眞摯、心地善良、品行美好的角色。這些角色通常由故事的主角即才子佳人擔當，但也不盡如此。作者筆下那些面對社會腐敗現象敢於仗義直言的諍臣，助人於困厄、救人於危難的義士，在作品中仍占有較大的篇幅，他們與故事裏道德敗壞的角色形成強烈的對比。從這樣的對比中，我們體會到作者對於小說之外那個眞實社會的種種善惡行爲所持的道德立場。

---

[106]《飛花詠》，第 7 回，頁190。
[107]《玉支璣》，第20回，頁356。
[108]同前注，頁359。

七、對三部風格略異的早期作品的考察

在考察清代前期的二十餘部小說時我們發現，其中三部小說在敘事的內容上與其它小說有某些不同的特徵。這三部作品包括《好逑傳》、《醒風流》和《畫圖緣》。從總體上講，這三部小說通常地被學者劃入才子佳人小說的範圍，因爲在故事的主題與題材上，它們講述的仍是才子與佳人式的愛情婚姻故事，故事情節不外於男女主角的偶然相遇，爾後遭遇挫折，最終得以成功和團圓這樣一種通常見於其它才子佳人小說的設計。然而，如果仔細地閱讀這些小說，就可以發現，它們似乎有意想要突破這類小說在情節處理上的某些流行的甚至於固定化的方式。

首先是在處理故事人物的婚姻選擇與社會習俗的關係上，這三部小說更多的保守傾向。《好逑傳》裏的男主角鐵中玉曾表示：「寧失閨閣之佳偶，不敢做名教之罪人。」[109]所謂「名教」，通常指以正名定分爲主要內容的傳統禮教。在婚姻習俗上的「父母之命」「媒妁之言」屬於其中的內容；在一般人際關係上的「男女授受不親」也在其中之列。其他很多的才子佳人小說在處理小說人物自擇婚姻與名教的關係上，表現出對於前者更多的贊同，但是又不能徹底地否定後者。因此，當兩者發生沖突時，小說常常採用以「權」行「經」的方式，使衝突得到調和。所謂「經」，指的是常規、常行之道，亦可簡稱爲「常」。所謂「權」，指的是權宜、權變，亦可簡稱爲「變」。這些小說把「父母之命」、「媒妁之言」、「男女授受不親」等傳統禮教當作「經」，把男女主人公以詩傳情、私訂終身的行爲當作「權」，通過採取以

---

[109]《好逑傳》，14回，頁172。

「權」行「經」的手法，從而爲才子佳人從愛情到婚姻的故事情節發展提供了敘述的方便。《玉嬌梨》中的女主角盧夢梨與蘇友白私會後花園，面訂終身。後來，當她的表姐白紅玉問及此事，盧夢梨毫無羞澀地回答道：

> 妹子的住樓與他後園緊接，故妹子得以窺見。因見他氣宇不凡，詩才敏捷，知是風流才子。妹子因自思父親已亡過了，煢煢寡母，兄弟又小，婚姻之事誰人料理？若是株守常訓，豈不自誤！沒奈何只得行權改做男裝，在後園門首與他一會。[110]

相同的敘述還見於另一部小說《金雲翹》，其中的女主角王翠翹曾與才子金重在牆頭和書房幽會，私訂百年之好。翠翹對此也心地坦然，她說：「妾思男子悅慕，室家之大願也，未必便傷名教。」[111]後來，盡管翠翹被騙爲娼，又被迫與海盜爲妻。按照傳統的道德觀念，她已不再是貞節女子。可是，小說仍然安排了男主角金重堅持與她遂了當年的婚約。令人吃驚的是，金重對女子的貞節問題也是采取以「變」行「常」的態度：

> 大凡女子之貞節，有以不失身爲貞節者，亦有以辱身爲貞節者，蓋有常有變也。賢妻之辱身，是遭變而行孝也。雖屈于污泥而不染。[112]

至於畢臨鶯女扮男裝，托名錢公子，與才子石延川結爲好友，一旦分手，書來信往，並且替石延川找到了梅凌春小姐，二人誓結姐妹親，同嫁石延川；[113]廉清與尙書之女幸昭華同館讀書，

---

[110]《玉嬌梨》，第16回，頁563。

[111]《金雲翹》（《古本小說集成》本），第3回，頁25。

[112]同前注，第20回，頁267。

[113]《春柳鶯》（《古本小說叢刊》本），第7回，頁1684-1707。

「時常與小姐同行攜手，嘻笑並肩，稱說夫妻，也不避忌先生」；[114]唐昌（昌谷）與彩文小姐（端容姑）以詩詞傳情，「到了夜間，果然二人乘母親說話深濃之際，悄悄攜手，到後庭中無人之處，同跪拜訂盟」。[115]所有這些描述都顯示了小說把「才情」的價值看得高於「名教」。

可是在《好逑傳》中，我們卻看到另一番描述。故事的女主角水冰心被過公子搶婚，才子鐵中玉路見不平，救出小姐。小姐見鐵中玉遭人暗算，病在寺院，冒嫌將他移往家中調養，一住五夜，兩人依然「授受不親」。小說作這樣的描述，意在爲他們後來所謂「貞潔」的查驗作了鋪墊。於是，作品往下的敘述一再顯示，盡管這一對故事主角相互間有愛慕之心，卻都固執名教，決不言及私情，更沒想過私訂終身。當旁人從中撮合他們的婚姻時，二人都嚴辭謝絕。鐵中玉曾對企圖替他作伐的縣尊講過這樣一段話：

> 不瞞老先生說，我學生與水小姐相遇，雖出無心，而相見後，義肝烈膽，冷眼熱腸，實實彼此面照，若不相親，而如有所失，故略去男女之嫌，而以知己相接。此千古英雄豪傑之所爲，難以告之世俗。今忽言及婚姻，則視我學生與水小姐爲何如人也，莫非亦以鑽穴相窺相待耶？[116]

不僅如此，鐵公子還再三強調「『人倫』二字是亂不得的」。[117]他對於個人婚姻的態度也不同於其他小說中的男主角，例如他說道：

---

[114]《麟兒報》，第3回，頁92。
[115]《飛花詠》，第5回，頁143-149。
[116]《好逑傳》，第8回，頁93。
[117] 同前注。

> 凡婚姻之道，皆父母爲之，豈兒女所能自主哉？……若徒
> 以才貌爲憑，遇合爲幸，遂謂婚姻之義舉，不知此等之義
> 舉，只合奉之過公子，非學生名教中人所敢承也。[118]

鐵公子堅決反對「以才貌爲憑，遇合爲幸」的自由戀愛方式，而很多才子佳人（如蘇友白、盧夢梨、江潮、甘頤、畢臨鶯等人）卻是主張並實踐這種自由戀愛方式的。鐵公子更看重的是做一個「名教中人」。爲了避免從前「養病」之嫌，保持「英雄豪傑」的名節，他寧可克制自己的愛情。在這點上，水小姐與他不謀而合。她也對叔父水運說道：「凡事皆可用權，惟婚姻爲人倫風化之始，當正始正終，決無用權之理。」[119]這種態度也與其它小說人物的態度有著明顯的差異，在後者看來，「禮制其常耳，豈爲眞正才子佳人而設？」[120]盡管水小姐最終成了鐵公子的「好逑」，那也是經過皇后「著老成宮人試驗水冰心三遍，俱稱實係處子」，於是天子以「堅貞自持」的名節親自表彰二人並欽賜完婚的。這樣的故事結局安排顯示了小說在表達才子佳人愛情婚姻主題時，持有比其它作品更加保守的道德傾向。

　　相似的例子還可見於另一部小說《醒風流》。該書一開始就以敘述人的口吻指責才子佳人的自由戀愛、私訂婚姻的行爲是「傷風敗俗」，「壞士人女子的腳根」。接著便聲明要反其道而行之，「說一個忠烈的才子奇俠的佳人，使人猛醒風流中大有關係於倫理的故事。」於是，故事講述了男主角梅干遭父難，潛身馮尙書府中，改名木榮做僕人。馮尙書死後，程家到馮府搶婚，馮閨英小姐遇梅干搭救。後來，梅干討賊有功，拜爲丞相。趙尙

---

[118]同前注，頁95。
[119]同前注，頁89。
[120]《玉嬌梨》，第14回，頁479（蘇友白語）。

書把馮閨英作爲自己的女兒嫁給梅干。可是馮小姐得知梅丞相就是當年她家的書童，於是，因爲主僕名分之別，又有男女私情之嫌，兩人都不願這椿有礙名教的婚姻。梅干對趙尚書斷然表示：「今若配合，則前事皆屬有私，故小侄今日寧失佳偶，不敢做名教罪人。」[121]與此同時，馮閨英也覺得：「我與他向爲主僕，主僕而爲夫婦，這個名分怎可壞得？」[122]小說最後爲他們安排的結局，仍是奉旨完婚。小說這樣描述，其主旨顯然在於爲名教增光，爲綱常生色。

　　與此綱常名教相關的另一個問題，是才子是否應當娶一個以上的妻子。在其它很多的才子佳人小說裏，「諸美共侍一夫」常常是故事的結局，作者對此的態度也是相當地肯定。這種結局在小說《醒風流》裏卻受到了否定。例如故事的第十五回，敘述了趙公子科舉應試，名落孫山，只因他嚴守「不二色」的名教家規，因此受到魁星的顯聖幫助，得以金榜題名。

　　其次，如果說江潮與吳媛、甘頤與辛古釵、雙星與江蕊珠等人的形象突出了個人之間柔情蜜意的特徵，那麼鐵中玉與水冰心、梅干與馮閨英的形象則表現出更多的「忠烈」與「奇俠」氣概，由此也顯示了兩者之間的另一種差異性。鐵中玉在邊防有警，朝廷乏人之時，不惜以性命作保，贖出侯孝帶罪立功，「不半年，報了五捷，邊境一時蕭清」，[123]既保住了社稷，又挽救了良將。這一義舉的描述是爲表現他的忠烈。過公子仗勢搶婚，鐵公子挺身相救，這一行爲是爲體現他的奇俠。更能顯示其忠烈與奇俠性格的，要數小說對鐵公子闖入欽賜禁地、奉旨拿人、打

---

[121]《醒風流》，第20回，頁509。
[122]同前注，頁502。
[123]《好逑傳》，第14回，頁166。

擊荒淫權侯、挽救民間良女的一段描寫：

> （他）一彎頭跑到門樓前，跳下馬來，手執銅錘，大聲叫道：「奉聖旨要見大央侯，快去通報！」……內中一個老家人，見嚷得慌，只得大著膽說道：「公侯人家，老爺不在此，誰敢開門？就是開了門，此係朝廷欽賜的禁地，爺也不敢進去。」鐵公子聽了，大怒道：「奉聖旨拿人，怎麼不敢進去？你不開，等我自開。」因走近前，舉起銅錘，照著大鎖上只一錘，豁喇一聲響，早已將大鎖並銅環打折落在地下，那兩扇門便豁喇喇自開了。鐵公子見門開，大踏步徑往裏走。眾家人看見鐵公子勢力勇猛，誰敢攔阻？只亂嚷道：「不好了！」飛一般進去報信。[124]

如果不是把這段描述放在整個故事主題與情節的背景下來看待，讀者或許會把這篇小說劃出才子佳人小說的範圍。故事主角所具有的這種特徵也難於在同樣產生於清代早期的其它才子佳人小說中看到。

至於另一部小說《醒風流》，由於它在故事角色行為特徵的描述方面，與《好逑傳》有很多相似之處，導致有學者批評它是摹擬抄襲《好逑傳》的產物。[125]

此外，小說《畫圖緣》里的男主角花天荷，也有些不同於其它小說裏對才子的描述。盡管他省試中過解元，卻不愿進京會試，奪取最高一級的功名。其原因，是他不愿做科舉上的文官，而要做建功立業的武侯。他對勸他進京會試的母親表示：「孩兒官須要做，但不喜做這弄筆頭的文官耳」。[126] 他依靠仙人所贈

---

[124]同前注，第2回，頁15。
[125]林辰《明末清初才子佳人小說述錄》，頁217。
[126]《畫圖緣》，第11回，頁386。

的圖畫，先後幫助桑總兵、夏御史大破峒族賊寇。由於屢建軍功，他被受封為大勛侯。在作者筆下，花天荷同樣也是個才子，惟其所獲得功名之方式不同於平如衡、燕白頷、甘頤、雙星等人。然而這一變化的意義在於，它為清代後期才子佳人小說中發生的某些演變開啓了先聲。花天荷以軍功獲得高官厚祿和理想的婚姻，這一情節的設計到後來發展成為小說主角憑籍文武雙全的本領獲得了功名與婚姻的雙雙成功。

第五章　小説評析(下)：
敘事層面的考察

　　所謂對小說作敘事層面的探討，旨在以具體的作品為例，來討論才子佳人小說的敘述結構方式和表達方式。在這方面，不但需要有相關的理論作為討論的出發點，而且還需要有一個基本的敘述分析構架。在理論方面，我們想到了中西方文論家提出的對偶或對等的原則。在敘述分析構架方面，我們將會涉及韓南（Patrick Hanan）提出的敘事層次分析法。

　　關於對偶的文學理論，較早的可見於劉勰《文心雕龍》。他在其中的〈麗辭〉一文裏，根據中國傳統的二元理論提出了文學寫作中存在的的對偶原則：

> 造化賦形，支體必雙，神理為用，事不孤立。夫心生文辭，
> 運裁百慮，高下相須，自然成對。

在此基礎上，劉勰還指出對偶原則運用於文學中的四種基本形態：

> 故麗辭之體，凡有四對：言對為易，事對為難；反對為優，
> 正對為劣。[1]

現代語言學家諾曼·雅克布森（Roman Jakobson）在討論到選擇與組合兩種方式對詩歌構成的重要作用時，提出了著名的對等原則（the principle of equivalence），並對之予以了現代意義上的解釋：

---

[1]黃叔琳注《文心雕龍》（長沙：商務印書館，1936年），頁106。

> 選擇是以對等爲基礎、以相似與相異、同義與反義爲基礎
> 而產生的；而組合這一語序的建立是以相鄰爲基礎的。詩
> 的作用是把對等原則從選擇過程帶入組合過程。對等則成
> 爲語序構成的手段。[2]

劉勰概括了行文過程中兩兩相對的這一古代駢體文章的基本特徵，雅克布森也總結了詩歌創作中普遍存在的對等原則，而且他們兩者站在不同的歷史文化背景下，都注意到所對雙方存在著相似的或相反的關係這一特徵。

現代敘事學的興起受益於現代語言學的成果，雅克布森的理論同樣引起小說等敘事文學研究領域學者的注意。在相似或相反關係的基礎上構成一種新的結構關係和意義，這種理論不僅適合於駢文與詩歌，同時也適應於其它的傳統中國敘事文。特別是在中國古代小說和戲曲裏，我們常常見到在故事的結構、人物的設置等方面所體現的這種美學原則。[3]

在敘述方法方面，韓南在綜合盧伯克（Percy Lubbock）、英伽登(Roman Ingarden)、弗萊(Northrop Frye)、布思(Wayne C. Booth)、巴特斯（Roland Barthes）、吉尼特（Gerard Genette）等人的敘事學理論基礎上，提出了自己的層次分析法，並把這一方法運用於對中國古代白話小說的討論。他的方法從聽眾或讀者的角度出發，涉及七個敘述分析的層次：

1.說話者層次（speaker level），涉及小說文本中隱含的某
　個或幾個講述者；

---

[2]諾曼·雅可布森，〈閉幕演講：語言學與詩學〉("Closing Statement：Linguistics and Poetics")，見Thomas A. Sebeok編《語言的風格》（Style of Language），麻省理工學院出版社，1960年版，頁358。
[3]見浦安迪《中國敘事學》（北京：北京大學出版社，1996年），頁48-54。

2. 焦點層次（focal level），涉及在故事的特定時間裏看見某事或反思所見事情的那個人，這個人或許就是故事的講述者，但也可能不是；

3. 言語型層次（mode of discourse），指的是講述故事的基本方式，例如獨白、有動作與無動作的對話、以及說明與敘述等；

4. 風格層次（style），即從聽眾或讀者的視角所看到的故事中某些預期的語言運用規則；

5. 意義層次（meaning），指小說傳達的含意，亦就是講述人或隱含作者的意圖的具體化。這一層次以所有其它層次爲前提條件。

6. 語音層次（sound or phonic level），與口頭文學有關；

7. 書寫層次（graphic level），存在於書面文學。

在此基礎上，韓南又把風格層細分爲地方性的（local）與普遍性的（general）兩種，把意義層分爲序列的（serial）、組合的（configurative）與闡釋的（interpretive）三層，於是合成了十個層次，作爲分析敘事文學作品的組成與結構的基本方法。[4]

對等的原則與十層次敘事分析法爲我們研究才子佳人小說提供了有意義的啓發作用。在本章的討論裏，我們將參照這些成果，來從事對才子佳人小說敘事特徵的較爲系統的考察。然而由於研究對象的不同，我們也不可能生搬硬套或完全受制於它們的局限。相反，本章只是選取其中適合於特定研究對象的部分，來指導以下的討論。

---

[4] 韓南《中國白話小說》（*The Chinese Vernacular Story*）（Cambridge: Harvard University Press, 1981），頁16-20。

一、敘述者及其敘事視角

中國白話小說使用的常常是專業說書人的敘述口吻，這一點已經爲學者們注意到了。[5]才子佳人小說也明顯帶有這樣的特徵。在很多這樣的小說裏我們可以看到，敘述人站在第三人稱的立場，以無所不知的視點，向聽衆講述著故事。小說裏的聽衆也只是一般的聽衆，而不是特定的個別聽衆。在故事的開頭，通常是敘述人在聽衆面前吟唱一首詩或詞曲，然後把這首詞曲與故事的關係或者故事人物的背景作一淺顯明白的介紹，其間時或穿插一段他假設的向聽衆提問，以激發聽衆的興趣，然後又用解答的口吻與聽衆交談。在小說《吳江雪》第一回裏，敘述人就扮演著這樣的角色。敘述人在一首唱詞之後緊接著解釋道：「這一首詞，乃傷春之作」云云。然後他又假設發問：

> 說話的，你卻差了。雖有室有家之願，爲父母者人人有
> 之，難道除婚姻之外，別無防範子女之法？況婚配亦在及
> 時，難道未婚配以前，任他優遊過日，並無約束之方了？
> 吾且慢慢說來，爲天下訓子女者詳哉言之。

說書人的口吻還體現在敘述人於講述故事的過程中常常站出來打斷敘述，對前面發生的事件發表議論，評說人物和事件的是非曲直。這種評說通常用於兩種情況，一是出現在小說每一章回的開端與結尾，作爲對本章回內容的介紹和結語，且多以韻文的形式出現。一是發生在情節過程當中，用以交代當時發生事件的前因或暗示事件將要引起的後果，或對人物當時的行爲作一段解釋或者道德性質的評論，其行文方式較爲靈活，或是韻文或是散文。

---

[5]韓南《中國白話小說》，頁20；浦安迪《中國敘事學》，頁14。

比如小說《玉嬌梨》第三回裏，在講述了權臣楊御史向白太常提親事遭拒絕後，敘述人便吟了一首詩作結：

　　曲人到處皆奸巧，詭士從來只詐謀。

　　豈料天心原有定，空勞明月下金鉤。

詩中頭兩句，用「曲人」、「奸巧」、「詭士」、「詐謀」四詞，表明了敘述人對楊御史道德品質的譴責，後兩句則暗示了這名奸巧曲人終將徒勞一場的結局。敘述人對故事情節作這樣的參與在小說裏隨處可見，就像在明末白話小說「三言」「二拍」中看到的那樣。

　　通過對故事角色的命名來暗示敘述人的評論，這是小說的另一特徵。這種方式在西方小說裏也或有見到。菲爾丁筆下的男主人公「Allworth」是道德善良、足以稱譽的人。[6]狄更斯小說中的「Uliar」意為撒謊者、小人。[7]這些名字表達的意義是完整的，直接表明了敘述人對故事人物的評論。在此方面，才子佳人小說還顯得更加含蓄委婉。它並不像前者那樣使讀者或聽眾對人物名字的性質一目了然，而是採用諧音或組詞的方式，把人物的某種特徵暗寓其中。含義是間接的，如果想從閱讀中理解它，就需要讀者的想象能力；而如果站在聽眾的角度聽敘述人講述它，理解就容易和直接的多，因為諧音詞的形、義不同，音卻是相同或相近的。小說常以這樣的方式為書中人物冠以各種富於比喻性或類似比喻的名字。例如取名「辛荊燕」，諧「今艷」之音，取當今天下艷色之意；[8]「梅干字傲雪」，以梅花傲雪隱喻故事人物不畏權奸的性格；[9]一心想招才子為婿的駙馬取名「屠勞」，

---

[6]Henry Fielding, *The History of Tom Jones.*
[7]Charles Dickens, *The Personal History of David Copper field.*
[8]《兩交婚》。
[9]《醒風流》。

暗諷其「徒勞」的行爲；[10]管家僕人稱作「暴攸」，音諧「報
憂」，暗喻他在故事中一報長孫公子假死之憂，二報管家小姐假
死之憂；[11]對才子佳人婚姻心懷惡意並從中作梗的小人，或叫
「常莪草」（惡草），[12]或稱「寧無知」（無知），[13]或爲「卜
成仁」（不成仁、不成人）；[14]仗勢欺人者取名「赫炎」，譏
其權勢赫赫如炎；[15]「獻赫騰」，譏爲顯然赫赫騰達的地位；[16]
煙花子弟取名「馬龜」，諷其「久戀煙花，多年子弟變成龜」；
專干販賣人口勾當的人取名「薄幸」，意爲薄倖或薄行；宦家僕
人名叫宦鷹、宦犬，諷其爲吏部天官家助紂爲虐的鷹犬等等。[17]
諧音和組詞寓意的命名方式，可以在敘述中造成妙趣橫生的效果，
然而，從這些命名中，我們看到了敘述人對小說內容的強烈參與，
因爲它顯示了敘述人對故事人物性格和行爲的所持的不同態度和
評論。[18]

　　杰拉爾德・普蘭斯（Gerald Prince）曾經把敘述者的敘事
特徵歸納爲四種類型：干預型（Intrusiveness）、自我意識型
（Self-Conciousness）、可靠型(Reliability)和距離型（Dis-

---

[10]《定情人》。
[11]《玉支璣》。
[12]《賽紅絲》。
[13]《麟兒報》。
[14]《玉支璣》。
[15]《定情人》。
[16]《吳江雪》。
[17]《金雲翹》。
[18]這種命名方式在後來的著名小說《紅樓夢》裏同樣被採用過。賈府四
　　姐妹元春、迎春、探春、惜春四個名字中的「元、迎、探、惜」，就
　　是「原應歎息」四字的諧音，它暗示了敘述人爲這四個紅顏女子的薄
　　命深感歎息。又如香菱的原名英蓮，諧「應憐」之音，也可見敘述人
　　同情的態度。寶玉的父親取名賈政，有點兒暗諷他那不苟顏笑、道貌
　　岸然的「假正經」。

tance）[19]如果根據這個標準，才子佳人小說的敘述人當屬於干預型。這種干預行為是為了強調敘述人對故事的人物和事件所持的道德立場或者顯示他無所不知的洞察能力。然而，由於他的強力甚至粗暴的干預，往往妨礙了小說敘述的連續性，因此受到現代評論者的批評。

穿插在敘述中間與敘事並列的場景描寫，往往是通過小說人物之所見，呈現給讀者的。如《兩交婚》第三回中的一段描述：

> 甘頤聽了，因步入村來。進村不幾步，早望見黃旗，到了旗下看時，不是人家，卻是湘妃的一座廟宇。心下忖度道：「美人結社做詩，難道就沒個大鄉官人家，為何老遠的直來到這裏？」又想到：「此不過是重湘妃之美名耳。」因走入廟中細看：廟宇雖然高大，入去也有兩三層，卻直籠統的不分個內外，旁邊又無曲房別院。因暗想道：「許多麗人來，叫他住在那裏？」正在沉吟，忽廟門外鑼鼓喧天，無數鄉人男男女女，一陣一陣的都擁入廟來也。也有人抬著豬羊酒果，用巫師祝贊的；也有挑著豬頭三牲，就叫廟祝祠禱的，紛紛不一，竟將一座廟都塞滿了。[20]

場景的描述，是隨著故事人物視角的轉移而展開的。但是，這種場景描寫並非從見到這種場面的人物心理出發，寫出人物獨到的觀察，而只是由敘述者從一般角度加以描寫。譬如對才子金重的「來鳳軒」的描寫，不過是「左圖右史，甚是清雅」罷了；[21]才女山黛的「玉尺樓」，無非「周圍都是書櫥書架，牙簽錦軸，

[19]Gerald Prince，《敘事學：敘事形式與功能》（*Narratology: The Form and Functioning of Narrative*)(Berlin, New York, Amsterdam：Mouton Publishers, 1982)，頁10-13。
[20]《兩交婚小傳》，《古本小說集成》本，頁83-84。
[21]《金雲翹》，《古本小說集成》本，第3回，頁26。

琳琳琅琅。四壁挂的都是名人古圖墨跡」而已，[22]其進一步詳細的特徵，就不得而知了。又如《飛花詠》中，秀才昌全因祖上軍籍出身，被朝廷征兵，離開中原內地去了西北邊塞，可是，中原內地的景象與邊塞風光有何差異，讀者幾乎無從得知。

　　用敘述人的視角代替故事人物的觀察，特別多見於小說對人物形象的描述上。《玉嬌梨》中有關兩個真假才子形象特徵的描述，就是採用這樣的方式。首先讓我們看吳翰林初次見到才子蘇友白的一段敘述：

> 吳翰林心下疑有蘇友白在內，叫把轎子歇下，假做看花，卻偷眼看那一班少年。……內中惟一書生，片巾素服，生得美如冠玉，潤比明珠。山川秀氣，直萃其躬；錦繡文心，有如其面。宛衛玠之清臞，儼潘安之妙麗。並無紈褲行藏，自是風流人物。[23]

另一例是佳人白紅玉的父親白玄與假才子初次相見的情景：

> 白公聽了，慌忙走出廳來相見。立在廳上，仔細將張軌如上下一看，只見他生得：形神鄙陋，骨相凡庸。蓋藏三四，掩不盡奸狡行蹤；做作萬千，裝不出詩書氣味。一身中聳肩疊肚，全無坦坦之容；滿臉上弄眼擠眉，大有花花之意。[24]

從故事角色的第一眼中，通常只能看到對方的外貌，可是上述兩段描述的內容，遠遠超出了初次視覺的範圍。小說這裏採用的是敘述人的觀察角度，站在第三者的角度，以無所不知的眼光來把握人物的外表和內心世界，因而能夠在人物第一次出場時，便點

---

[22]《平山冷燕》，第3回，頁64-65。
[23]《玉嬌梨》，第4回，頁135。
[24]同前註，頁270。

明了他外在與內在的全部特徵，並由此暗示出人物將來的行爲方式及其命運。這一點，僅從觀察此一人物的另一個故事人物眼中，是不可能看到的。

在對小說人物形象的觀察和描述方面，也出現類型化的傾向。不同作品中的主要角色，其形象特徵基本上是相同的。如果是才子，通常被描述爲「子建青蓮之才，潘安衛玠之貌」；如果是佳人，無外乎「西施王嬙之貌，班姬謝女之才」，他們往往由一連串陳陳相因的比喻所構成，彼此之間相差無幾。把這些形象放在一起，就很難比較出各自的特徵。在衆多的故事主角中，難得有一張面孔可以被讀者清楚地摹想出來。而且寫人狀貌的段落，常常使用概括性的典故、詩詞或是駢文的行文結構，使得故事人物多是類型化人物，而非個性化人物。

然而，即使是這樣，也並不排除在某些小說的個別細節中，對故事人物的心理活動有比較生動的描述，雖然這樣的例子並不多見。譬如小說《定情人》裏的一段描述：才子雙星游學紹興，入江章家爲義子。不久愛上了江家小姐，兩人情好日篤。不料一日，雙星聽丫環若霞說了句「做了兒子，做不得女婿」的話，便信以爲眞，竟唬痴了。作者這時用了較長一段文字來描述他那充滿痴情而又惶惑失意的心理活動，雙公子似信似疑、既悔恨失望又於心不甘的複雜而痛苦的心境給予我們深刻的印象。另一部小說《飛花詠》的第八回裏，彩文小姐（原名端容姑）在亂軍中離散了義父鳳儀，被昌全所救，再次收爲義女。在此期間，她常常思念生身父母和前認父母，內心充滿矛盾和焦慮。小說也較爲細致地描述了她思念父母，卻難於啓齒；憂慮離散的戀人，又無奈天地阻隔；欲求不得，欲罷不能的委屈和窘困。此外，在《金雲翹》的第九回，講述王翠翹身陷娼家，遭鴇母暗算，安排無賴公

子楚卿假約私奔。此時翠翹進退兩難的矛盾心理也被顯得較為生動而有特色。總而言之，說書人的敘事口吻，加上第三人稱視角的類型化特徵，構成了才子佳人小說中敘事者的基本特徵。

二、敘述的基本方式

關於小說講述故事的基本方式，在這些作品裏表現為故事人物的對話構成小說的主要敘事部分，其間摻雜有人物自己的內心獨白以及敘述人中途插入的說明和敘述。

其敘事方式的一個重要特徵在於通過人物的言語和行為來實現一種特殊的敘述氛圍。在這個氛圍裏，正劇與喜劇、嚴肅與滑稽、高尚與卑劣、典雅與粗俗、散文與韻文、文言與白話都相互交織與並存在同一部小說中。這一點，曾經被作為中國古代戲曲和小說的共同特徵受到劉若愚先生的注意，他把這種特徵稱之為異質性(heterogenity)。[25]一方面才子與佳人相互間的感情交流，多採用典雅的語言，特別是詩詞等韻文，而負面的角色卻使用較為粗俗的白話語言。這裏僅舉小說《吳江雪》中的一例：女主角吳媛小姐收到兩封求愛的情書。一封來自才子江潮，另一封來自假托江潮名義的惡棍丘石公。當我們把兩封情書作一比較，就不難看到其中語言的差別。江潮的情書如下：

> 緬自支硎邂逅，匆匆數語，遂成契闊。潮雖兀坐書齋，無
> 寸晷不神馳左右也。昔者親覿仙姿，迄今惟存寤寐。聞蕙
> 氣之襲人，猶存衣裾；恨春光之不再，徒塵予懷。竊訝卑
> 人，才非子建，貌愧安仁，何幸多嬌，漫垂奇盼。當日雁

---

[25]劉若愚（James J. Y. Liu）《中國文學藝術精髓》（*Essentials of Chinese Literary Art*）, Stanford University Press, 1979，頁66，87-88。

> 行敘誼，今復伉儷相期。俾潮荷恩難報，頂踵以之。……
> 若夫姻之不諧，夫復奚恨。而疾之永痼，赴愬無從。聊呈
> 俚句，以見鄙情。

以下省略的，是附在書信後的五首情詩。[26]書信使用了駢散兼行的文字，情詩也屬韻文形式，語言是典雅的文言，語氣委婉含蓄，從中顯示的，是寫信人對故事女主角虔誠般的愛慕之情。可是當性質相似的書信從負面人物丘石公的手中出來，語言和語氣就完全地變了樣：

> 為了支硎山擦轎子，扑著嬌妻的時節，小丈夫之此物，登
> 時的過意不去，思量要放在嬌妻香陰之內。慌忙趕到佛殿
> 來，與嬌妻推開眾人，親近一時。已後要弄嬌妻，如隔萬
> 萬里路程，山水之迢遙者也。云乎哉，如今熬不過，嬌妻
> 又不能飛將過來睡睡，熬出大大病來，即日要去見閻羅大
> 王的老子了……

再往下就是一番猥褻恐嚇的話。[27]情書的行文是散文式的，語言是粗俗污穢的白話，充滿了輕薄戲謔的口吻，所要揭示的，是一個道德敗壞的假才子。從兩封情書表現出的正與邪、善於惡、雅與俗等種種對比中，我們看到了小說贊賞前者嘲諷後者的道德傾向。

　　為了強化這種道德傾向，小說常常把負面的故事人物描述成為頗帶調侃性質的角色。他們多數被形容為機關算盡卻弄巧成拙的人，其行為帶來的後果總是與其最初的願望相反。這一富於戲劇性變化的敘述方式突出了小說對這些角色的嘲諷意味。那個整天只知「飲酒食肉」「宿妓眠娼」的紈褲子弟赫公子，曾經挖空

[26]《吳江雪》，第9回，頁141-142。
[27]同前注，第13回，頁 211-213。

心思想要娶漂亮的江小姐爲妻，卻被人使了調包計，娶了個「有三分顏色」、「無秀媚可餐」的愛姐[28]。「武弁紈褲」暴公子倚仗父親的勢力，強娶佳人辛小姐，結果新娘卻換成了小姐的丫環綠綺。[29]人稱「風月行中將領，調情隊裏班頭」的貝公子，下了聘禮要娶佳人辛小姐，誰知接入洞房的，竟是早先與他私通過的賤婦褚媒婆。[30]吏部尙書家的李公子雖是「齷齪酒鬼」，卻一心要娶才貌雙全的趙宛子；兵部尙書家的晏小姐生了一臉麻疙瘩，其父卻強逼才子司空約娶她。其結果卻是戲劇性的調換：才子司空約與佳人趙宛子雙雙團圓，酒鬼公子與麻臉小姐卻被欽定爲夫妻！[31]

　　命定論是這類小說敘述的重要假設前提，它不僅爲負面角色安排了咎由自取的命運，同時也爲故事的正面人物設計了終得其願的結果。它主要貫穿於對才子與佳人追求過程與結局的敘述方面，其次還體現在對一些相對次要角色經歷的處理上，例如那些曾經幫助過才子佳人渡過種種難關的善良人們，往往得到有益的報答；而作惡的歹徒，即使才子佳人不計其舊惡，他們也逃不脫命運的懲罰。曾經把劫難中的端容姑收爲義女的杭州知府鳳儀，盡管受到曹吉祥、石亨迫害而貶職，後來卻依舊「官還原職」。那位爭奪叔父家產的唐塗，先把唐昌置之死地，繼而串通歹徒陷害叔父，終於霸占了叔父的家產。他的結果是「全家害瘟病死了」。[32]連結過斐、宋兩家才子佳人姻親關係的「紅娘」賀知府，後來轉昇了尙寶寺少卿；而挑撥離間這兩家婚姻的白孝立、

---

[28]《定情人》，第8回，頁239-257。
[29]《兩交婚》，第13回，頁427-444。
[30]《麟兒報》，第9回，頁291-302。
[31]《宛如約》，第16回，頁239-254。
[32]《飛花詠》，第14回，頁127-128。

常莪草，最終被「革去衣巾，各責三十，各徒三年」[33]。從這種充滿命定性和必然性的敘述方式中，我們看到在明清白話小說裏常見的「福善禍惡」的道德立場。

　　這一敘述方式符合了當時小說家中流行的「勸善懲惡」的觀念。其實這種觀念並非才子佳人小說作者的首創。早在唐代傳奇中，作者就自稱其小說「足以儆天下逆道亂常之心，足以觀天下貞夫孝婦之節」。[34]宋代曾慥編纂《類說》，旨在「資治體，助名教」。[35]明初瞿佑撰《剪燈新話》，「雖於世教民彝，莫之或補，而勸善懲惡，哀窮掉屈，其亦庶乎言者無罪，聞者足以戒之一義云爾。」[36]庸愚子介紹《三國志通俗演義》的閱讀方法是：「若讀到古人忠處，便思自己忠與不忠；孝處，便思自己孝與不孝。至於善惡可否，皆當如此，方是有益。」[37]天都外臣自稱他敘《水滸傳》不是「誨盜」，而是「如國醫然」。[38]欣欣子視《金瓶梅》一書「無非明人倫，戒淫奔，分淑慝，化善惡，知盛衰消長之機，取報應輪回之事，如在目前始終……。」[39]晚明出現的「三言」「二拍」，也是「以前因後果爲勸懲」。[40]傳統的小說家很少把敘述的興趣局限在故事本身，他們大都喜歡

---

[33]《賽紅絲》，《古本小說集成》本，第16回，頁445。

[34]《謝小娥傳論》，見汪辟疆編《唐人傳奇小說》（臺北：文史哲出版社，1993年），頁95。

[35]曾慥《類說序》，見《類說》，《北京‧北京圖書館古籍珍本叢刊》（北京：書目文獻出版社，1988年），62冊，頁6。

[36]瞿佑《剪燈新話序》，見《剪燈新話》（上海：古籍出版社，1981年），頁3。

[37]庸愚子《三國志通俗演義序》，見《三國志通俗演義》（《古本小說集成》本），頁6-7。

[38]天都外臣《水滸傳序》。

[39]《金瓶梅詞話序》，見《金瓶梅》（日本：大安株式會社），頁5。

[40]無礙居士《警世通言敘》，見《警世通言》（《古本小說叢刊》，32輯，1冊），頁2。

在故事裏涉及到故事之外的現實生活中人們關心的社會與道德的問題，因此，對故事的敘述與對現實生活的態度交織在一起，作者在生活中認同的道德原則也就變成了小說敘事中的道德標準。

然而，一些小說在敘述中同樣地存在一些明顯的缺陷。首先是它在某些細節描述上，表現出前後矛盾、不能自圓其說的毛病。例如《春柳鶯》第一回裏，寫石延川祖籍爲河南開封，因仕宦移居江南。父親亡後，延川親戚無靠，只剩表兄李景文，住在北京順天府庠。可是就在同回中的後半部，又提到延川修書，托友人帶至河南問候李景文。在書中第四回，友人還從河南帶回李景文的親筆復信，約延川早至河南，同他一道進京應試。這裏的矛盾在於，既然李景文居於北京順天府庠，何以延川要發書河南去問候他？書中並未交代李景文離開北京回河南，何以又從河南復信答謝延川？河南與北京在明清時期[41]，一個屬順天府，一個屬開封府，小說卻把兩地混爲一談。又如《兩交婚》第十五回裏，辛光祿已與才子甘頤暗訂婚約，而後又假裝替暴元帥家小姐向甘頤提親。甘頤已知究裏，借口已聘，婉言謝絕。到此小說敘述道：「辛光祿無法，只得取了那本履歷，起身而別。」讀到此處，我們不禁要問，既然兩人早已溝通，爲何又言「辛光祿無法」？是眞的無法，還是假裝無法？作爲第三人稱小說中的全知全能的敘述者，他似乎應當將此說明。再如《吳江雪》第四回，寫吳媛小姐的丫環曉煙因爲稱贊了小姐兩句「天姿國色」，「秀色可餐」，「不知後日何郎僥幸，得配仙姿」的話，竟遭來小姐的嗔責，揚言要稟報夫人，「打你這賤人的下截來！」唬得曉煙跪在地上，苦苦哀求寬恕。小姐雖然沒有稟報夫人，卻臭罵了她

[41]該書第一回已交代故事發生於明代嘉靖年間。

一頓，並警告她：「日後再不可如此」。可見敍述人口中的吳小姐，對丫環的管教是十分嚴厲的。可是在小說後面第十六回裏，吳小姐即將隨父遠行，雪婆帶著男扮女裝的江公子來到吳家，騙過夫人，進入小姐臥室私會。這時曉煙等三個丫環竟敢當著小姐的面，不顧雪婆勸阻，對初來乍到的江公子肆行調戲侮辱：「拖拖扯扯，把他親嘴摸奶，摸著胸脯，道：『阿呀，你這甥女兒倒象一個男子，怎麼奶也沒有些兒的。』」更有甚者，居然揚言「只要摸摸他的一件妙東西就罷了」。言語之粗俗，行為之猥褻，比起此前曉煙恭維小姐的那几句話來，實為出格不小。可是，曾經那麼嚴厲的吳小姐此時卻判若兩人，僅僅是「喝退了三個丫環」而已。敍述人顯然想在這裏營造一種輕鬆的戲謔氣氛，可是卻暴露出對人物性格特徵缺乏嚴格的把握。

　　此外，小說《錦香亭》的第十回《睢陽城烹僮殺妾》、第十一回《雷海清擲箏罵賊》等事件的敍述，與全書主旨幾乎無甚關係。敍述人有意將張巡、許遠等人的事蹟渲染一番，卻沒有考慮到這樣的節外生枝，勢必妨礙了全書故事情節在整體上的緊湊與連貫。總而言之，上述幾個例子都說明了敍述人在講述過程中對敍述的邏輯或有失控。

　　一些現代評論者已經指出，有些小說的故事情節帶有摹仿甚至抄襲前人作品的痕蹟。例如《飛花艷想》第一回的部分文字抄襲了《玉嬌梨》的第一回，第五回部分文字抄襲《玉嬌梨》第六回；《醒風流》第一回的某些情節類似《玉嬌梨》第一回，它的全書主要敍事結構又頗似《好逑傳》。又如小說《合浦珠》，被認為多處摹仿唐人傳奇的情節，[42]《玉支璣》裏描寫卜尚書為

[42]參見《明末清初小說述錄》，頁201-202，217-218，329。

其子求婚管家小姐未遂，便趁朝廷派大臣去外國封王之機，「推荐」管侍郎出使。行此調虎離山計後，卜公子便大著膽子去管家搶親；《定情人》中的駙馬屠勞招新科狀元雙星為婿，遭拒絕後，便趁朝廷擬派大臣到琉球、高麗等國封王之機，奏請雙星出任，以示要挾報復；《飛花艷想》裏的嚴丞相想把侄女嫁給新科探花柳友梅，碰了壁，就趁河溯邊庭吃緊之際，派柳友梅出使議和，以行報復；《玉嬌梨》裏的御史楊廷昭欲娶白玄之女紅玉為兒媳，遭拒絕後，也行「推荐」白玄出使虜廷議和的調虎離山計，然後企圖強娶白紅玉。上述四部小說在這一敘述事件上頗為相似，使讀者懷疑其涉嫌雷同和抄襲。由於《玉嬌梨》成書早於其餘的三部小說，人們推測這三部後出的小說有摹仿《玉嬌梨》之嫌。再如《玉支璣》第十五回，寫長孫肖回原籍滄州應試，宗師見赴考人多，便出了七個大題目，難倒不少童生，獨有長孫肖名理深淵，雄才大縱，取做特等第一。這一情節與《麟兒報》中廉清應試的一段敘述也有相似之處。究竟誰摹仿誰，自然是成書在後的作品摹仿成書在前的作品。[43]我們不得不遺憾地說，正是這種摹仿的行為，導致了才子佳人小說的定式化傾向。

三、敘事結構及其意義

比起長篇的古代白話小說來，才子佳人小說裏章回與章回的序列連接要緊湊得多。它不像《水滸傳》、《金瓶梅》等明代四大小說那樣，存在著「十回」的主結構和二、三回的次結構，誠如我的導師浦安迪（Andrew H. Plaks）教授提到的那樣：「武松

---

[43]林辰「述錄」稱《玉支璣》「可能產生於康熙初期」，《麟兒報》成書於「康熙十一年」。由於康熙十一年也屬康熙初期，究竟何書在前，還難以斷定。見該書，頁269，278。

十回」、「林沖十回、宋江十回」。[44]這種序列的演進允許故事中的不同人物在不同章回裏分別擔任主要角色，因而使敘事顯得比較松散。才子佳人小說則始終圍繞著故事男女主角的活動展開敘述，因而故事的演進較爲集中和緊湊。小說通常以齊頭並進的兩個小故事開頭，分別交待才子與佳人的家庭背景、少年生活，在整個敘事序列中，它們僅起到前奏的作用，所佔比重不大，我們且稱之爲次要序列。小說的主要序列，是從故事男女主角的一見鍾情開始的。在這時，早先的兩個小故事匯合到一起，轉入一個主要序列：兩個在不同地方長大的青年由於某種機緣偶然相遇，[45]產生愛情，於是設法幽會，私訂終身。其後，由於外界的種種阻礙，男女主角被迫離散，各自經受一番顛沛流離的磨難。他們這段經歷構成了發生於同時而不同地的兩個相對獨立的故事。兩個故事進一步發展，終於到了才子功成名就，欽賜完婚的結局，於是，兩個故事又匯合一起，成爲整個敘述序列中的高潮部分，然後又以男主角「功成身退」的尾聲結束全篇的敘述。[46]

　　對等的原則，成爲小說最主要的敘述結構。在很多這類的小說裏，都可以看到對這種原則的充分運用。它首先表現在小說回目的設計上，每一回的題目都由具有對偶關係的雙句組成，例如「佳人有意憐才，才子多情求配」，[47]「甘不朵誤入湘妃祠，辛荊燕大開紅藥社」，[48]「言情說義花下訂盟，遭惡逢恩途中

[44]浦安迪(Andrew H. Plaks)《明代四大奇書》(*The Four Masterworks of the Ming Novel*)，（美國：普林斯頓大學出版社，1987年），頁306-308。
[45]也有個別小說例外，如《鐵花仙史》、《麟兒報》等，是「父母之命」的婚姻。
[46]這種特徵，可以《兩交婚》《玉支璣》《飛花詠》《定情人》《醒風流》等作品爲代表。
[47]《吳江雪》，第6回。
[48]《兩交婚小傳》，第3回。

過繼」。[49]在另外的一些小說裏，盡管回目使用了單句，也一定與下一回的回目構成對偶的關係，例如《平山冷燕》的第三回「金閨女詩嘲狂士」便與第四回「玉尺樓才壓群英」相對，《玉嬌梨》第十三回「蘇秀才窮途賣賦」與第十四回「盧小姐後園贈金」相對等等。回目的對等絕不僅在於文字的形式，它同時概括了那一回或那兩回的內容裏存在的相互關聯的兩個事件。兩個事件在敘述上有著對等的關係，它們共同構成一個自足的敘述單元中互補的兩面。例如《玉嬌梨》中的這兩回，敘述了男主角蘇友白與女主角盧夢梨相遇、訂情的完整經過，如果捨棄其中任何一回，敘述就不完整。

對等原則在小說人物的結構中，體現爲不同類型人物之間的一組組對應關係。首先是才子與佳人構成一種正對性質的結構關係，它貫穿於整部小說的始終。故事從才子對佳人的追求開始，到成功地娶到佳人結束。在才子尋找佳人的同時，佳人也覓求才子，相同的動機促成了兩人的相互聯係。詩賦之才的不分高低，爲兩人愛情與婚姻奠定了基礎。才子和佳人各以對方爲自己的鏡子，從對方身上看到了自己的影子和自己的理想追求。如果把兩個角色加以抽象化，則任何一方都成爲另一方心中理想的象徵。對另一方的追求，就是對自身生活理想的追求。才子與佳人婚姻的實現，標誌著他們對理想追求的成功。由此成功中，我們看到了小說對這種追求的充分肯定。才子與佳人婚姻的實現，其意義在於它以小說的方式肯定和強調了文人在社會生活中的形象和價值觀。一個富有文學修養的人同時也是有道德的人，他們的努力和奮鬥應當受到社會的充分尊重和肯定。

---

[49]《飛花詠》，第 6 回。

　　才子和佳人作為小說中理想的楷模，與其周圍的一些不道德的角色構成一種反對性質的關係。在這當中，有真才子與假才子、真佳人與假才子、真才子與假佳人之間發生的種種衝突，他們之間的衝突構成了小說敘事結構的又一種特色。

　　真才子與假才子的衝突主要表現為兩人追求同一個佳人的情敵間的競爭，它以情敵間文學才能的較量為主要特徵。例如小說《玉嬌梨》裏描述的蘇友白和張軌如，兩者在追求佳人白紅玉之初本是公平競爭，女方必須男方詩文中選才肯許親。由於才力欠缺的張軌如採用調包計，把有真才實學的蘇友白的詩作換為己作，因此受到白家的賞識。可是到故事的後面部分，這種真假混淆的詭計被佳人識破，於是黜退了張軌如，選中了蘇友白。有真才實學的真才子將不會被埋沒，投機取巧的假才子，其虛假面目終究被揭露。透過這場情敵之間的競爭，我們看到了真才學與假才學之間的衝突。小說把這兩種人物置入一種對比的關係中，又通過真才子的最終成功與假才子的失敗，肯定了前者的誠實，又嘲笑了後者的狡詐。

　　與真假才子相關聯的另一組關係，是真佳人與假才子之間的衝突。這一衝突過程主要表現為前者的機智與後者的狡詐的較量。例如《兩交婚》裏考秀才落第的刁直，與圖堡長串通，借宴請之機聲言與表妹甘夢訂婚，企圖強行騙婚；《吳江雪》裏的丘石公假托才子江潮之名，寫信給佳人吳媛，以恐嚇手段逼娶後者，以及前面提及《玉嬌梨》裏張軌如使用調包計等等，所有這些詭計都被聰明的女主角一個個識破，從而擺脫了對方的糾纏。他們之間的較量就好比人們心目中兔子與狐狸的較量。前者是無辜的，後者以前者為獵取目標。然而前者的機智足以使它戰勝後者的狡詐，從而擺脫後者的追逐。小說做這樣的對比敘述，一方

面顯揚了女子的聰明與才智，一方面諷刺了假才子那種「癩蛤蟆想吃天鵝肉」的心理。

眞才子與假佳人的衝突從另一種角度襯托了眞才子與眞佳人的結構關係。在這種衝突的背後往往隱含著「義」與「利」的衝突。眞才子往往出身貧寒，假佳人常常是權門小姐，議婚的多是小姐的父親，且又在才子金榜高中、前途看好之時。如果才子允了這門親事，便可「錦上添花」，青雲直上，然而卻違背了貧寒時對佳人許下的婚約，有失做人的道義。在此考驗面前，才子多被描述爲捨利取義，把對眞佳人的追求放在至高的地位。這樣的例子可見於《玉嬌梨》中蘇友白、《兩交婚》中甘頤等小說男主角的經歷。特別是後者，在面對皇帝施加的壓力下，竟能以辭官相拒。小說通過這樣的描述暗示了這樣一種社會觀念：社會地位的差異雖然使眞才子處於劣勢、假佳人處於優勢，個人才學的差異卻能把這種優劣關係完全顚倒過來。小說還涉及到這樣一個尖銳的問題：一個有眞才實學的男子是否應當娶一個才學不相匹配的女子爲妻？眞才子理想中的配偶應當是怎樣的女子？透過對眞才子與假佳人衝突的描述，小說回答了這個問題：眞才子的配偶不但應當有貌，而且應當有才，否則就有屈於才子的身價。對於女子而言，如果想求得眞才子，你就需要改善自己的才華。

圍繞著眞假才子佳人這一核心結構，小說還設置了善良者與邪惡者之間的對比性衝突。這種衝突爲故事主角的經歷提供了社會道德的背景，而正義與邪惡兩種勢力的較量，與眞假才子佳人間的沖突構成另一種對應的結構關係。很多小說描述了一些具有社會正義感的次要角色，他們在才子佳人遭受挫折之際，挺身相救，慷慨接濟，或者玉成其事。譬如仁慈的端居在赴任途中，偶逢被惡徒毒打險死的才子唐昌，遂生憐憫之心，將其收爲義子。

他這樣做，並非爲了從中漁利，而是爲唐昌目前「回去甚難」的處境著想，便暫且以義子收養，待「後日得志，再尋根源」。[50] 無辜的幸昭華小姐爲了躲避不中意的婚姻，離家出走，途中被好心的御史毛羽收留。與這些角色相對立的，是虛僞、邪惡、奸詐的惡棍。他們或者本身就是假才子，或者是存心要拆散才子佳人婚姻的小人，或者是企圖謀害無辜者的強盜等等。他們與代表正義力量的角色構成一對比的結構，並與故事主角的核心結構交織一起，爲核心結構起補充說明的作用。才子佳人故事的演繹過程就是在善良者的幫助與邪惡者的危害這一背景下完成的。從故事對這些角色以「善有善報，惡有惡報」的方式處理的結局中，我們也看到了小說所持的道德立場。

　　以上我們討論了這些小說在處理人物結構方面所體現的對等原則。下面談一談對故事事件和細節的敘述上，小說也體現出對等的特徵。一方面是眞才子孜孜不倦的追求，另一方面是假才子處心積慮的破壞。小說對於前者，通常設置了「詩賦定情」、「私訂婚約」、「上京赶考」等事件；對於後者，安排了「調包計」、「挑撥離間」、「途中設陷」等事件。前者是努力建構一個理想的婚姻，後者則不斷解構這一婚姻。兩類對應的事件在敘述中交替出現，促成小說以始而合、繼而分、終而合的序列方式層層遞進。

　　在情節的處理上同樣顯示出對應的特徵，例如它表現在小說首尾的相互照應上。小說開始一般點明才子自恃其才，立志尋求一才色相當的女子爲妻。這就向讀者提出了一個具有懸念性質的問題：才子能夠娶到他預想中的女子嗎？到了故事的結尾，小說

---

[50]《飛花詠》，第6回，頁176–177。

完滿地回答了這一問題：如果一個人有眞才實學，只要經過努力甚至經受得住苦難的磨練，就有可能實現他的理想。這樣的回答對於有相同興趣的讀者來說，無疑是一種鼓勵的力量。

　　很多小說爲故事主角設計了在「私訂婚約」之後遭受挫折的一段情節。此一情節同樣呈現出對等的特徵。一方描述才子遭受磨難，另一方描述佳人經歷挫折。敘述者採用了雙重視角，把發生於同一時間卻不同地點的兩個人物的經歷以對應的方式敘述出來。私訂了婚約的男女主角在面對種種困難時，其對愛情和婚姻的信心經受著嚴峻考驗。在他們當中，男主角或是受到情敵的陷害，或是被權門強招爲婿；女主角或是遭遇假才子的逼婚，或是由於小人作祟而被選妃入宮。種種考驗旨在突出男女主角對相互間愛情的忠誠及其爭取實現理想婚姻的堅強意志。假如任何一方出現動搖或背叛，都可能導致後面故事情節的重大改變。然而，不論是權門勢利的引誘，或是小人設計的謀騙，他們都能不爲所動，不改初衷。小說以兩條情節線索的對應式敘述，把故事主角雙方的道德水準提昇到同樣的高度，並通過男女主角經受住考驗的結局處理暗示了作者的愛情與婚姻觀念。它一方面肯定那種經受了挫折考驗的愛情和婚姻，視之爲理想的婚姻；另一方面又強調：只有在困難面前堅強而不渝初衷的人，才可能獲得理想中的愛情與婚姻。

　　由於前面談到的，小說敘述人對觀察對象的描述具有類型化傾向，因此小說在場景描寫方面，對等的特徵不如前面提及的諸方面突出。然而，即使是從較爲薄弱的場景描述中，我們也看到了隱含的這種特徵，這就是小說裏花園內外兩種相對立的場景描述所構成的對應關係。花園的設置明顯地受到元雜劇《西廂記》的啓發，它見於很多才子佳人小說。其所以值得注意，是因爲它

爲故事中男女主角的相會提供了重要的場所。無論是蘇友白與白紅玉或盧夢梨的相識以及隨後的感情溝通，[51]或是王翠翹與金重的相遇；[52]無論是雙星與江蕊珠的私訂婚約，[53]或是《錦香亭》裏鍾景期與葛明霞的「笑締鸞盟」，花園都成爲培養他們浪漫愛情的溫床。可是當故事主角走出花園，便遇到阻礙他們愛情婚姻發展的種種破壞力量。花園之外的那個環境充滿著人與人之間的鉤心鬥角、爾虞我詐，使故事主角遭遇了種種挫折。花園內外發生的事構成了一種性質相反的對應關係，它表現爲故事主角向往的理想環境與他們無法避免的現實環境之間的對立。才子與佳人的愛情與婚姻故事就在這理想與現實相互交織的環境下，充滿了喜怒哀樂、悲歡離合。小說對故事的空間背景作這樣的設計，其意也在於肯定美好的理想，同時譴責現實中醜惡的現象。[54]

　　敘述人在講述真假才子佳人之間的沖突時所用的不同語氣，也顯示出小說的對等特徵。它表現爲對眞才子眞佳人言論與行爲的描述，常常使用嚴肅的或抒情的口吻，而對假才子假佳人言論與行爲的敘述，卻多用調侃、戲謔、嘲諷的口吻。這樣的對比可於很多小說裏隨處可見。在此僅以小說《麟兒報》爲例。當敘述人講述到才子與佳人終於締結婚姻時，用了一段抒情的韻文來贊美這種結局：

　　　　自幼成連理，今日于歸喜。

　　　　地久與天長，恩愛無時已。[55]

---

[51]《玉嬌梨》。
[52]《金雲翹》。
[53]《定情人》。
[54]關於花園在小說中的功能及其意義，將在本書第八章討論才子佳人小說與《紅樓夢》的關係的章節裏加以詳細論述，此從略。
[55]《麟兒報》，第16回，頁 502。

可是對故事中追求佳人的小人寧無知，敘述人卻用了一段較長的白話，敘述他下了聘禮本要娶佳人，結果得到的卻是與他私通過的粗俗的褚媒婆。敘述人對褚媒婆假冒新人，在洞房被寧無知識破的一段細節描述，頗具戲謔和嘲諷的意味，他還在該回的結語處，用韻文再次挖苦了這個小人的結局：

> 巧裏得來，空中失去。[56]

此外，真才子與真佳人所使用的語言，多為典雅的文言；假才子假佳人使用的語言，則是較為粗俗的白話，由此也構成小說在故事角色語言運用方面的對等特徵。小說《玉嬌梨》中蘇友白和女扮男裝的盧夢梨在後花園私訂終身時，曾有過如下一段對話：

> 蘇友白道：「不滿盧兄說，小弟若肯苟圖富貴，則室中有婦久矣。只是小弟從來有一痴想，人生五倫，小弟不幸父母雙亡，又鮮兄弟，君臣朋友間遇合尚不可知，若是夫妻之間不得一有才有德的絕色佳人終身相對，則雖玉堂金馬，終不快心。誠飄零一身，今猶如故。」盧夢梨道：「蘇兄深情，足令天下有才女子皆為感泣。」因歎一口氣道：「蘇兄擇婦之難如此，不知絕色佳人，或制於父母、或誤於媒妁，不能一當風流才婿而飲恨深閨者不少。故文君既見相如，不辭越禮，良有以也。」蘇友白道：「禮制其常耳，豈為真正才子佳人而設？」[57]

這段對話討論的是故事人物對於婚姻禮制誤人子女的譴責，以及他們對個人婚姻的態度。話題是嚴肅的，人物所用的語言是典雅的。與此相對應的是，假才子所用語言多含有輕薄、粗俗的意

---

[56]同前注，第9回，頁303。
[57]《玉嬌梨》，第14回，頁478-479。

味。前面曾經引用過的小說《吳江雪》裏丘石公寫給吳媛小姐的情書就說明了這一點。如果把這封書信與江潮同樣寫給吳媛的信加以比較，就不難看出小說在處理真假才子的語言特徵時，有意地突出了前者的「文雅」與後者的「粗俗」之間的對比特徵，並由此對比中顯示了小說對兩者的不同態度。

　　在討論了二元對等原則在小說人物結構、情節結構、敘述語氣、角色語言等多方面的充分運用之後，我們可以這樣說，所有這些結構和特徵的不同功能和相互作用，都促成了小說在敘述中隱含的的道德寓意，這就是善與惡之間的本質衝突。故事裏真正的才子佳人及其周圍行善的其他人物與假的才子佳人及其他作惡的人物之間的衝突，實際上象徵了道德意義上善與惡兩種勢力的交鋒。圍繞著才子佳人愛情婚姻主題所展開的這一交鋒同樣顯示出二元對立的敘事特徵。假如其中任何一方不存在或者不發生作用，故事的敘述就到此結束。

第六章　前期與後期才子佳人小說之比較

從十七世紀下半葉至十九世紀，才子佳人小說曾經流行了二百多年。在這期間，難道就沒有發生過任何變化嗎？考察和比較了其前期作品與後期作品，我們發現，從十八世紀中葉開始，這類小說逐漸在人物形象的刻劃、情節的設計以及敘事長度的安排等方面，都發生了一系列有意義的變化。造成這些變化的，有其社會的、政治的原因，同時也是由於作者本身對小說進行變革的結果。

為了方便本章的研究，我們在此把清代漫長的二百多年劃分為前期與後期兩個階段。其前期始於順治迄於雍正(1644-1736)，其後期始於乾隆終於光緒 (1736-1908)，在這段時期，清代的社會政治和文學等方面都發生了重要的變化。

正像歷史學家蕭一山在《清代通史》中指出的那樣，在乾隆時期，由於政治上和珅的專權、官僚階層的腐敗、軍事力量的衰退、國家財政的空虛以及乾隆皇帝奢侈的生活方式，滿清帝國已開始走向衰落。[1]然而，乾隆皇帝早期的統治，卻是以其政治的穩定、軍事的擴張和文學的成就著稱於世的。在這段時期，他相當成功地運用了手中的權利來治理國家。史家們認為，康熙在

[1]蕭一山《中國通史》(北京：中華印書局，1925)，第2冊，頁160-186。另見錢宗範《康乾盛世三皇帝》 (南寧：廣西教育出版社，1992)，卷9，頁517-520。

任，政尚寬仁，以至臣僚不能盡其職；而雍正繼位，「以嚴明治之」，卻又失於矯枉過正。到了乾隆皇帝當政，他試圖在前兩者的基礎上折其中，既不像康熙那樣「寬仁」，也不像雍正那樣嚴厲。[2]這樣一種改善的理政方式使他在統治這個大帝國上，取得了巨大的成功。在許多史學家的眼中，這一時期被稱作清王朝的鼎盛時期。蘇珊·納昆（Susan Naquin）等人曾指出，正是在這一時期，「中國經濟基礎的真正改善」得以實現。[3]

　　乾隆皇帝這種平衡康熙與雍正兩個極端的努力，也同樣對他在其它方面的統治發生了有意義的影響，這就是他在國家文治與武治兩方面所作的一種平衡的努力。首先在武治方面，他表現得充滿自信而又氣魄宏大，從多次軍事征討的勝利擴充了滿清帝國的版圖這一事實，可以清楚地看到這一點。在他的統治時期，乾隆皇帝通過西征，平定了準葛爾地區的內亂，使清廷在新疆拓地二萬余里。此外，對新疆回部的勘定、對貴州台拱苗族叛亂與四川金川的征討、與緬甸的戰爭，還有台灣反清運動的平定以及安南的服屬、廓爾喀的歸降，所有這一切，顯示了乾隆皇帝在崇尚武功上的雄心壯志。[4]以上地區的叛亂與動蕩局勢，有的早在康熙或雍正年間雖已發生，卻未被有效地平定。只有在乾隆皇帝的大規模征討下，才得到成功的解決。[5]乾隆皇帝對他的軍事成果

---

[2]有關康雍乾三皇帝的不同治政特點，參見《清史稿》（台北：洪氏出版社，1981），卷9，頁341；卷15，頁565。後來的史家多同意此說。見蕭一山《清代通史》，卷2，頁2-5；王戎笙《清代全史》（瀋陽：遼寧人民出版社，1991），卷4，頁83-86；錢宗範《康乾盛世三皇帝》，第二部分，卷1，頁355。

[3]蘇珊·納昆（Susan Naquin）與伊夫林·諾斯基(Evelyn S. Rawski)《十八世紀的中國社會》（*Chinese Society in the Eighteenth Century*）（美國：耶魯大學出版社，1987年），第二部分，卷6，頁217；卷4，頁106。

[4]這種軍事征討的有關細節，將會在本章後面部分加以討論。

[5]蕭一山《清代通史》，第2冊，第2章，頁64-113。

十分引以爲豪，他特地寫了一篇〈御製十全記〉以述其成就。記
文令繙寫成四體文字，並建蓋碑亭。乾隆皇帝還爲此自號爲「十
全老人」。[6]這種軍事上的積極進取姿態確保了清代社會和邊疆
在當時的相對穩定，也奠定了中華帝國的疆域藍圖。

　　與此同時，作爲對文治的重視，乾隆皇帝於一七七二年欽定
了《四庫全書》的編纂。這一浩大的工程動用了從中央到地方巨
大的人力和財力，成爲二十世紀以前世界最大的由政府組織的文
學活動。[7]整個編纂過程花了二十二年時間，由朝廷收集的一萬
零六百八十種現存書籍被整理爲經、史、子、集四大部類而加以
提要，三千五百九十三種書被重新謄抄，共爲三萬六千卷。這項
工程的實施體現出乾隆皇帝希望通過書籍的編纂來擴大他的統治
的影響。[8]肯特・蓋（R. Kent Guy）在其《皇帝的四庫全書：
乾隆後期的文人與政府》（*The Emperor's Four Treasuries:
Scholars and the State in the Late Ch'ien-lung Era*）一書
中曾經這樣談到：

　　　　這項努力的消極一面在於：它是十八世紀七十年代後期與
　　　　八十年代初期清代朝廷施行文字審查制度的一場戰役。據
　　　　統計，大約有二千四百種書籍在這次編纂中被銷毀，另有
　　　　四、五百種書籍在朝廷旨意下被加以「修改」。無可否認，

[6]見《御製十全記》，《清高宗純皇帝實錄》（北京：中華書局，1986）；
　　蕭一山《清代通史》，第2冊，第2章，頁87-146。
[7]萊恩・史特弗（Lynn Struve）對肯特・蓋《皇帝的四庫全書：乾隆後
　　期的文人與政府》（*The Emperor's Four Treasuries: Scholars and
　　the State in the Late Ch'ien-lung Era*，美國：哈佛大學，1987）
　　一書所作的書評，見《美國歷史評論》（*American Historical Re-
　　view*），卷94（1989），頁1453-1454。
[8]朱迪・韋北克對瑞・肯特・蓋《皇帝的四庫全書：乾隆後期的文人
　　與政府》一書作的書評，見《亞洲研究》（The Journal of Asian
　　Studies），卷47（1989年），頁851。

　　《四庫全書》的編纂具有目錄學上的重要意義。但是，它
在收集、編纂和審查方面卻顯得更加有意義，因爲它代表
了一件大事和一個時代。[9]

　　乾隆時期這種致力於政治、軍事征討和文學三方面平衡的努
力，爲從那時開始在才子佳人小說中發生的變化，提供了相當重
要的現實基礎，由於它的影響，後期小說中的社會和政治背景凸
顯了這種平衡性。在這些小說中，我們看到男主角具有文武全才
的特徵，它在一定程度上反映了乾隆時期文治與武治並重與互補
這一社會現實。由於這樣的原因，我們特以乾隆時期爲界限，將
才子佳人小說劃分成前後兩個時期。

　　然而，導致對小說進行前後時期劃分的最直接的原因，是作
品中出現的一些重要變化。在一些出現於乾隆時期以及此後時期
的才子佳人小說中，才子與佳人的形象特徵、小說的敘事情節、
敘事長度乃至於婚姻模式和理想人格等方面，都表現出與此前時
期的才子佳人小說的不同特點。由於清代後期的社會局勢變得更
加複雜，小說在情節的安排上，也更強調了故事的曲折性，敘事
的長度也因此得到了增加。

　　此外，兩部成書於十八世紀中期的重要小說《儒林外史》與
《紅樓夢》的出現，標誌著中國古典小說的重大發展。許多學者
曾就這兩部經典作品出現於此時的原因，提出過各種看法。在馬
克思主義理論的影響下，中國大陸的學者十分注重兩部作品對
於封建社會科舉制度以及支持這種制度的統治階級的尖銳的批判
性，或者對於罪惡的封建制度的譴責。[10]在西方世界，學者們

----

[9]肯特・蓋《皇帝的四庫全書：乾隆後期的文人與政府》，卷1，頁1。
[10]游國恩等編《中國文學史》（北京：人民文學出版社，1964），第四
　　冊，頁1096-1110。

則有著與之不同的研究重點。我的恩師高友工教授認爲，這兩部小說的出現，是中國文人自我批判意識之產生的結果。[11]

　　有意涉及文人形象和文人抱負這一主題的文學作品，可以追溯到唐代傳奇諸如白行簡的《李娃傳》和元稹的《鶯鶯傳》。元、明時期，涉及這類主題的作品主要不是在小說領域，而是在戲曲的領域，例如《牡丹亭》。到了清代，作家們對這個問題的關注又轉移到小說這一敘事體裁上來。蒲松齡（1640-1715）的《聊齋誌異》就是從一個角度討論了文人的自我意識及其願望的問題。在清代小說中，以《聊齋誌異》與才子佳人小說爲一類，而以《儒林外史》與《紅樓夢》爲另一類，試圖通過科舉制度這一途徑，來探討文人在社會中的形象與價值。盡管他們對此所持的立場各有不同，卻都關注著相同的問題。當《儒林外史》與《紅樓夢》對科舉制度表現出否定的態度時，[12]《聊齋誌異》與才子佳人小說卻對之採取肯定的態度。從《聊齋誌異》裏文人與美麗狐仙的傳奇般愛情到才子佳人小說中功名與婚姻的圓滿成功，我們看到了文人自我形象與價值的充分肯定。

　　這些構成了才子佳人小說在清代乾隆時期開始發生變化的種

---

[11]高友工《中國小說傳統中的抒情境界：讀中國小說〈紅樓夢〉與〈儒林外史〉（Lyric Vision in Chinese Narrative Tradition: A Reading of *Hunglou Meng* and *Julin waishi* in Chinese Narrative）》，見浦安迪（Andrew H. Plaks）編《中國小說：批評與理論文集》（*Chinese Narrative: Critical and Theoretical Essays*）（美國：普林斯頓大學，1977年），卷3，頁233。

[12]高友工教授則注意到，當《紅樓夢》裏的寶玉最終發現他全心全意所追求的一切，乃是建於自我幻覺基礎上的子虛烏有時，《儒林外史》中的杜少卿也失去了對生活中一切事物的承諾和義務，並拋棄了同情心與他的財富。見《中國小說傳統中的抒情視野：讀中國小說〈紅樓夢〉與〈儒林外史〉》，卷3，頁242。

種文學方面的原因。我們因此將它作爲本文以十八世紀中期爲限，把才子佳人小說的發展劃分前後兩段時期的重要依據。

當然，這種劃分僅是爲了本章分析的方便，它並不意味著才子佳人小說在此時的變化，是突發性的、或是短時期內就完成了的，恰巧相反，這種變化是漸進性的，它始於乾隆時期，卻持續了往後相當長一段時期。以下，我們將從諸方面分析這些變化。

一、敘事長度的拓展

一般來說，出版於乾隆及其以後時期的才子佳人小說，在故事的章節和長度方面，都比此前時期的同類作品有明顯的增加。這種增加表現在作品的回數與卷數的增多。「回」在才子佳人小說中，通常包含一個敘事單位或者兩個並行而又部分交織的敘事單位，它同時又是與其它敘事單位相互區分的標誌，這一點與其它章回小說相似。「卷」的含量通常大於「回」，一卷可以包含數回。例如小說《畫圖緣》，它由四卷組成，每一卷又分爲四回，因此全書共有四卷十六回。[13]另一部才子佳人小說《金石緣》則由八卷組成，每卷分爲三回。[14]然而在其它一些作品裏，一卷可以有不同的回數。《好逑傳》的頭兩卷裏每卷含有五回，而後兩卷中每卷僅有四回。[15]在《玉嬌梨》裏，第一卷含有四回，第二、三兩卷各有五回，第四卷卻有六回。

有一些才子佳人小說由於版本的不同，盡管回數不變，卷數卻各不相同，譬如《平山冷燕》的兩個不同版本就證明了這一點。其中之一的大文堂刻本是由四卷（又稱四冊）構成，每卷又

---

[13]參見柳存仁《倫敦所見中國通俗小說書目提要》，頁319。
[14]同前註，頁321。
[15]同前註，頁314。

細分爲五回。[16]可是，由靜寄山房刊出的《平山冷燕》卻被分成六卷。此外，順治戊戌年（1658）出版的《新刻批評繡像平山冷燕》本卻不分卷。[17]這一現象說明，在不同的版本中，回數基本保持不變，卷數卻是靈活可變的。

正如我們看到的那樣，以《平山冷燕》、《玉嬌梨》、《定情人》爲代表的絕大多數早期才子佳人小說通常遵循著中篇小說長度的慣例，故事由十回至二十回組成。超過二十回的僅有三部，例如《吳江雪》有二十四回，《醒風流》和《鐵花仙史》二十六回。

這種敘事長度的慣例從十八世紀中期開始，逐漸被打破了，取而代之的是逐漸擴充和加長的敘事長度。乾隆甲午年（1774）出版的《水石緣》已經含有三十回，[18]乾隆丙午年（1786）出版的《離合劍蓮子瓶》發展到三十二回。到了十九世紀中期，兩部同類的作品《梅蘭佳話》和《白魚亭》分別達到了四十回，至於十九世紀後期出現的《玉燕姻緣傳》，已經達到了七十七回的長度。

這種敘事長度的增加，部分地是由於故事情節的更加複雜化。這一點不同於早期的同類小說。在早期小說裏，故事發生的地點主要局限在故事主角的家鄉和京城兩地；而在許多後期作品中，民間起義、盜匪猖獗以及中國與鄰國的戰爭等事件的敘述得到大量的增加。這些社會的和政治的背景爲故事中負面人物的破壞行爲提供了更多的表現空間，同時也爲故事主角爲愛情與婚姻

---

[16]同前註，頁 314。

[17]江蘇社會科學院編《中國通俗小說書目提要》（北京：中國文聯出版公司，1991年），頁 332。

[18]這部小說附有作者於此年寫的一篇序言。

所作的冒險經歷提供了更多的機會。這就是我們在《金石緣》、《嶺南逸史》等小說中所看到的。小說回目的增加是必要的，因為它有助於容納那些富於社會和政治批評意味的複雜的敘事情節。關於這樣的敘事情節，我們將在本文後面的章節中加以討論。

二、敘述意含的轉型

才子佳人小說中，早期作品與晚期作品的另一個重要區別體現於愛情故事與社會批評二者各在書中所佔的份量和所起的作用。在早期作品中，愛情故事是小說敘述的基本結構，小說蘊含的中心議題是愛情與婚姻。為了支持這一推斷，讓我們以小說《兩交婚》為例。這部作品以四川重慶才子甘頤立志尋找一位才女為妻作為故事的開始。抱著這樣的願望，他東游揚州，並被那裏的女子善詩作文甚至建立詩社的風氣所深深吸引。故事的主要情節包括了甘頤在揚州的訪問，他的男扮女裝以便與佳人辛古釵相會，他與未來岳父的會面並被後者鼓勵參加科舉考試。故事的結局是他既高中金榜，又喜結良緣。[19]

從故事開端時才子與佳人的相會，到他們的分離，再到兩人幸福美滿的重逢，戲劇性的情節發展構成了故事的主要敘述系列。才子甘頤要克服導致他們分離的一切困難，佳人辛古釵不得不與武威侯暴雷周旋，因為後者要強她做兒媳，嫁給文貌俱丑的暴文。而小說仍以才子與佳人結成眷屬作為故事的結尾。

---

[19]作為對這一愛情故事的陪襯，小說中還有另一隊才子與佳人的愛情故事，當事人是才子甘頤的妹妹與佳人辛古釵的弟弟甘夢。在哥哥甘頤離家以後，甘夢被其表兄刁直追求。由於刁直的文才平庸，他的求婚遭到甘夢的拒絕。此後，刁直用盡種種詭計加以逼婚，均被聰明機智的甘夢所挫敗。在故事結局時，她終於如願地嫁給了同樣聰明的才子辛發。這一故事與小說的主要愛情故事既並行發展，又時有交織。

　　盡管在才子佳人愛情故事這一主要情節的過程中可以看到一些含有社會批評與政治批評的事件，可是與愛情這一主題相比，它們的作用顯得十分的次要。當權勢顯赫的武威侯暴雷提議將才子甘頤招爲女婿、把佳人辛古釵娶爲兒媳，這項提議自然都被才子與佳人拒絕了。這種拒絕的行爲本身暗示出這樣一種觀念：婚姻應當以人的文學才能爲基礎而不是以門第的高低爲基礎。在小說的作者看來，這是因爲人的文學才華遠比人的社會地位更爲珍貴。像這樣一種社會批評在小說中雖然時有所見，可是與起愛情故事本身相比，在小說中僅起到陪襯的作用。

　　與《兩交婚》的例子相似，小說《定情人》也是主要由與愛情和婚姻有關的事件所構成。故事開始仍是敘述才子雙星離開家鄉四川成都雙流，以游學爲名，東至江南，目的是要尋找一位才貌相當的佳人爲妻。他在浙江遇上了才女江蕊珠，後者的父親又是他的父親離散多年的密友。雙星與江蕊珠由於相互傾慕對方的才華，便雙雙墮入愛河。他們通過以詩傳情的方式，表達自己的愛情，然後兩人私下訂了婚約。接下來，由於雙星回川應試，他們暫時分離了。在小說的結局，雙星考中了狀元，也娶了蕊珠爲妻。盡管這些小說在細節上各不相同，其敘事的中心情節卻有很大的相似性。《玉嬌梨》的開端寫的是楊御史爲其子求婦，對方是歸隱的太常正卿白玄之女白紅玉。由於楊的兒子誤讀「弗告軒」三字，暴露了他的無才，白玄因此拒絕了這門婚姻。後來，才女白紅玉通過蘇友白的詩作發現了這名才子，兩人因此相愛。小說發展到第二階段時，蘇友白去京城的路上，遇見了女扮男裝的另一名才女盧夢梨。由於兩人才華相當，又私訂了婚約。在盧夢梨的勸告下，蘇友白繼續上京赶考。蘇友白旋與白玄邂逅於山陰禹跡寺。因爲愛其才，白玄慨然將女兒紅玉和侄女盧夢梨許婚

於蘇友白。作為小說的結局，蘇友白娶了這兩位事先早已有約的才女子為妻。情節的發展基本遵循這樣一種方向在發展：從拒絕非才子家庭的婚姻提議開始，繼之以尋找和接受真才子為預期的配偶，再以才子佳人婚姻的完滿實現作為結局。這是我們在大多數早期才子佳人小說中所看到的共同的敘事進程。

成書於順治戊戌年（1658）的小說《平山冷燕》與前面討論的作品略有不同。男女主角的愛情故事不是發生在小說的開始部分，而是在較後面的情節中。小說是從對一個年僅十歲的女孩子——山黛的文才的誇張性描述開始的。由於她做的詩勝過了滿朝廷的文武官員，因而被皇帝授以玉尺，以衡量天下的才士。她的女記室冷絳雪，一個年僅十二歲的農家女子，也與她才華相當。由於兩人出眾的文才，吸引了天下才子前往求詩、賽詩和求愛。在所有文人的詩作均遭挫敗之後，兩位真才子——燕白頷與平如衡脫穎而出以其詩作雙雙受其青睞。作為小說的結局，這兩個才子分別考中了狀元和探花，並在皇帝的恩准下，分別與山黛和冷絳雪兩位佳人結為連理。

在許多早期才子佳人小說中，愛情與婚姻成了小說的主題，也構成了作品的主導性敘述序列。與這種以愛情為故事中心相比，社會的和道德的批評色彩顯得十分有限。這一點在才子佳人與以假才子為代表的負面角色的簡單化的戲劇性沖突的設置上可見一斑。在《平山冷燕》和《玉嬌梨》兩部小說裏，這種衝突來自少數幾個情敵而已。他們或者通過假冒才子的詩作為己所作，企圖以此爭取到佳人的婚姻許諾；或者盜用才子的姓名，以期騙得佳人為妻。小說中的衝突僅僅局限在幾個情敵之間，衝突的形式主要集中在圍繞著婚姻角逐而展開的詩文競賽。男女雙方相互交往和角逐愛情的方式，是詩賦的交換。一般來講，這些小說很

少涉及晚期小說中常見的各種嚴重的社會問題，諸如盜寇、訴訟、叛亂和戰爭等等，其所揭示的社會面也不如後期小說那樣深廣。雖然在《飛花詠》等小說裏暗示了對宮廷選妃的批評，或是對以門第為基礎而不是以文才為基礎的婚姻的嘲諷，然而這些內容在小說的敘述裏僅占較小的份量。

可是，在晚期才子佳人小說中我們卻看到，雖然愛情故事依然是作品的主題，然而重大的社會和道德批評卻通過對社會叛亂的爆發、盜賊的紛起等敘述而得到明顯的強化，而且這些內容在作品中得到越來越充分和細致的描述。才子與佳人所經歷的磨難，已不局限於幾個情敵之間的角逐，而是具有更加深刻更加廣闊的社會背景。才子向佳人展現魅力的方式也不僅是詩文傳情，而是以其文武雙全的特征吸引著佳人。由於發生了這樣一些變化，一些現代的小說批評者把它們稱作「世情書」。[20]例如成書於十八世紀中期的小說《金石緣》，故事的前面部分安排了由蕭化龍領導的大爐山盜賊之亂，後面又設置了發生於台灣的反叛。小說使用了一共九回的長度，也就是說相當於全書三分之一的篇幅，來敘述這兩起社會動亂的事件。這樣的例子充分顯示了作者對於社會問題關注的增強。

這樣的變化趨勢還可以在乾隆戊寅年(1818)出版的小說《三分夢全傳》中得到進一步證明。該書一開頭講述了被才子的父親章天峻平息的一次海寇事件。在後面的章回裏，小說又敘述了另一件發生在福建漳郡的由胡泳洄領導的民間叛亂。然後，故事引出了海盜與安南聯合，共同抵御清朝廷，以及安南侵略鄰國、致使鄰國向清王朝求援等事件。在這部小說裏，社會的動亂和外交

[20]林辰《明末清初小說述錄》，頁3-4。

上的紛爭已經成爲才子的主要冒險生活經歷，而單純的對愛情與婚姻的追求已經相對地被削弱了。

隨著社會問題的揭露在書中加劇，與人際關係相聯係的道德批評也顯得比早期小說更加突出。在此我們特以小說《金石緣》中兩個女主角林愛珠與石無暇的命運之戲劇性變化作爲例子。林愛珠生長於一個富裕家庭，她被敘述人形容爲才貌雙全的女子：有著「沉魚落雁之容，閉月羞花之貌」，而且「琴棋書畫件件皆精，歌賦詩詞般般皆曉」，可是與此相對應的，是她具有「賦性輕浮，慕繁華而厭澹薄；居心乖戾，多殘刻而鮮仁慈」的道德品質。[21]在這樣的敘述中，才貌雙全不再總是與完善的道德特徵相結合，與之相反，它可以與某種卑劣的道德品質並置於同一個小說人物身上，這樣的現象在早期才子佳人小說中，是沒有出現過的。小說中的另一個女子石無暇，本是一個「不行時的」窮醫生的女兒，「有七八分姿色」，「也識的幾個字」。然而，她卻被賦予了傳統認爲高尙的道德品格：「待父母極孝」。[22]一個有力的證明是，因爲父親遭人以設毒害人的罪名相誣，被衙門拘捕，她自願賣身救父，到林愛珠家做了丫環。林家當初爲愛珠訂了婚事，對方名叫金玉，作者稱他是「賦性聰明，一覽百悟，六七歲即有神童之號」，及長，已是「才貌雙全」的才子，而且還出身於官宦家庭。[23]可是這椿婚約後來發生了戲劇性的變化：金玉的父親攜家赴任陝西浦城縣令途中，遇強盜蕭化龍搶劫，父親被擄至山中，金玉與家人落水而逃。靠著沿途乞討回到家鄉蘇

---

[21]張士登《三分夢全傳》，《古本小說集成》（上海：古籍出版社，1990年），第1回，頁3。

[22]同前註，頁9-10。

[23]同前註，頁2-6。

州時，金玉已是遍身瘋癲，無法醫治。當此破落境況，林愛珠及其父母便單方面撕毀了原訂的婚約，並且強逼著丫鬟石無瑕代替愛珠嫁給金玉。

　　從傳統儒家觀念來看，這種背棄婚約的行為是一種不道德的行為。因此，這種不道德的行為導致林愛珠與石無瑕兩人的命運發生了根本的變化。作為奴僕，石無瑕只有順從林家的安排，嫁給金玉為婦。婚後，她盡其婦道，幫助金玉治癒了疾病，並鼓勵他發憤讀書，應試科舉。石無瑕所作的一切當然被敘述人看作是一種高尚的行為，因為金玉受到磨難，並非由於自身道德品質不好所引起，而是外在因素偶然造成的結果。石無瑕不嫌棄這樣一個遭難的人，顯示了她善良的品格。她竭盡全力幫助落難的丈夫重新振作起來，這樣的行為通常被認為符合為妻之道，因此受到小說的肯定。作為故事的結局，金玉終於高中狀元，被任為鎮西侯；石無瑕也被朝廷封為「一品夫人」。與之相反，林愛珠由於私通門子，扳害親父，被當官發賣，為石無瑕收為丫鬟。後來，她又以色相勾引金玉，遭到拒絕，並被逐出金家，墮落為妓女和乞丐，最終絕望而自殺。兩個女人的命運發生了截然相反的戲劇性變化，一方由於孝敬與善良，其命運得到不斷昇華；與之同時，另一方由於違背了這些道德準則，導致其一步步走向墮落。小說通過兩個女人的不同遭遇，向讀者傳達了這樣的告誡：一個嫌貧愛富、不仁不孝的人是要受到凶報的。

　　兩個女人命運的對比凸顯出了道德的重要性。讀者從她們身上看到了文學才能的弱化和道德原則的強化。石無瑕並非因為才華出眾而予人深刻的印象，而是以她的善良心地打動讀者。與其相反，林愛珠雖然擁有才華和美貌，卻尖刻勢利。她背棄與金玉的婚約，因此受到小說的諷刺和抨擊。為了對這種背信棄義的行

爲施以懲罰，小說爲她設置了一個先吉後凶的生活經歷：從當初過著優裕生活的富家女子墮落爲妓女和乞丐。在這裏，生活經歷的墮落與道德的墮落是成正比的。同理反證，道德的高尚也會導致人的生活境遇得到昇華。石無瑕這個曾經是丫鬟的寒門女子終於擁有了「一品夫人」那樣的富貴幸福的生活。兩個女人命運的變化所具有的道德含義是顯而易見的。它告訴讀者：一個人命運的好壞取決於他在人際交往中的道德行爲，善有善報，惡有惡報。這樣的道德寓意與前期小說的愛情故事相比，確實強烈得多。

這個例子顯示了在後期的才子佳人小說中，作者更加強調以儒家道德原則爲基礎的婦女道德品質，把它作爲一種重要的社會價值觀加以提倡。這樣的價值觀認爲，衡量一個人的價值，應該根據他的道德行爲，而不是他的財富與社會地位。然而，在現實生活裏，並不是每個人都遵循這樣的準則，反其道而行之者大有人在。因此，正如小說在這部結語處宣稱的，它要通過兩個女人命運的尖銳對比，使「今之賴婚改嫁欺貧重富者，看此能不觸目警心，汗流浹背乎？」[24]

隨著對道德標準的強調，我們看到一些後期小說在敘及故事女主角的某些違禮行爲時，抱有微妙的嘲諷口吻。例如小說《五鳳吟》裏的佳人平婉如，當她被才子祝琪生懇求發生婚前性行爲時，爲了求得自己脫身，竟然強迫她的丫鬟絳玉與祝琪生性交，[25]這也是我們在前期小說裏沒有見到的現象。在另一部出

---

[24] 《金石緣》卷24，頁14。在乾隆丙午年(1786)出版的另一部小說《離合劍蓮子瓶》裏，也寫了相似的一件事：女主角陸雲霞的父母企圖悔棄與才子崔言的婚約，原因是崔言父母後來去世，家道敗落。見該書綠雲軒本，《古本小說集成》影印本。
[25] 《五鳳吟》，《明清善本小說叢刊》(台北：天一出版社，1990年)，卷5，頁8-11。

版於乾隆時期的小說《英雲夢》裏，我們也看到相似的故事情
節。[26]這樣的情節敘述具有諷喻性地批評了佳人形象的自我貶
損。克斯·麥克馬洪(Keith McMahon)在其〈古代才子佳人小說
與佳人的優越性〉(The Classic 'Beauty-Scholar' Romance
and the Superiority of the Talented Women)一文中已經注
意到這種變化。他把這種變化看作是才子佳人小說從純情小說向
色情小說轉化的一個特徵。[27]

　　對才子形象的道德批評還可見於嘉慶乙丑年（1805）出版的
小說《白圭志》。[28]書中的一名男主角張美玉既英俊又有文才，
並在府考中榮獲第一名，而另一名才子張廷瑞僅考中第三名。可
是，這個高中榜首的張美玉在後來的故事發展中，其命運卻發生
了類似於林愛珠那樣的戲劇性變化：由於貪杯醉後對主考官的
無禮，他被取消了參加省級考試的資格，接著又被棄其儒巾。此
後，張美玉假冒張庭瑞，前往湖南，企圖騙取佳人楊菊英爲妻，
而後者與張庭瑞早有婚姻之約。在菊英識破了他的騙伎以後，張

---

[26]關於此書的出版年代，孫楷第《中國通俗小說書目》尚未說明。近年
　　來，蕭相愷提及此書在乾隆年間出版的一個本子，今存天津圖書館。
　　見《中國通俗小說書目提要》，頁553。
[27]克斯·麥克馬洪〈古代才子佳人小說與佳人的優越性〉，見《中國的
　　政體、臣民與權力》(Body, Subject & Power in China)一書，安吉
　　拉·茲托、塔妮·巴婁（Angela Zito & Tani E. Barlow）合編（美
　　國：芝加哥大學，1994年），頁244-245。這一觀點在他的專著《守財
　　奴、悍婦與一夫多妻制：十八世紀中國小說中的性愛與男女間的關係》
　　(Misers, Shrews, and Polygamists: Sexuality and Male-Female
　　Relationships in Eighteenth Century Chinese Fiction)得到進一
　　步發揮。他把才子佳人小說中的人物分成兩類：純情的才子佳人與色
　　情的才子佳人。然而，他所涉及的作品中，有些並不屬於才子佳人小
　　說。見其著卷5-6，頁99-149（美國：杜克大學出版社，1995年）。
[28]孫楷第在《中國通俗小說書目》中把《白圭志》歸爲道光年間作品。
　　然而，蕭相愷後來發現了今存更早的《白圭志》版本，即嘉慶乙丑年
　　本。見蕭氏爲此書所作的提要，《中國通俗小說書目提要》，頁600。

美玉又企圖追求另一個佳人劉秀英。其結果，他被送進了監獄，
並最終死於獄中。這裏值得我們注意的是，張美玉在科舉與婚姻
兩方面的失敗均起因於他的失禮和欺騙等不道德的行為，他的文
學才能和英俊外貌並沒有幫助他免於道德的自我貶損以及隨之而
來的命運的墮落。

　　與他的命運相反的是張庭瑞與另一個才子武建章的經歷。他
們兩人的成功是由於他們不但才貌雙全，而且有道德風範。因
此，他們不僅在功名仕途上春風得意：一個高中狀元，榮任江南
布政；一個高中探花，晉昇湖北學院；而且還獲得美滿的婚姻結
局，分別娶了才貌雙全的佳人。[29]從《白圭志》的例子中我們
看到，即使一個人才貌雙全，如果沒有恰當的道德行為，就不可
能在對功名與婚姻的追求上得到成功。

　　另一個與強調道德原則有關的變化，是在才子對婚姻協定的
態度上，有的小說暗寓了批評。在前期的才子佳人小說中，才子
總是對其未婚妻忠貞不渝。即使由於種種原因，他們被迫分開，
才子也不改變初衷。甚至當他們被朝廷的權臣強招為婿，或是由
皇帝出面撮合為某權臣之婿時，他們也會為了堅持原訂的婚約而
加以拒絕。小說《兩交婚》裏才子甘頤「掛冠國門」以示拒婚的
行為，就是這樣一個代表。同樣的例子還可見於小說《吳江雪》。其
中的男主角江潮為了維護他與佳人吳媛的婚約，勇敢地拒絕了由
皇帝安排的婚姻。甚至在另一部小說《金雲翹》裏，盡管女主角
遭遇了被逼為倡、為海盜之婦的曲折經歷，男主角金重仍不棄之，
堅持與她遂了前訂的婚約。才子對愛情與婚姻的忠誠以及對之追
求過程中表現出不屈不撓的勇氣和意志，曾經為讀者留下了深刻

[29]《白圭志》，嘉慶丁卯年（1807）本（《古本小說叢刊》，北京：中
華書局，1990年）。

的印象，他們的故事也因此被人們稱作「佳話」。

　　然而，這種才子對佳人的忠貞不渝在一些後期小說中發生了某些變化。在有的小說故事裏，才子爲了達到與富家女子結婚的目的，不惜背叛原有的社會地位較低的未婚妻。我們從光緒年間出版的小說《玉燕姻緣全傳》裏看到了這樣的例子。在故事開頭部分，男主角呂昆與女主角柳卿雲已經訂下了婚約，對方是一個有才有貌的妓女。可是在故事後面的情節裏，當他遇上翰林學士的女兒談鳳鸞的時候，便毀棄與柳氏的婚約，轉而與談氏結爲夫妻。柳氏在得知呂昆與談氏結婚的消息後，主動找上呂昆家門去問個究竟，卻發現呂昆斷然拒絕了與她的婚約，因爲呂昆再也不想和一個社會地位低下的女子結婚。於是，滿懷屈辱和憤怒，柳卿雲向皇帝控告了呂昆的背信棄義。作爲故事的結局，皇帝下令呂昆接納卿雲爲妾。呂昆的故事在一定程度上顯示了小說對才子形象的勢利一面的諷喻性批評。正是這種勢利的特徵導致了一些後期小說裏出現的才子形象的自我貶損。這一點與前期小說中才子忠於原訂婚約的行爲，是完全不同的。

三、阻礙角色的演化

　　「阻礙角色」一詞用在這裏，指的是那些在故事中有意識或無意識地、惡意或善意地在各個方面對才子佳人的關係進行破壞或阻撓的人物角色。這其中有的角色被小說定性爲我們通常所說的「小人」，因爲他們的行爲有違於當時社會的道德標準。然而，小說裏還有另外一些角色，他們在阻撓才子佳人的自由戀愛與婚姻時起著重要的作用。他們當中很多是男女主角自己的父母，其行爲雖有保守的特徵，卻並不違反當時社會的道德標準。因此，我們不能簡單地將其也視爲小人一類，而可以將其稱作「阻礙角

色」。「阻礙角色」一詞的使用受到諾索浦・弗萊(Northrop Frye)
的經典著作《批評的解析》（Anatomy of Criticism）一書的啓
發。弗萊在討論新喜劇的時候，把那些阻撓青年男女私通的對立
派角色的行爲稱作「阻礙」(block)。這些對立角色通常是由父
親充當的。[30]本文所討論的「阻礙角色」既包括了從中作祟的
小人，又包括了其他一切對才子佳人的愛情婚姻起阻撓作用的一
切角色。

　　在早期的才子佳人小說中，阻礙角色所起的阻礙作用有著很
大的局限性。他們通常只對故事主角起直接的阻撓作用，卻很少
涉及較爲廣闊的社會背景，也很少與民衆起義或盜寇叛亂相關
聯。甚至有些阻礙角色在故事的結局，還爲他們的所作所爲向才
子佳人賠禮道歉，《玉嬌梨》裏的楊巡撫和張軌如就是這樣的例
子。[31]

　　在後期的小說裏，這種情況發生了變化。隨著社會和道德批
評的強調，阻礙角色的破壞作用顯得更加突出。他們對故事主角
愛情與婚姻的危害力進一步加強，因爲這種危害力越來越多地與
複雜的社會和道德沖突相結合，從而使阻礙的力量帶有更加深刻
的意義。

　　例如在早期的的小說裏，扮演小人的角色通常只是笨拙的充
滿嫉妒心的情敵或追求者、發泄個人私憤的報復者或是在科舉場
或賽詩會上敗下陣來的失意者。《玉嬌梨》裏的蘇有德與張軌如
爲了破壞蘇友白與白紅玉、盧夢梨之間的婚約，先後騙取了蘇友
白的詩作和信件。之所以要這樣做，是因爲他們本人想娶白紅玉

---

[30]Northrop Frye, *Anatomy of Criticism* (Princeton: Princeton
　　Univeristy Press, 1957), p. 44.
[31]《玉嬌梨》，卷18，頁647-650。

爲妻。然而，聰明機智的白紅玉識破了他們假冒的騙局。作爲這場衝突的結局，才子蘇友白原諒了小人蘇有德的作祟，蘇有德也向他表示了自己的悔過之意。那個曾經通過賄賂紅玉家僕人，用自己做的歪詩偷換蘇友白的傑作，以便騙娶紅玉的假才子張軌如，以及曾經逼迫故事中的才子與佳人分別與其女兒和兒子結婚的巡撫楊廷詔，到後來也都與才子佳人盡釋前嫌。在這部早期才子佳人小說的代表作中，沒有激烈的暴力沖突和復仇行爲，蟄足情敵的過失終究得到了寬恕。

又如小說《平山冷燕》中的兩個阻礙角色宋信和張寅，他們在與女主角山黛的作詩競賽中一敗塗地，然後，又采用欺騙手段，抄襲了山黛與平如衡的詩作竊爲己作。當這種騙局被識破後，他們同樣得到了故事主角的寬恕。在這裏，他們所扮演的，只不過是滑稽小醜的角色。

早期小說中的阻礙角色所扮演的這種醜角的作用，在後期的小說裏，由於作者設置了更加複雜的社會背景，而顯得大大褪色，由此導致阻礙角色在小說中所起的作用發生了某些變化。在大量的後期小說裏，阻礙角色不再簡單地表現爲一個笨拙的富於嫉妒心的情敵，或是一個科舉考場上的落第者，取而代之的是，他們多數變成了盜寇和叛亂者，並對故事中的主角設置了更大的挑戰性，也爲他們安排了更爲複雜的冒險經歷。例如在《三分夢全傳》這篇小說裏，才子章夢瑤面對的阻礙角色，是一群由蕭化龍領導的賊寇。作爲反叛勢力，他們擁有強大的軍事力量，並與海盜和安南政府有勾結。在這裏，阻礙角色不再是一個簡單的個人小醜，而是代表了社會的黑暗面。才子與其對手之間的衝突是不具妥協性的，衝突的結局，往往以主要的阻礙角色或負面角色的被殲滅而告終。這些情節的處理與《平山冷燕》和《玉嬌梨》

中阻礙角色的命運形成鮮明的對照。因為這兩篇小說裏的阻礙角色不但沒受到致命的懲罰，而且為才子佳人所寬恕。

阻礙角色在小說中的作用的變化使故事本身更加具有了意義，因為它把愛情故事與對社會弊病的深刻揭露有機地結合起來，通過增強阻礙角色的破壞作用，小說暴露了社會的黑暗面。在此條件下，才子在小說裏被人們所期待的，不僅是在愛情婚姻的角逐中擊敗情敵，而且還要解決重大的社會問題，這一點將在本章第五節詳加討論。

四、對科舉制度的不同態度

傳統的中國社會是以文官制度為基本特徵的社會。從隋唐至清初的一千多年裏，這種文官制度賴以存在的基礎就是科舉制度的實施，因為它一直是政府選拔官吏的標準途徑。[32]科舉制度既不同於漢代的「舉孝廉」，又有別於魏晉時期的九品中正制。在那段時期，有社會地位的貴族階級控制著從中央到地方的權力，他們的勢力甚至可以左右皇帝對於政府官員的任免。在此情況下，朝廷不能僅根據一個人的能力任用官員，任何任免決定如果背離了傳統的人事選拔制度，都可能招致貴族上層的激烈反對。在隋代開始實施科舉考試制度，其目的是為了打擊門閥貴族階層對朝廷的控制，從而建立起皇帝對國家的獨裁政治。[33]

取代隋朝統治以後，唐代的開國皇帝繼續推行這一制度，使那些在考試中榮膺進士學銜的人得到好處，並把他們委以重任，

---

[32]這種制度雖在元代有過暫時的中斷，後來也重新得到恢復。

[33]Miyazaki Ichisada, *China's Examination Hell*, English translation by Conrad Schirokauer (New York: John Weatherill, Inc., 1976)，ch. 10, pp. 111-112.

而不論其出生門第的高低。像這樣擺脫了門閥貴族的操縱後，皇帝就能隨心所欲地管理朝廷。

科舉制度在千余年的延續過程中當然也發生過一些內容上的變化。例如在元代 (1279-1368)，朱熹對「四書」的注釋就被作為明經科考試的判卷標準。這個標準到明清時期也仍被使用。[34] 那時的學校制度與科舉考試制度相結合。國子監設在京城，州郡也有地區學校。政府官職授予那些受過學校訓練並通過科舉考試的人們，「八股文」成為官方指定的寫作格式。[35]

數世紀以來，科舉制度創造了一個持續的傳統，這就是文人把他們的學術生涯與其仕宦生涯結合在一起。成千上萬的文官本身就是學者，他們經過勤奮的學習，考中了科舉，獲得了政府官職。在當時的人們看來，這就算實現了他們一生的理想。[36]

到了十七世紀，這種選拔國家精英的制度日益受到人們的批評和質疑。日本學者 Miyazaki Ichisada 在其所作《中國的科舉地獄》(*China's Examination Hell*)一書中描述了當時由於「僧多粥少」的原因，造成科舉與官職候選人嚴重過剩的狀況。這種過剩狀況帶來的後果之一是，清政府為考試建立了種種複雜的正式規定，而這些規定最終則破壞了整個考試制度的真正目的。[37]

行賄受賄和考場作弊等嚴重問題導致了考試制度的日趨腐敗，越來越多的人對它的可靠性發生懷疑。Miyazaki曾提到：

---

[34]沈兼士《中國考試制度史》（臺北 ： 考試院考試制度改進委員會，1960 ），卷7，頁142。

[35]Miyazaki Ichisada, *China's Examination Hell*, ch. 10, p. 117; 顧健民《明代考試制度》，見考試院考銓叢書指導委員會編《中國考試制度史》（臺北：正中書局，1983年 ），卷7，頁190-191。

[36]當然，中國文人也把求取學問作為其增廣見識和改善情操的一種方式。

[37]Miyazaki Ichisada, *China's Examination Hell*, ch. 10, pp.117-118.

一六九九年在北京舉行的省試，由姜宸英任主考，李蟠任
副主考。這次考試因其臭名昭著的行賄受賄而備受譴責。
事實上，在那次通過考試的人中，很多都是朝廷的高官子
弟，包括四、五個中央六部的尚書和幾十個州府高官。而
且，這些高官子弟多是名列前茅。這一內外勾結的事實引
起了社會輿論的普遍譴責，街頭也出現了反對任人唯親的
張貼物。終於，康熙皇帝在得知此事後，逮捕了主考官，
派官員展開了調查。其結果，主考官姜宸英因身體虛弱，
不能忍受牢獄生活，很快死於營養不良，而副主考官則被
流放到邊疆。[38]

在乾隆三年（1738）年，兵部侍郎舒赫德甚至向朝廷上奏章，建
議廢除科舉制度，卻沒得到批准。[39]然而，這一現象卻顯示了
人們開始改變對科舉制度的態度。

這種對科舉制度的懷疑甚至否定同樣被反映在清代的文學作
品中。[40]在早期才子佳人小說裏，科舉制度曾經受到廣泛的肯
定；而在後期的同類作品中，它卻受到質疑。例如，在早期的才
子佳人小說裏，我們看到一種相同的現象，即小說中的人物總是
鼓勵才子追求以科舉為途徑的功名和仕宦之途。作為對這種鼓勵
的回報，才子前往應試，並且金榜高中，名列前茅。小說《平山
冷燕》裏的兩個才子燕白頷與平如衡，一個考中狀元，一個考中
探花。另一部小說《兩交婚》裏的才子甘頤，也同樣獲得探花的
榮銜。

---

[38]同前註，頁 120-121。
[39]見金諍《科舉制度與中國文化》（上海：人民出版社，1990年），第
　　5章，頁193-194。
[40]我們可在十八世紀的著名小說《儒林外史》與《紅樓夢》中看到相似
　　的批評。在本書第四章，將會詳細地討論這一問題。

才子在科舉考試中的成功對於他們與佳人締結婚姻來說，是至關重要的。就像本書第四章裏談到的，無論是男女主角本人還是他們的父母，都一再強調功名對於婚姻的重要性。如果才子不能在考試中金榜題名，他們與佳人的婚姻幾乎是不可能的，盡管雙方已有了婚約。

可是，在後期的才子佳人小說中，科舉考試的重要性卻相對地褪色了。這種褪色主要體現在兩個方面：其一，科舉制度是否能眞正地選拔人材，這一點受到了小說的質疑。在小說《西湖小史》裏，慧而多才的侯春旭考試落第，醜陋而愚笨的吳用修（兵部侍郎之子）卻中了舉。主考官評估應試者的基礎，不是根據其文才高低，而是根據其行賄的多少。這無疑是對科舉制度的絕大諷刺。另一部小說《三分夢全傳》裏的才子張夢瑤在考試中名落孫山，不是因爲他的才能低下，而是由於同輩人的嫉妒與讒言。小說作這樣的敘述改變，似乎是要告訴讀者：貪污腐敗已經破壞了科舉制度的公正性，社會的精英人材並不能從中得到合理的選拔，相反地，平庸之輩卻能憑著家庭的權力和金錢，通過考試和獲得功名。

其二，科舉制度是不是選拔人材的唯一重要方式，對於這一問題的懷疑，同樣見於小說的敘述之中。一個明顯的例子是，在有的後期小說裏，才子可以不通過考試獲得高官。例如《白魚亭》裏的才子黃小溪既沒通過鄉試，也未經過省試，卻在翰林院裏得到了位置，原因是由於退休朝臣易自修的推薦。[41]當我們把這種推薦與早期小說中才子功名及第的描述加以對比，就可以看到兩者對於考試制度的不同態度。黃小溪的經歷給讀者的暗示

[41]《白魚亭》（上海：古籍出版社，1990年），第53回，頁 2-3；第 59回，頁 52-53。

是，層層的考試也會遺漏人材，只有開闢更多的渠道，社會才可能發現他們。

小說的這種態度使我們想到了十八世紀出現的兩部著名小說《儒林外史》與《紅樓夢》，因爲它們之間有著驚人的相似性。在《儒林外史》裏，我們通過范進和周進兩個角色的個人經驗，看到對科舉制度的反諷與批評。范進在考場上屢戰屢敗，窮愁潦倒直至衰老不堪。等到金榜高中時，人都變得瘋傻了。周進在科舉及第、擁有官職後變成了腐敗的官僚。南昌太守王惠在處理訴訟案上所關注的是「詞訟裏可也有些甚麼通融」，他的做官信念是「三年清知府，十萬雪花銀」。小說中這三個角色向讀者傳達的信息是，科舉制度下的產物要麼是無用的瘋子傻瓜，要麼是搜刮民脂民膏的吸血鬼，根本不是甚麼人材或精英。在小說《紅樓夢》裏，人們也看到作者持有相似的看法。寶玉盡管有才華，卻對於科舉考試抱以明顯的否定態度。這種態度甚至影響到他與黛玉和寶釵之間的關係。寶玉喜歡林妹妹而不滿寶姐姐，是因爲前者並不在乎他應試科舉，而後者卻鼓勵他求取功名。與這兩部同樣出現與清代後期的小說相比較，則清代後期的才子佳人小說如《西湖小史》、《三分夢全傳》、《白魚亭》等，都對科舉制度表示了相似的批評態度，盡管這種批評或許沒有《儒林外史》與《紅樓夢》那樣激烈。

五、才子形象的變化

在對才子佳人小說的前後兩期作品進行比較時我們發現，最引人注意和最有意義的變化，則是發生在才子這一人物身上的變化。這就是：才子的形象特徵從前期作品中的擅長文學轉變爲後期作品中的文武雙全。這種變化的產生，與中國十八世紀發生的

社會與政治變化有著密切的關係。本節的目的主要是討論這種變化的特點以及引起這種變化的種種原因。

　　在十八世紀以前，即清代乾隆皇帝統治以前的時期，中國出版的才子佳人小說十分地強調書中主要角色才子與佳人的文學才能，這種文學才能使得才子在考取功名以及與佳人締結婚姻兩個方面雙雙成功。才子與佳人的文學才能主要體現在他們寫詩作賦的能力上。在小說《平山冷燕》中，才子燕白頷與平如衡之所以贏得兩位佳人的喜愛和皇帝的賞識，是因爲他們能寫一手好詩。兩位才子因爲杰出的詩才，在科舉考試中被皇上欽點爲狀元與探花，然後又贏得了與兩位佳人山黛與冷絳雪的婚姻。[42]另一部小說《玉嬌梨》，其中的才子蘇友白也因爲他那杰出的作詩才能，贏得了佳人白紅玉與盧夢梨的芳心。

　　與之相反，男性角色的軍事能力或武功在追求佳人的角逐中，並不是一個有利的條件。在有的小說裏，軍事能力和武功在婚姻的角逐中反而成爲對男性角色不利的條件。例如，小說《吳江雪》這部前期小說裏的男性角色獻赫騰是當朝武將平遠侯獻蛟的兒子，他本人也是身體魁偉的武將。可是，當他向佳人吳媛求婚，卻遭到了拒絕，其原因在於他是一個武官，又出身於武將的家庭。另一部小說《兩交婚》，其中的男性角色暴文——武威侯暴雷的兒子，在向佳人求婚時也遭遇了同樣的命運。[43]

　　這樣一種崇尚文才的現象在後期才子佳人小說中，卻發生了很大的變化。在許多後期小說裏，我們注意到作爲故事主角的才子不再是一個僅以能作詩文而令人注目的形象，取而代之的是，才子變成了一個文武雙全的英雄。在小說《金石緣》裏，才子金

[42]《平山冷燕》（上海：古籍出版社，1990年），第20回，頁11。
[43]《兩交婚》，第12-13回，頁392-444。

玉擁有超群出衆的文才，在科舉考場上高中狀元。然而同樣重要
的是，他具有杰出的軍事才能，使他能夠成功地平息蕭化龍領導
的叛亂以及臺灣的海盜勢力。在另一部小說《水石緣》裏，才子
石蓮峰不僅在考試中高登狀元榜，而且也是軍事才幹傑出的英
雄，例如他平息了秦中地區的伐木工人起義。金玉與石蓮峰兩人
的經歷都很好地證明了他們是文武雙全的英雄。同樣的特徵還可
見於《離合劍蓮子瓶》、《西湖小史》等其它的後期才子佳人小
說。

　　才子的軍事才能主要地不是表現於某種體質的訓練或是武藝
的高強，而是表現於他們在軍事戰略和戰術的活動方面。而且，
就象其文學才能一樣，他們的軍事才能似乎也是與生俱來的，因
爲這方面才能的訓練在故事中很少得到提及。

　　在軍事才能作爲才子的重要特徵得到強調之同時，才子擁有
文學才能的重要性相對地受到減弱。他們不再僅僅局限於科舉考
試的成功，而且還要在軍事征討方面表現傑出。前期小說中受到
輕視的武官家庭背景在後期小說裏受到社會的尊重，甚至成爲才
子的出身背景。小說《三分夢全傳》裏的才子章夢瑤就是出身於
武將的家庭。他的祖父章天峻在考中武舉後被授以軍事官職。作
爲這種家庭的後代，章夢瑤盡管也以文學著稱，卻在科舉考場上
敗下陣來。然而值得注意的是，他通過在軍事上平息海盜和越南
的叛亂，使自己榮獲成功。與章夢瑤的例子相似，《西湖小史》
中的才子侯春旭與陳秋楂得到榮昇，也是由於其軍事的特長，而
不是文學的才幹。

　　爲了適應這種才子形象的變化，在一些後期小說裏，對才
子的外貌描寫也出現了某些新的特點變化，這就是由原來清瘦
文弱的書生模樣轉變爲既英俊又雄偉的壯漢。前期的很多小說

裏，男主角的外貌描述是以傳統文學作品中的文人外貌描繪爲根
據的 。 他們通常被賦以瘦弱的體形 ， 帶有女性化傾向的陰柔特
徵。《平山冷燕》裏的才子燕白頷在敘述人的描述中是「人物清
秀」，「弱不勝冠」。[44]小說中的另一個才子平如衡是「生得
面如美玉」。[45]又如小說《定情人》裏的才子雙星被形容爲「
姿容秀美」，[46]而《玉嬌梨》中的蘇友白則是「美如冠玉，潤比明
珠」。[47]幾乎所有這些男性角色都被冠以「美玉」、「明珠」、
「秀美」、「清秀」等等名詞，這些名詞由於具有某種相似的性
質，常常被用來描述傳統的美女角色，而不是用來形容富於陽剛
之氣的男性角色。與之相反，富於陽剛之氣的特徵往往被用於形
容某些典型的負面人物如故事中的阻礙角色。在小說《吳江雪》
裏，阻礙角色是武將的兒子獻赫騰 ， 他的外貌被描述爲「身材
異常偉大，食量可比數人，眞正是將門之子」，十八歲時，朝廷
已拜他爲都督之職。可是，他的求婚卻遭到了女主角及其家人的
拒絕，因爲他沒有文學才能。小說在描述才子與阻礙角色兩者截
然相反的外貌特徵時，已經將它與他們的不同命運相聯係。通過
這種聯係，小說表示了對文人、文官與武將的兩種截然不同的態
度。對文人和文官，它是尊重的；而對武將，則持以輕蔑的眼光。

　　然而，隨著才子形象由單純的文學士人轉變爲文武雙全的英
雄，這種崇文抑武的態度也受到了挑戰。爲了證明這一點，讓我
們看一看後期的小說《嶺南逸史》。這個故事中的男性主角黃瓊
就被賦予了文武雙全的形象特徵：

---

[44]《平山冷燕》，第9回，頁267。
[45]同前註，第7回，頁218。
[46]《定情人》,《古本小說集成》影印本衙藏板本（上海：古籍出版社，
　　1990年），第1回，頁2。
[47]《玉嬌梨》，第4回，頁135。

> 自幼聰明俊拔，無書不讀，詩詞歌賦，無所不曉；而又天
> 生神力，善使雙劍。[48]

對另一部後期小說《金石緣》的考察有助於我們對此問題有
更爲清楚的理解。故事中的男主角金玉先後經歷了兩次軍事事
件。他首先平定了由蕭化龍領導的盜寇之亂，然後又鎮壓了臺灣
的海寇。兩次征討清楚地顯示了他的軍事才幹，輝煌的戰功使他
得以榮擢，被朝廷封爲靖海公。值得注意的是，這一成就與他的
文學成就相並行，因爲他還在科舉考試中榮膺狀元。把這兩項成
就並置到同一個角色身上，其意義是十分明顯的。這就是小說有
意要把軍事才能與文學才華相提並論，使軍事才能成爲塑造一個
文武兼全的小說人物所必不可少的、同樣重要的特徵。

才子形象從單純具有文學才能的文人向文武雙全的英雄轉變
的這一事實，實際上暗示了清代後期文人對自我形象認識的某種
程度的轉變。才子不應當僅僅懂得攻書和考試，他們應當既博學
好文又善於打仗。我們盡管還不能證明，這種變化在當時已經具
有普遍的意義，至少也可把它看作是一種涉及文人形象和價值的
新觀念的出現。[49]

---

[48]《嶺南逸史》，《古本小說集成》影印道文堂本（上海：古籍出版社，
　　1990年），第1回，頁6-7。該本原文「神力」作「神刀」，然據上下
　　文，疑「神刀」爲「神力」之誤。
[49]在此需要補充說明兩個問題。首先，清代後期小說對故事男主角的軍
　　事能力的強調與明代戲曲中有關軍事戰爭的描寫是不相同的。以明代
　　戲曲《鳴鳳記》爲例，劇中插入中央朝廷與鄰近島國之間軍事衝突的
　　事件。但是，這些事件在劇中所起的作用是十分有限的，它的作用主
　　要表現在舞台空間的設置上，即幫助舞台的空間從中央朝廷向邊陲地
　　區轉換。然而，劇中主要角色的軍事行爲卻是非常次要和微不足道
　　的。劇中有關軍事活動的細節僅僅起到一種功能的作用，而不是主要
　　劇情結構的作用。與之不同的是，在清代後期的才子佳人小說中，軍
　　事事件與故事情節有著十分密切的關係，因爲它直接涉及到故事主角
　　的主要生活經歷，對於揭示其形象的特徵起著重要的作用。換言之，
　　軍事事件爲顯示故事主角的軍事才能提供了充分的機會，它不再像戲

　　既然如此，那麼應該怎樣解釋這種變化呢？換句話說，是甚麼樣的原因導致了這種變化呢？為了作這樣的解釋，我們需要考察的，首先是中國十八世紀中期動蕩的社會局勢，其次是乾隆皇帝對於軍事行動的高度興趣，再次是在小說自身發展過程中由其內部產生的、導致此變化的種種因素。

　　在本章開頭已經提到，十八世紀後半葉的中國，清王朝開始逐漸衰落，政治動蕩加劇，導致多起民間起義和動亂的發生。其中包括了一七七四年山東王倫領導的起義，[50]一七八一年甘肅回民起義、一七九五年湖南、貴州兩地的苗族起義。往後的嘉慶年間(1796-1821)，社會和政治的動蕩事件顯得愈加頻繁和嚴重。從下列的圖表中，我們可以看到十八世紀後期至十九世紀前期發生的種種社會和政治動蕩事件：[51]

日期	動蕩事件	發生地點
1796-1802	白蓮教反叛	湖北、四川、河南、陝西、甘肅
1813	天理教反叛	河南滑縣
1814	捻軍反叛	河南
1815	少數民族反叛	四川
1817	三合會黨叛亂	廣州
1821	雍北反叛	雲南
1822	二十三個少數民族反叛	青海
1822	祝痳子領導白蓮教反叛	河南
1822	林永春領導反叛	臺灣
1823	馬建忠領導白蓮教反叛	山東臨清
1826	回民反叛	新疆
1826	黃文瑞、李彤反叛	臺灣

　　曲中的那樣，僅僅起著功能性的作用。其次，這種文學才能與軍事才能的結合與另一部小說《兒女英雄傳》中的描寫也是不相同的。在這部作品裏，男主角安驥並沒有以文才著稱。他與書中兩個女主角張金鳳與何玉鳳都是以其豪俠的英雄行為和儒家倡導的忠、孝之道德行為而令讀者印象深刻。

[50]有關詳情見蘇珊‧納昆（Susan Naquin）《山東造反：1744年王倫造反》(Shantung Rebellion: The Wang Lun Rebellion of 1744)（美國：耶魯大學出版社，1981年）。

[51]此統計來自韋政通《中國十九世紀思想史》，第2冊，卷2，頁41-42。

以上這些反叛事件中，影響最大的要算白蓮教之反叛，其規模最大、持續時間長達十三年之久。[52]由於社會反叛活動的加劇，清代政府和社會都需要文武雙全的英雄，作爲社會的精英和楷模，來平息各種社會的反叛力量。這種人的成功，是由於他們有能力爲了國家的利益，平息種種社會的和政治的反叛勢力，使清代朝廷和社會得以穩定。

結合這樣的社會背景，我們認爲在清代後期的才子佳人小說裏，才子形象的特徵由文才向文武雙全的變化充分反映了這樣的社會需要。在這些小說裏，才子不再只是從詩文的競賽中獲取樂趣，他們還必須完成嚴峻的社會使命。這一點與前期的才子佳人小說有著明顯的區別。在前期小說裏，才子往往在金榜高中之後，很快從官場上隱退下來，把餘生用在享受花前月下、嬌妻美妾的樂趣上。在本書第四章裏，我們曾經列舉過很多清代早期的才子佳人小說中的才子爲例，指出他們在金榜題名和委以高官之後，基本上沒有爲國家作出任何貢獻，便退出官場，隱居林下。[53]至於才子在軍事方面的責任，小說幾乎毫不提及。在本章前面部份我們也提到，這一事實與中國文化中崇文抑武的傳統相聯係，表明了小說作者對於軍事武功的缺乏興趣甚至蔑視的態度。

然而在後期的才子佳人小說中，由於才子被賦予軍事使命，

---

[52]同前註。此外，發生在準葛爾地區的叛亂，早在康熙年間，就曾三次遭到征討；此後在雍正年間又再次叛亂。雍正時期，西藏和青海也出現了類似的反叛勢力，後來逐漸被朝廷所鎭壓。到了乾隆時期，由於1754-1757年間準葛爾地區持續的動亂、1760年新疆回民叛亂、1736年貴州苗族起義、1747-1749和1773-1776年間金川藏族叛亂、1766-1768和1788年間緬甸的對抗、1786-1787年間的臺灣動亂、1788-1789年間越南的抗爭以及1790-1792年間的廓喀爾的動亂等等，朝廷也時常發動對他們的軍事征討。見蕭一山《清代通史》，卷2，頁87-146。
[53]見本書114至119頁。

這種蔑視軍事武功的態度也因此得到了改變。軍事才能被賦予與文學才能同等重要的地位，作為社會的楷模，才子應當具有這兩方面的本事。例如後期小說《三分夢全傳》中的男性主角章夢瑤，他的家庭是武將的背景，自己則是文武雙全的將軍，並在武舉中金榜高中。[54]從他身上我們看到武將的家庭背景與文官的家庭背景一樣能對才子的前程有益。作為武將的後裔，章夢瑤的軍功歷程在小說中得到凸顯。與這種凸顯相平衡的，是他的文學才能，因為他在文學方面的才能是同樣的杰出。實際上，章夢瑤的形象涉及到小說關於文人形象的新觀念。作為一個理想的文人，他不但應當富於文才，而且應當有通過軍事手段解決社會問題的責任。

　　另一個影響到才子形象變化的因素是乾隆皇帝對於軍事功業的極大鼓勵。正如我們在本章開始時指出的那樣，乾隆皇帝對軍功的興趣和重視充分反映在他對緬甸、越南和臺灣等地的軍事征討上，這些征討已在他的《御製十全記》中得到記載。[55]與此同時，乾隆皇帝十分強調文武並重的重要性。他曾經指出：

　　　　迺知守中國者，不可徒言偃武修文，以自示弱也。[56]

早在一七一四年，文武並重的重要性就曾通過朝廷詔書得到強調。此詔書規定允許文舉與武舉互換，也就是說，人們可以從原來的文舉考試轉換為武舉考試，也可以由武舉考試轉換成文舉考試。[57]在此情況下，一些文人甚至成功地雙雙高中文舉與武舉。生活於十八世紀前半期的孫國璽、徐本儼與胡梧就是這方面

---

[54]《三分夢全傳》（上海：古籍出版社，1990），第1回，頁9。

[55]見乾隆皇帝《御製十全記》，收入《清高宗純皇帝實錄》（北京：中華書局，1986年）。

[56]蕭一山《清代通史》，卷2，頁129-130。

[57]《清史稿》（臺灣：洪氏出版社，1981年），卷8，頁285。

很好的例證。孫國璽曾於一七一四年在省府武舉考試時中了武舉，後來又於一七二一年京師大考時改考文舉，並成功地考中進士。[58]胡梧在早年是一名考武舉的生員，後來也轉考文舉，並中了舉人。一七五四年，他在京師文考時又考中進士。[59]與他們相同的例子還可見於徐本偁的經歷，此不贅述。[60]提出這些事實的意義在於，它可以告訴我們，文舉與武舉互通這一措施的實施，實際上暗示了朝廷對於文武並重政策的提倡，而這一現象同樣在清代後期的才子佳人小說裏得到充分的表現。

　　由於強調文武並重，我們看到在清代後期社會出現了一些新類型的才子的典範。他們既有文官之才，又有武將之才，其特點與後期小說中的才子形象十分相似。這類新型的才子可以曾國藩（1811-1872）、郭嵩燾（1818-1891）兩人為主要代表。曾國藩曾以文才著稱。他於一八三二年考中進士，被任為翰林院庶吉士。同時，他又善於帶兵，建立了歷史上有名的湘軍，成功地鎮壓了發生於十九世紀中葉的太平天國起義。[61]與他的特徵相似的另一個人郭嵩燾，曾於一八四七年獲得進士學銜，受任為翰林學士。同樣地，其一生中重要的經歷是他在曾國藩領導的湘軍中杰出的表現。[62]我們可以這樣說，曾與郭兩人之所以聞名於清代史，恰是因為他們在從文和用武兩方面都具有突出成就。作為這種現

[58] 李紱(1675-1750)《孫少司馬張夫人行述》，見《李穆堂詩文全集》，卷50，頁6。

[59] 俞正燮(1775-1840)《胡先生事述》，見《癸巳存稿》(臺北：商務印書館，1986年)，卷15，頁453。

[60] 詳見章學誠(1738-1801)《徐本偁傳》，《章氏遺書》(吳興：劉氏嘉業堂本，1922年)，卷26，頁34。

[61] 蔣星德《一代聖哲曾國藩》(臺北：河洛圖書出版社，1979年)，頁9；21-66。

[62] 曾永玲《郭嵩燾大傳》(沈陽：遼寧人民出版社，1989年)，卷2，頁50-62。

象的反映，我們看到在後期才子佳人小說中，軍事武功被提到與
文學同等重要的地位。小說裏的才子取得成功的原因，是他們在
文武兩方面的杰出表現，而不是在前期小說中常見的那樣，僅是
單純的文學才華所致。

　　前面從社會需要和乾隆皇帝重視武功兩方面探討了才子形象
特徵變化的原因。此外我們仍注意到，此一變化也許還與滿族人
尚武精神對漢人的影響有關係。這一點也許可以作爲影響才子形
象變化的種族性一般因素來加以考慮。與漢族崇尚文治的歷史傳
統相比較，滿族崇尚武功的特徵是顯而易見的。軍事的征討使滿
族成功地征服了明王朝，得到了華夏帝國遼闊的版圖、豐富的人
力與財富。順治皇帝曾經自豪地說道：「我朝以此定天下。」[63]
清代文人震均 (1858-1920) 在其《天咫偶聞》一書中也曾指出過
滿人擅長武功短於文學這一特點。在談到科舉考試問題時他說：
「八旗多以勳業見長，不事乎此。」[64]爲了保持和發揚這一長
處，清朝廷的禮部曾於一六七六年向皇帝上疏，建議阻止滿人參
加文科考試，因爲他們擔心滿人會由於文科考試的吸引，誤導了
他們的興趣，由此遺誤滿人的武功訓練。這個建議後來得到了朝
廷的批准。一六八九年，清政府對此規定又作了改革，要求滿人
參加文科考試的同時，還須參加武考，包括騎射等武功。假如應
試者通過了文考卻沒通過武考，他也不能夠獲得舉人或進士的頭
銜。[65]

　　基於這樣的情況，我們可作這樣的推測：在滿清統治中國時

[63]《清史稿》（臺灣：洪氏出版社，1981年），卷5，頁132。
[64]《天咫偶聞》，見《筆記小說大觀》（臺北：新興書局，1976年），
　　卷4，頁36。
[65]《清朝文獻通考》，見《十通》（臺北：新興書局，1965年），第18
　　冊，卷48，頁5307-5308。

期，他們一方面積極接受漢人崇尚文治的傳統，另一方面又以其崇尚武功的傳統來影響漢人。這種不同種族文化間的相互影響暗示了某種可能性，這就是在後期小說裏才子形象的變化，也許與滿人尚武精神對漢人的影響有某種間接的關係。關於滿漢文化的關係，過去的學者更多地注意到滿族受到漢文化影響或同化的一面，卻很少涉及滿族文化對漢人的影響。這種影響有沒有呢？我想是有的，上述有關尚武精神的討論也許就是一個間接的說明。

關於才子形象的變化，除了上述種種原因外，還與當時讀者與作者的閱讀和寫作興趣的改變有關係。早期才子佳人小說的出版和流傳經歷了從清初到乾隆百餘年的時間，小說的讀者和作者對其形成已久、趨於僵化的敘述方式漸生厭倦，因此，讀者希望新出的小說應當在敘述上有所突破，作者也試圖通過為小說注入新的敘事特徵，來打破那些漸已過時的敘述定式，從而繼續贏得讀者。

正如我們在前面討論到的，許多前期小說的敘事重點，是以詩賦交流為基礎的才子與佳人的戀愛故事。故事大致遵循著一種較為固定的脈絡展開敘述：始於才子與佳人的初次相會與相互間的一見鍾情，續以兩人在不同時地分別遭受磨難和痛苦，終以才子在科舉上的成功和隨之與佳人的重聚與結合。這樣一種序列的設計在一部又一部的前期小說裏被重復使用，因此被當時和後來的人們稱作「才子佳人定式」。[66]

由於很多小說都習慣於把故事置於這樣一種敘述定式之中，

---

[66]在《紅樓夢》裏，曹雪芹借賈母之口，稱：「這些書就是一套子」。見該書卷54。魯迅在其《中國小說史略》第一次用「才子佳人定式」稱呼這種敘述方式，見《魯迅全集》（北京：人民文學出版社，1981年），第9冊，卷20，頁189-195。

從而造成了膠著、雷同甚至摹仿的現象發生，因此逐漸引起了時人的質疑和批評。就在這類小說相當流行的時候，已經有人注意到這種弊端。例如小說《快心編》的作者就曾批評這種敘述定式「久已塵腐」，並且自我宣稱他的小說是「獨構異樣樓閣，別見玲瓏」。[67]其實，他所做的改變，是在才子與佳人愛情故事中更多地穿插一些「點染世態人情」的事件。此外，本書第四章討論的風格略異的三部小說也可視作後期小說演變的先兆。

　　從那時以後，對小說的敘述定式的批評愈來愈強烈。其中最具批評性的，要算是小說《紅樓夢》裏面有靈性的石頭所作的評論：

> 至若才子佳人等書，則又千部共出一套，且其中終不能不涉於淫濫。」[68]

署名為「靜恬主人」的文人在為小說《金石緣》寫的序言裏，也指出了這類小說的毛病：

> 如《情夢柝》、《玉樓春》、《玉嬌梨》、《平山冷燕》等小說膾炙人口，由來已久，誰知其中破綻甚多，難以枚舉。[69]

正是由於人們對早期小說中的敘述方式感到了厭倦，才促使後來的作者在寫作同類主題的小說時，試圖避免那種單純的愛情故事情節，而傾向於通過愛情故事的描述，來越來越多地置入社會的、道德的和政治的批評意涵。

　　就像小說《快心編》凡例所持的態度那樣，一些後期小說的

---

[67]《快心編凡例》，見《罕本中國通俗小說叢刊》（臺北：天一出版社，1976年），第54冊，頁7。

[68]《紅樓夢》（北京：人民文學出版社，1982年），第一回，頁5。

[69]道光乙丑年版《金石緣》，此書縮微膠片見於美國普林斯頓大學葛思德東方圖書館。

作者與評論者在其爲小說寫的序言裏，公開聲稱他們的作品有意於打破前期小說的窠臼。《水石緣》的序作者何昌森就曾稱贊該作品「每段起結不落小說圈套」。[70]另一位以白叟山人署名的論者，在其爲小說《離合劍蓮子瓶》寫的序文裏甚至宣稱，此小說並不同於才子佳人小說，[71]盡管在我們看來，故事在人物的文才特徵、敘述情節上始於初會、續以磨難、終於團圓的序列設計方面，仍未跳出才子佳人小說的敘事模式。

然而上述種種評論也表明了這樣一個事實，才子佳人小說在敘述方式上採用的某些定式隨著時間的推移，逐漸地變得過時，而不再新人耳目。特別是一些小說由此發生的雷同和摹仿的流弊，促使小說作者尋找新的途徑以改善小說的創作。小說自身在其發展過程中遇到亟待解決的問題。這些問題不解決，小說就不能繼續贏得讀者群的閱讀興趣。同時，作者因爲厭倦於原有的敘事模式，也有意識地通過在故事中擴充更加複雜的社會背景材料、改變或豐富故事人物的性格特徵、增加敘事長度以容納更加豐富的故事內容，以此來爲才子佳人小說這一流行多年的作品類型注入新的生命力，這些就是我們所說的導致此類小說在後期發生重要變化的內在原因和條件。

作爲本章結論，我們認爲，清代才子佳人小說在後期發生的變化決不是偶然的產物。變化的發生，既有外在的社會和政治原因的影響，又有小說自身發展過程中不斷調節和不斷改善這一內在因素的促成。

---

[70]朱一玄《明清小說資料選編》（濟南：齊魯書社，1990年），頁848。
[71]《離合劍蓮子瓶序》，見《古本小說集成》影印該小說綠雲軒本（上海：古籍出版社，1990年），頁4。

第七章　清代才子佳人小說
論者的小說觀

　　要理解才子佳人小說，我們必須注意和考察付印在小說正文前後的〈序〉、〈跋〉、〈題詞〉等內容，因爲它們往往蘊含著對有關才子佳人小說乃至一般小說的評論。這些評論或是小說作者的手筆，或是與作者關係密切的友人所作，或是與作者同時代人的述評。它們被作者或出版商附在作品正文的前面或後面，目的在於介紹有關作者生平，或者暗示作品內容隱含的意蘊，從而爲讀者的閱讀提供導向的作用。然而，在今天的批評者看來，這些〈序〉、〈跋〉、〈題詞〉的價值在於，它們或多或少提供了某些重要資料，便於我們瞭解作者和當時人們的小說觀念或文學觀念，這些觀念對於今人理解當時才子佳人小說流行的現象，無疑提供了思想性的背景。

　　在考察這些序、跋、題詞的內容時，我們注意到，就像其他清代小說評論家那樣，才子佳人小說的論者也有意地力圖提高才子佳人小說在社會上和文學中的地位，因爲他們認爲才子佳人小說能夠闡釋正史之意，補經史之不足，而且通俗易讀。例如白叟山人在小說《離合劍蓮子瓶序》中談到：

　　　竊嘗讀稗官野史之流，其言雖不甚雅馴，然觀其旨趣，所
　　　以表揚忠孝，激勵節義，儆貪懲惡，厚風俗，正人心，未
　　　嘗殊於正史列傳之義也。[1]

---

[1]《離合劍蓮子瓶》，《古本小說集成》（上海：古籍出版社，1990年），
　　頁 1。

對於白叟山人來說，，正史與小說的寫作目的或社會功能是相同
的。兩者唯一的區別僅是遣詞用句和敘述話語（discourse）的不
同。有的論者在指出兩者功能或有不同的時候，也在其它方面持
以相似的論點。例如小說《珍珠舶》裏，署名「鴛湖煙水散人」
的序作者也認為：「正史者紀千古政治之得失，野史者述一時民
風之盛衰。」基於這樣的觀念，一些論者強調正史與小說之間相
互合作的功能。他們不滿於正史所載內容的局限性，因而試圖通
過小說來重新解釋正史。這就是今天的讀者往往驚訝講史小說與
正史在內容上有多麼不同的原因。此外還有論者指出，小說可以
輔助經書的學習，因此寫作或閱讀小說，就不是一件毫無意義的
消遣了。總而言之，所有這些論點所共同強調的是，不能低估小
說的作用與影響。

本章的重點將討論出現在大量評論中的的主要文學觀點和小
說觀點，其中將主要涉及以「天花藏主人」署名者和其他一些論
者的有關論述。他們對才子佳人小說主題、結構和語言運用等方
面的種種看法，以及對這類小說敘事風格的評價，將有助於我們
瞭解這些小說。

我們之所以要選擇天花藏主人作為這方面的代表，是因為
他與清代十六部小說的產生有關係，其中十二部是才子佳人小
說。[2]在這十二部作品裏，有好幾部堪稱才子佳人小說的代表
作。[3]這個天花藏主人或者是這些作品的序（敘）作者，或是小

---

[2]天花藏主人的生活年代大致在清代初期，因為他曾於 1672 年為小說
　　《平山冷燕》作過序。見柳存仁《倫敦所見中國小說書目提要》，頁
　　315。
[3]天花藏主人本人是至少四部清代早期才子佳人小說的作者，包括《玉
　　嬌梨》、《平山冷燕》、《兩交婚》和《畫圖緣》。見林辰《明末清
　　初小說述錄》，頁 90–92。

說的編者，或者甚至就是其書作者。從他留下的字里行間，我們讀到不少有關才子佳人小說的重要評論，其中涉及對小說角色的文學才能的張揚，對情節巧妙的安排，以及對使用語言的講究。所有這些評論都體現了他以及他那個時代的人對於小說持有的看法和立場。

一、天花藏主人論「才」

明末清初是中國政治與思想史上發生過劇烈震盪的時期。明王朝的崩潰，異族統治的取而代之，促成了中國文人對於亡國教訓的深切關注。關注的焦點遠遠超出政治、軍事等種種確定的歷史因素範圍，而進入更帶有根本性質的意識形態領域。以顧炎武為代表的清初思想家，把國家的破敗歸咎於明代「心性之學」特別是晚明泰州學派的弊端。「空談誤國」已成為幸存者譴責晚明學風的專用術語，後者的種種極端傾向被認為是導致學術與道德同步墮落和異族征服的禍根。[4]對這些傾向的矯正，導致了清初文人對正統社會價值和道德原則的重新肯定。[5]正是在這樣的時代背景下，天花藏主人通過對「才」的強調，使他成為清初文學領域裏，文人對晚明文學觀念進行「矯正」的一個代表。

晚明時期的文學界特別是戲曲小說領域裏，由於湯顯祖對於

---

[4]有關這一問題的討論，參見嵇文甫《晚明思想史論》（北京：東方出版社，1996年），第1-3章，頁1-72；梁啓超《中國近三百年學術史》（北京：東方出版社，1996年），頁5-8；又《清代學術概論》（香港：中華書局，1963年），頁6-10。

[5]浦安迪（Andrew H. Plaks）〈亡國之後：《醒世姻緣傳》於十七世紀的中國小說〉（After the Fall: *Hsing-shi yin-yuan chuan* and the Seventeenth-Century Chinese Narrative），見《哈佛亞洲研究學報》（Harvard Journal of Asiatic Studies），卷45/2（1985年12月），頁551。

「情」的提倡，以及他在自己創作的戲曲中對此觀念的實踐，無疑對當時文壇發生了重大影響。作為泰州學派主要代表之一羅汝芳的弟子，[6]湯顯祖把「情」作為其作品中最重要的表現主題。所謂「情」，指的是人類經驗中的現實狀態，它由喜、怒、哀、樂、愛、惡、欲[7]等種種情緒的表達所構成。「情」，特別是愛情，在湯顯祖戲曲和其它的晚明文學中得到強調。在湯顯祖看來，「情」是人的本性：「人生而有情」。[8]正因如此，所以「世總為情」。[9]情之至深，其力量足以使人由生致死，也可使人起死復生。[10]從《牡丹亭》裏杜麗娘生而死、死而生的富於想象的經歷中，我們看到這一觀念的生動圖解。[11]

　　這種以「情」為重的觀念在天花藏主人的小說裏，卻受到相當程度的挑戰。作為才子佳人小說的一個重要作者，天花藏主人把「才」提昇到至高無上的地位予以肯定，這一點在他所作的幾部小說和序文裏得到充分的闡釋。由於湯顯祖與天花藏主人代表的兩種不同觀念產生於前後相續的歷史時期，因此本文對它們相互間的聯繫和差異的分析比較，將有助於我們對明末清初文學潮

---

[6]徐朔方〈湯顯祖的思想發展和他的《四夢》〉，見《徐朔方集》（杭州：浙江古籍出版社，1993年），第1冊，頁350。

[7]此「七情」的用語可見於《禮記‧禮運》，見《十三經注疏》（臺北：大華書局，1977年），第5冊，卷22，頁4。

[8]《宜黃縣戲神清源師廟記》，見《湯顯祖詩文集》（上海：古籍出版社，1982年），第 2 冊，卷34，頁1127。

[9]見湯顯祖為謝兆申游麻姑詩作序，《湯顯祖詩文集》，第2冊，卷31，頁1050。

[10]《牡丹亭題詞》，見《湯顯祖詩文集》，卷33，頁1093。

[11]當然，我並不認為在《牡丹亭》裏，「情」與當時社會道德規範的標誌「理」是完全對立的。杜麗娘與柳夢梅的愛情與婚姻最終必須得到其父母和社會的承認，柳夢梅也必須上京城參加科舉考試。這些情節的處理，顯示了作者對當時通行的包括「理」在內的社會價值觀的認同。

流的變遷及其特徵獲得一個較爲清楚的瞭解。

首先，天花藏主人把「才」當作一種特殊的文學能力來看待。他對「才」的定義是「篤志詩書，精心翰墨」。[12]作爲歷史上具有這種「才」的典範人物，天花藏主人列舉了曹植、陶淵明、李白等人，這就明顯意味著「才」主要指的是「詩賦之才」而非「經史之才」。在天花藏主人看來，「才」只是極少數人所擁有的秉賦，而且具有這種「才」的人也是舉世難遇的。他在《平山冷燕序》裏談到：

> 天賦人以性，雖賢愚不一，而忠孝節義莫不皆備，獨才情
> 則有得有不得焉。故一品一行，隨人可立，而繡虎雕龍，
> 千秋無幾。[13]

所謂「性」，指的是人之本性。在天花藏主人看來，這種本性包括了忠、孝、節、義等儒家倫理道德的內容。與「才」相比較，「性」甚至沒有前者那樣珍貴，因爲「性」是與生俱來的，一般人都具有，「才」則是極少數天才所具有，因此「物以稀爲貴」。從這段引文裏我們看到，天花藏主人在「才」與「性」的對比中更加強調「才」的價值。

「才」之所以有如此崇高的價值，既因爲它是稀有的，又因爲它是永恒的。在論及女性文才的一篇序文裏天花藏主人談到：

> 蛾眉螓首，世不乏人，而一朝黃土，寂寂寥寥，所謂佳美

---

[12]《平山冷燕序》，《古本小說集成》本，頁2。

[13]同前註，頁1-2。「繡虎」屬曹植的字，見陶宗儀編《說孚》中的《玉箱雜記》（臺灣：商務印書館，1972年），第1冊，卷4，頁291。「雕龍」則被用以指稱先秦時人鄒奭，裴駰爲《史記·荀孟列傳》所作集解引劉向《別錄》曰：「鄒衍之所言五德終始，天地廣大，盡言天事，故曰『雕龍』」。見司馬遷《史記》（北京：中華書局，1972年），第7冊，卷74，頁2348。

> 者安在哉？……至若才在詩文，或膾炙而流涎，或嘔心而
> 欲嘔，其情立見，誰能掩之。[14]

人的生命是有限的，女人的美貌更是因時而逝，然而人的文學才華，卻因其作品的代代流傳而永存。天花藏主人這樣的論點從文學的角度再次強調了傳統文人憑籍「立言」的方式，把有限的個體生命轉化爲無限的歷史生命的人文觀。[15]這或許暗示了他何以要編著或撰寫爲數不少的小說和序文的一種動機。

由於注意到「才」之稀罕，天花藏主人感歎在過去的年月，有「才」之士沒有得到社會應有的重視，因此造成他所形容的局面：「巖谷幽花，自開自落；貧窮高士，獨往獨來」，[16]無人欣賞他們的才華。鑒於這種情況，在爲很多才子佳人小說撰寫的序文裏，天花藏主人都向社會呼吁，要尊重和欣賞「才」。

由於把「才」的價值強調到至關重要的地位，導致了他對於所謂「非才」或「無才」的蔑視。他甚至認爲，「人而無才，日於衣冠醉飽中矇生瞎死則已耳，」[17]這樣的生活在他看來，自然是沒有意義的。

然而，一個人怎樣做，才能稱得上有「才」？換句話說，「才」是人們接受教育的結果嗎？天花藏主人的回答是否定的。他認爲「才」的來源只有一個，這就是「天」。在這一點上，「才」帶有某種超自然的性質，因爲從很多作品中我們看到，才子並沒有經過怎樣刻苦的學習與訓練，就能有傑出的才華，而

---

[14]《兩交婚序》，見《兩交婚》（瀋陽：春風文藝出版社，1985年），頁1。
[15]《左傳·襄公二十四年》：「大上有立德，其次有立功，其次有立言，雖久不廢，此之謂不朽。」清·阮元校刻《十三經注疏》（北京：中華書局影印，1980年），卷35，頁277。
[16]《平山冷燕序》，見《平山冷燕》，頁8。
[17]同前注，頁9。

「取功名如拾芥」，仿佛他們的「才」是天賦的。

　　以上就是天花藏主人所說的「才」之大致特徵。我們應當承認，他所強調「才」的價值，不僅代表了個人的觀點，而且在一定程度上體現了清代初期其他一些文人的立場，從許多才子佳人小說在當時的問世，可以證明這一點。甚至可以這樣推測，天花藏主人的這些觀念爲清代顯揚才學一類小說的大量湧現，起到了推波助瀾的作用。

　　人們通常認爲，清代才子佳人小說曾經受到過湯顯祖戲曲和其他明代戲曲的深刻影響。我覺得對此問題應當作具體的分析。如果就「情」這一題旨而言，無可否認，才子佳人小說對《牡丹亭》等明代戲曲有所繼承。然而，如果把天花藏主人的「才」與湯顯祖的「情」相比較，就不難發現兩者之間實在有著很大的區別。在湯顯祖的戲曲裏，「情」是最重要的表現主題；而在天花藏主人的小說和序言裏，「才」是支配一切的主題。《牡丹亭》等戲曲體現的，是以「情」爲中心的文學觀念，盡管它最終與「理」構成了平衡的結構關係。劇中雖然也涉及到「才」的因素，然而「情」與「才」相比，前者起著支配後者的地位，甚至可以說，「才」已經被包容於「情」這一觀念之中，成爲「情」的一種表現特徵，這就是在湯顯祖的作品裏所見到的情況。通觀他的「臨川四夢」，都可以看到「才」並不是作者刻意要強調的題旨。

　　與湯顯祖不同的是，天花藏主人把「才」作爲特指文學涵義的概念來加以強調。雖然他有時把「才」與「情」二字加以合用（如「才情」），卻並不意味著他把兩者列於同等的地位，其用意仍在突出「才」這一中心概念。在天花藏主人看來，才子所以稱才子、佳人所以稱佳人，最主要是因爲他們有「才」。他們相互間的愛情與婚姻關係是以「才」爲基礎的。「才」決定「情」，

沒有「才」，就沒有兩者間的愛情和婚姻關係。《牡丹亭》裏的
杜麗娘和柳夢梅是以「情」爲首要形象特徵，《平山冷燕》等其
他才子佳人小說裏，男女主角的首要形象特徵是詩賦之「才」。
在湯顯祖的戲曲裏，「才」服從於「情」；而天花藏主人的小說
中，「情」服從於「才」。　　在偶爾的情況下，湯顯祖也使用
過「才」這一術語，但是其涵義卻寬泛得多，並不同於天花藏主
人專指的文學之才。當湯顯祖講到「才」的時候，他有時指文學
之才，有時又指政治之才。例如，在談到詩歌和戲曲寫作時，他
用了「才」來指稱；[18]可是，他同樣也認爲：「經立世業之謂
才」。[19]把「才」用以指稱治理國家的能力或政治前程的用法，
同樣見於湯顯祖的其它文章，如他寫給馮永安、牛春宇等人的信
等等。[20]

　　從文學思想史的角度看，天花藏主人的小說觀與距他生活時
代不遠的湯顯祖的戲曲觀似乎有著同樣重要的意義，盡管很多人
不認爲他的文學地位堪與後者同日而語。如果說湯顯祖對「情」
的張揚代表了晚明時期偏離於「心學」思想主流的文學思潮，那
麼天花藏主人對「才」的強調則反映了清初文人在矯正晚明學風
的背景下，向正統文學觀的復歸，因爲肯定文才畢竟不像鼓勵情
慾那樣，能對社會道德秩序造成巨大的沖擊，而對功名的追求也
與清初思想界對包括文學在內的傳統價值觀重新肯定的趨勢相一
致。具體來講，湯顯祖的「情」對於他所處的時代而言，具有某

---

[18]見他在寫給凌初成（1580–1644）的信中所用的「才」，《湯顯祖詩文
　　集》，第 2 冊，卷47，頁1345。
[19]《麗水縣修築通濟堰碑》，見《湯顯祖詩文集》，第 2 冊，卷35，頁
　　1144。
[20]《答馮永安》、《復牛春宇中丞》，見《湯顯祖詩文集》，第 2 冊，
　　卷45，頁1269；卷47，頁1371。

種抗逆的性質。在湯顯祖生活的時代，也就是十六世紀末期十七
世紀初期，中國思想界仍盛行著「心學」的影響。王陽明(1472-
1529）及其學生王畿（1498-1583）、羅汝芳（1515-1588）倡導
人們通過內心良知的自我反省和發現，來實現思想和人格上的成
就。[21]湯顯祖是羅汝芳的學生，可是他的思想並沒有完全地遵
從他的師輩。在一封答復羅洪先的信中他聲稱：「師講性，某講
情」，鮮明地表示了自己的主張。[22]所謂「性」，是明代「心
學」的一個中心概念，因為當時的思想家強調「明心見性」。
「情」卻不是「心學」家們所推崇的。湯顯祖對「情」的強調，
與當時思想界的主流有相左的特徵。就如吳梅所說的：

> 明之中葉，士大夫好談性理，而多矯飾，科第利祿之見，
> 深入骨髓。若士[23]一切鄙棄，故假曼倩談諧，東坡笑罵，
> 爲色莊中熱者下一針砭。其自言曰：「理之所必無，安知
> 情之所必有。」[24]

當這種思想應用於文學創作時，「情」與「性」的沖突就成為其
作品中的一大特色。然而，湯顯祖最終努力的結果，是達到了
「情」與「性」的平衡，這就是我們在《牡丹亭》及其它湯氏劇

---

[21]有關「心學」的介紹，見容肇祖《明代思想史》（臺北：開明書店，
　　1962年），頁71-109，110-122，138-150；嵇文甫《晚明思想史》，
　　第1-2章，頁1-72；唐君毅文《從王陽明到王畿「心性」觀念的發展》
　　（ The Development of the Concept of Moral Mind from Wang
　　Yang-ming to Wang Chi)以及狄百瑞（W. T. deBary）文《個人主義
　　與人道主義》(Individualism and Humanitarianism）。二文皆收入
　　狄百瑞編《明代思想中的個人與社會》（Self and Society in Ming
　　Thought)（紐約：哥倫比亞大學出版社，1970年），頁93-117，145-
　　245。
[22]陳繼儒《批點牡丹亭題詞》，引自《湯顯祖詩文集》，頁1514。
[23]湯顯祖，號若士。
[24]王衛民編《吳梅戲曲論文集》（北京：中國戲劇出版社，1983），頁
　　159。

作中所看到的。

　　與湯顯祖相比，天花藏主人則很少具有這樣的挑戰性質。相反，他對文才的張揚與當時的政治與思想文化趨勢是相一致的。在異族新朝廷鞏固時期，政府需要的是精英文人的支持，而不是道德的反叛；需要的是正統文化的重新整合，而不是她的分崩離析。如果把清王朝定鼎伊始，就大開博學鴻儒科、廣泛搜求天下人才這一事實與天花藏主人對文才的張揚加以比較，他對當時正統思想潮流的認同就不難看到了。正是因爲這樣，我們從湯顯祖到天花藏主人身上看到了晚明尚「情」向清初重「才」的文學思想的演變。這種演變不僅見於兩個時期的文學作品，而且還體現在當時的文人序跋和書信之中。

　　爲了更深入地瞭解造成這種變化的原因，我們需要對清代初期社會與政治的狀況作一番考察，同時也應對此前時期文學作品的表現主題加以剖析。首先我們想到的是清代的「文字獄」，因爲它的施行幫助滿族政府加強了對出版業和思想界的控制。一旦發現涉嫌「反清」的作品，其書則被禁毀，其作者也難免殺身之禍。根據張秀民《中國印刷史》一書的統計，從康熙到乾隆時期（即十七世紀中期到十八世紀後期），一共發生了一百二十餘起「文字獄」案件。[25]其中影響頗大、震撼人心的如莊廷鑨《明史》案。由於在他修的《明史》初稿中繼續沿用皇帝的頭銜來稱呼一六四四年以後殘存於南方的幾個南明朝廷君主，並且對滿清統治者直呼其名，因此導致了滿清朝廷的嚴厲懲罰。盡管此案審理完結時（一六六三年），莊廷鑨和他的父親已經去世，卻仍逃不過掘棺碎屍的處罰，與此案有牽連的人中，有七十多人被處以

───────────────

[25]張秀民《中國印刷史》（上海：人民出版社，1989年），頁544。

死刑。這一案件被現代學者稱作「清代最大的文字獄冤案」(the most unjust literary inquisition of the Qing period)。[26]

　　除了政治的敏感性之外，出版的書籍倘若涉嫌「誨淫」「誨盜」，也在禁毀之列。根據當時官方文件，很多文學作品，包括戲曲和小說在內，都因為涉嫌上述政治的、道德的和社會的原因而遭到禁毀，[27]例如《牡丹亭》與《金瓶梅》因「誨淫」之罪名、《水滸傳》因「誨盜」之罪名而多次遭到禁毀。

　　在此情況下，如果一部小說重在提倡文學之「才」，政治風險就要小得多，因為它對於滿清政府的統治並不構成直接的威脅。才子佳人小說在整體上既不露骨地「誨淫」，又不公開地「倡盜」。特別是像《平山冷燕》中對朝廷的贊揚，對科舉仕途的肯定，使它們在嚴厲的文字獄高壓背景下得到更多的寬容，當其它很多戲曲小說遭禁毀之際，它們卻變得日益流行起來。

　　除了政治的原因以外，我們還應看到清代以前的文學傳統對才子佳人小說發生的影響。傳統文人欣賞女子的文學才能、結交才女並產生愛情的故事，常見於此前的文學作品，例如歷史上有名的才女如王嬙、蔡琰、薛濤、李清照、管道昇、柳如是等人，有關她們的故事在文人的詩詞、戲曲、小說筆記裏得到廣泛流傳。這一點想必對天花藏主人及其才子佳人小說中表現的才學觀有一定的影響。在小說中，我們常常看到用「王嬙的才」、「西施的貌」作比喻，來描述佳人的形象。然而，只有天花藏主人第

---

[26]勞倫斯・克思樂（Lawrence D. Kessler）《漢族文人與清初政府》（Chinese Scholars and the Early Manchu State），見《哈佛亞洲學報》（Harvard Journal of Asiatic Studies），31期(1971年)，頁 182-183。

[27]詳見王利器《元明清三代禁毀小說戲曲史料》（上海：古籍出版社，1981年），頁118-127，132-154。

一次如此強烈地強調女子的文才，並使之成爲他所倡導的大量小說裏反復出現的主題。

　　至於寫「情」這一方面對歷史文學的傳承就更爲顯而易見。描述才子與美女之間的「情」在史書、民間故事和戲曲中，已經屢見不鮮。司馬相如與卓文君、張生與崔鶯鶯的愛情故事，在傳統文學裏始終是受人關注的主題。但是，這些故事主要是以「情」動人而不是以「才」動人，其中心題旨與我們在清代才子佳人小說裏看到的，是並不相同的。正如前面提及的，盡管「才」與「情」兩個術語在這些小說裏有時被合用爲「才情」，它卻是以「情」補充說明「才」這一中心意思。小說涉及的眞正的愛情，大都以故事主角的「才」爲基礎。「情」這種在傳統中國文學中被一再強調的主題，在才子佳人小說裏因爲「才」的主導作用而顯得相對遜色。不僅小說是這樣，「情」在天花藏主人爲代表的小說論者那裏，也變成了「才」的附屬特徵。

　　才子佳人小說及有關評論中對於詩賦之「才」的顯揚，與清代社會提倡文學特別是詩歌的現實有著密切的關係。律詩自唐代鼎盛期後便走向頹勢，從宋至明，居於主導地位的文學體裁相繼發生了變化，這一點早在明清時期已爲文人所注意。陳子龍（1608-1647）曾經指出過詩這一體裁在宋代的衰落，[28]黃宗羲（1610-1695）和黃周星（1611-1680）也注意到，宋代隨著詞的興盛，詩歌開始走下坡路；而元明兩代戲曲崛起，詞也隨之萎靡。[29]孫康宜（Kang-i Sun Chang）在《中國詞的演變：從晚唐

<hr/>

[28] 陳子龍《仿佛樓詩稿序》，見《陳子龍文集》，1803年《陳忠裕全集》影印本（上海：華東師範大學出版社，1988年），卷25，頁26。

[29] 《胡子藏院本序》，見《黃梨洲文集》（北京：中華書局，1959年），頁377。黃周星《製曲枝語》，見《歷代詩史長編》（臺北：鼎文書局，1974年），第2編，第7冊，頁119。

到北宋》(The evolution of Chinese Tz'u poetry: from Late
Tang to Northern Sung)一書中還專門討論了唐宋時期詞之興
起。在她看來，唐玄宗在倡導新聲方面起到的積極推動作用、城
市中流行的妓館以吟唱和創作曲子詞為時髦、宋初專業文人對套
曲的創作，使詞終於取代了詩，成為領袖文壇的體裁。[30]從那
時起，詩開始逐漸成為相對次要的文學體裁，其文學成就與宋詞
和元明戲曲相比，均為遜色。

　　有意思的是，在將近八百年以後的清代，詩卻得到了復興。
《清史稿·文苑傳》曾經概括地指出了這種現象：

　　　明末文衰甚矣！清運既興，文氣亦隨之而一振。謙益歸
　　　命，以詩文雄於時，足負起衰之責；而魏、侯、申、吳，
　　　山林遺逸，隱與推移，亦開風氣之先。[31]

清代詩歌的復興主要表現在以下幾個方面。首先，元、明時期一
度流行的摹仿唐詩的風氣逐漸終止，獨具風格的新詩體開始發展
起來。元明時代詩歌之所以萎靡不振，不在於其寫作數量的多
少，而在於當時詩人拘泥於「詩規盛唐」的保守習慣。到了清代，
以顧炎武（1613-1682）、錢謙益（1582-1664）、吳偉業(1609-
1671)、屈大均（1630-1696）和王士禎（1634-1711）為代表的
詩人作出許多努力，以圖打破摹仿唐詩的成規。特別是詩歌復興
的代表吳偉業，由他創作的詩歌被時人譽為「梅村體」。在這樣
一些詩人的影響之下，清代詩歌有了長足的發展，取得的成就也

---

[30]Kang-i Sun Chang, The evolution of Chinese Tz'u poetry: from
　　Late Tang to Northern Sung（Princeton: Princeton University
　　Press, 1980), ch. 1, pp. 7-15.
[31]《清史稿》(臺北：洪氏出版社，1981年)，第19冊，卷484，頁13314-
　　13315。

遠勝於元明兩代。[32]

　　詩歌的復興還體現在這些著名詩人對同時代人創作詩歌的鼓勵方面。錢謙益、吳梅村等人曾經爲許多個人的詩集作過序。在序文中他們贊揚這些詩人的創作，同時也強調一個人具有作詩能力的重要性。[33]錢謙益甚至還到民間採詩，將一些地方詩人作的好詩收集成冊，加以出版。例如，他在宛陵得到晚明文人梅禹金的詩作，欣賞之下，還爲之作了序。[34]

　　與詩歌復興相呼應，一些《詩論》和《詩話》也在此時相繼問世。它們當中，有的討論詩歌理論，評論詩歌得失；有的從發展源流上試圖釐清詩歌的不同創作流派。它們的出現既表明了時人在詩歌創作和理論上的強烈興趣，也顯示出其作者各有特色的詩歌主張。例如，沈德潛(1673-1769)提倡李白、杜甫詩歌的「格調」，袁枚(1716-1797)則推崇楊萬里和晚明「公安派」的「性靈」。[35]今人鄭靜若輯有《清代詩話敍錄》，書中收錄了清代文人作的五十七種《詩話》，其中討論了詩歌的特徵、詩歌史上不同流派以及如何改善詩歌創作等問題，涉及面十分廣泛。[36]

　　與總結詩歌創作經驗的繁榮局面相適應，此時產生了多種不同的詩歌流派。當時學者宋犖(1643-1713)在《漫堂說詩》一文裏，曾以「尊唐」和「尙宋」來劃分詩人。[37]「尊唐」派以宋

---

[32]有關這方面的論辯，見錢仲聯爲《清詩三百首》寫的序文，收入錢仲聯編、錢學增注《清詩三百首》(長沙：岳麓書社，1985年)，頁3-9。

[33]錢謙益《牧齋有學集》，見《四部叢刊初編縮本》(臺北：商務印書館，1967年)，第88冊，卷15，17，18。其中較有代表性的是錢爲徐存永、唐祖命等人詩集所作的序文。他在序中熱情地贊賞他們的詩作。

[34]同前注，卷18，頁165。

[35]王運熙、顧易生《中國文學批評史》(上海：古籍出版社，1985年)，第二冊，卷3，頁201-224。

[36]鄭靜若《清代詩話敍錄》，臺北：台灣學生書局，1975年版。

[37]《叢書集成簡編》(臺北：商務印書館，1966年)，第679種，下冊，

琬（1614-1713）、施閏章（1618-1683）爲代表，「尙宋」派則
由宋犖、查愼行(1650-1727)爲領袖。上述文學的變化和發展構
成了清代詩歌復興的總體面貌，而這一面貌正可以幫助我們瞭解
爲什麼清代的才子佳人小說作者和論者對作詩之「才」表現出極
大的興趣。

　　從更具體的角度講，像錢謙益、施閏章這樣的著名詩人，都
十分強調文學才能特別是詩歌才能的重要性。錢謙益在爲吳偉業
詩集作的序文裏就曾說過：

　　　詩人才子皆生自間氣，天之所使以潤色斯世。[38]

在錢謙益看來，所謂「間氣」，是一種經由天與地結合而產生的
精神力量，是一種特殊和珍貴的實體。他在另一篇文中還解釋
說：這種間氣「韞結而爲崑山之玉，合浦之珠」，也就是說，
「間氣」能創造包括文學天賦在內的寶藏。[39]

　　施閏章同樣也注意到「才」的珍貴。他在《梅耦長詩序》裏
談到：

　　　天之於人，常輕予以富貴，而重靳以文辭。故其影纓組、
　　擁車馬、乘時得志者代不勝數，求之以文辭，百無二三。[40]

如果把錢謙益、施閏章的觀點與天花藏主人的觀點加以比較，不
難發現他們對「才」和才子的理解很具有相似性。與錢、施兩人
相似，天花藏主人認爲才子並不是普通的人，而是天地結合的產
物。他在《平山冷燕序》裏說道：

　　　獨是天地既生是人矣，而是人又篤志詩書，精心翰墨，不

　　頁3-4。當代學者郭紹虞稱之爲「宗唐」與「宗宋」。見其著《中國
　　文學批評史》（上海：古籍出版社，1985年），第3冊，頁176。
[38]錢謙益《牧齋有學集》，卷16，頁149。
[39]同前注，卷17，頁158。
[40]《施愚山先生文集》（1708年刊本），卷7，頁15。

負天地所生矣。[41]

我們在此看到，錢謙益、施閏章和天花藏主人都把「才」視爲天地結合的產物，也都同樣地強調「才」的價值。「才」是世間稀有，應當受到社會的尊重和欣賞，這是他們共有的觀點。

　　這樣的看法也與當時社會一些重視文才的現象有著相互呼應的關係。從清代文人的的一些筆記小說中，我們可以看到現實生活裏，文學才能受到尊重的種種記載。例如署名尹元煒的一個清代文人，在其筆記小說《谿上遺聞集錄》中記載了一個文人因才免禍的故事：

　　　鄞有一秀才，失館無聊，閒走偶闖府道。吏拘見府，因詰其故。士以實告。府出一對令對，如佳，即薦一館。曰：「遍地是先生，足見斯文之盛；」士應聲曰：「沿街尋弟子，方知吾道之窮。」府佳其對，即薦以一館。袁元峰亦失館。蹈其轍，闖入府道。府亦出一對曰：「湖山倒影，魚游松頂鶴棲波；」元峰即對曰：「日月循環，兔走天邊鳥入地。」府亦薦之。[42]

這個故事至少可以說明，詩才是人生的一個有利的長處。一個貧窮的人，如果擅長於作詩，是可能受到社會的尊重的。

　　隨著對「才」的提倡，女子的文學才華特別是作詩之才能，也特別地受到文人的贊賞。施閏章在爲清人胡文漪、張槎雲夫婦合著的《琴樓合稿》寫的序言中，就曾以贊揚的口吻提及，吳越地區的女子創作了大量具有新的題材和風格的詩歌。[43]另一清代文人鄒弢（？—？）於《三借廬筆談》中談到他對才女的欣賞

---

[41]《平山冷燕》，頁 2。
[42]尹元煒《谿上遺文集錄》，見《筆記小說大觀》（臺北：新興書局，1979年），28編，第 9 冊，卷5，頁1-2。
[43]《施愚山先生文集》，卷 5，頁14。

之情：「女子心靈，故偶濟學問，便能以細膩勝。凡閨中尋常言情之作，吾輩不能透達者，一經香口，頓覺新麗。」他還列舉了杭州李茂才之妻洪翠雲「工詩善謔」的例子來證實其論點。[44]在另一篇筆記裏，他對另一位女子也有相似的記述：

> 張鵑紅女史，詩筆神俊，絕無脂粉氣。猶記其題木居士咄咄吟詩云：「昨從海上駕帆來，親見飛濤捲砲臺。番舶晝閒軍鼓靜，舟山秋霽陣雲開。亦知議戰非常策，可惜安邊少將材。回首沙場成一喟，如麻白骨蔽蒿萊。」女史有夢遊天台圖，在蘇州徐姓家。葛蘭生女史題一絕云：「回頭蹤跡謝塵寰，夢裏相逢采藥還。到得天台人不見，桃花如錦滿春山。」[45]

這樣的故事在清代文人筆記中是不乏記載的，其中較爲廣泛流傳的是柳如是和董小婉兩位才女的故事。她們傑出的文才被當時文人極力稱道，並因此著稱於世。孫康宜（Kang-i Sun Chang）在其〈柳是與徐燦：女性還是女權主義者？〉（Liu Shih and Hsu Ts'an: Feminine or Feminist?）一文裏，曾以柳如是與徐燦兩位女詩人爲例，討論過晚明清初的才女活躍於文壇的盛況。[46]

　　在一些清代文人筆記裏還提及，那時很多的才女參加了當地組織的各種詩社特別是專屬才女的詩社。王應奎（1683-1760？）在《柳南隨筆》裏專門介紹了才女洪夢梨的有關故事。在當時，洪夢梨被時人稱作「才色雙絕」，與之來往的多爲名士。洪與諸

---

[44]鄒弢《三借廬筆談》，見《筆記小說大觀》（臺北：新興書局，1979年），28編，第10冊，卷1，頁8。

[45]同前注，頁13。

[46]見余寶琳（Pauline Yu）編《中國抒情詩之音》（Voice of the Song Lyric in China）（美國：加州大學伯克利分校出版社，1994年），頁169-190。

名士常活躍於詩社，分韻賦詩，彼此唱酬，傳爲美談。[47]在另
一篇由史震林（1693-1779）於一七五七年寫的《西青散記》裏記
述了這樣一個故事：

> 竹西女子者，未知其名姓。富商某以三千金選美人於吳
> 下，五年得之，才色技藝皆絕。富商無子，年七十餘。未
> 至，如廁而暈，見女子，已不能言。醫者飲以參汁而死。
> 女子賢，大婦愛之，使主家事。二年，大婦死。臨死囑曰：
> 「吾欲爲汝求佳婿，今且死，奈何？毋再誤，自失身爲薄
> 命人也。」是時女子年二十，私念擁貲財餘十萬，親族多
> 貧乏人，乃悉會貧者，散以金帛米粟，盡十萬。眾感拜，
> 念無以酬其德，於是推齒高位重者一人，與之主賓客，買
> 名園於江上，立盟社，徵詩詞，選才子爲之婿。限門第，
> 程年貌，規條清肅。三月而人無應者。女子曰：「求才而
> 論齒，舉賢而數爵，是猶愛蓮者嫌其出於泥，賞桂者病其
> 背於春也。有能以天仙語醉妾心者，貧賤艾者，弗敢褻
> 也，願爲之婢。」於是爭赴者擾於庭。乃垂簾閱之，評其
> 人以一字，曰「俗」；評其文以一字，曰「凡」。閭叔曰：
> 「彼美淑姬，可與晤言。」寄以詩曰：「雨枝芬淡月枝
> 幽，點點新情冥冥愁。一夜春風問何處，細花輕引落揚
> 州。」[48]

這個故事的眞僞無法考證，竹西女子最後是否找到意中人，也不
得而知，然而其故事本身已足以引人興趣。竹西女子的「才色技

---

[47]王應奎《柳南隨筆》，見《筆記小說大觀》（臺北：新興書局，1977
　　年），18編，第 7 冊，卷3，頁16-17。
[48]史震林《西青散記》，見《筆記小說大觀》（臺北：新興書局，1975
　　年），7編，第 3 冊，頁1674-1675。

藝皆絕」，「三千金選美」，「五年得之」，慷「十萬」之慨，醉「天仙語」而輕富貴，所有這些描述，都使我們聯想到才子佳人小說中的女主角。種種民間的傳說，似乎爲小說作者的構思，帶來了很大啓發。

由署名「淮陰百一居士」的清人所寫的筆記《壺天錄》裏還記錄了江蘇鹽城一個女子以詩才救夫的趣事：

> 鹽城有才女者，不詳其姓氏。嫁夫某，業儒，家貧甚，而伉儷頗相得。屆天中節，杼軸其空，幾不能舉火。女詠一詩云：「自憐薄命嫁窮夫，明日端陽件件無。佳節莫教虛過去，聊將清水洗菖蒲。」書於案頭。夫見之，殊自愧，匆匆去。明晨，操豚蹄、酒一盂以返，邀妻大嚼。妻不解，固詰之，笑不答。未數日，吏胥拘夫去，蓋端陽酒肉之需，從鄰家竊牛來也。縣令詰責，某遂口誦妻詩。因逮女，問曰：「汝既能詩，可面試乎？」女曰：「可」。令遂以竊牛爲題。女口占云：「滔滔黃水向東流，難洗今朝滿面羞。自笑妾身非織女，夫君何事效牽牛？」令大加擊節，遂赦其夫，爲贖牛歸之鄰家，並給白鏹二十金，以濟其貧。嗚呼！令可謂風雅愛才者矣。若女也，巧思天成，冰清玉潔，謂之才女也，可；謂之賢婦也，可。[49]

這個故事的意義在於，它顯示了這樣一種價值觀：一個女人，無論是富貴或是貧窮，只要寫得一手好詩，就會格外受到社會的尊重。同時，它還暗示了一個信息：才女在當時社會裏並非寥寥無幾，也不局限於大家閨秀，象故事中窮儒生這樣的普通人家，也會有才女爲妻。

---

[49]淮陰百一居士《壺天錄》，見《筆記小說大觀》（臺北：新興書局，1978年），21編，第8冊，卷1，頁35-36。

才女子不僅在漢人中佔有一定數量，而且在滿人中也並不少見，以至於清人震鈞專門爲之作傳，名爲《八旗詩媛小傳》。他在此書中曾指出八旗女子多詩才，並且記載了很多表彰女子文才的有趣故事。例如某女子在丈夫離家從征前，作詩相送；某夫婦作詩，丈夫唱前半首，妻子和後半首；某一家族中，所有女子皆擅長作詩，其中一名女子還爲此專門編了一部詩集等等。[50]雖然目前很難找到材料來證實這些記載是否屬實，我們卻能從中得到一個明確的信息：女子的文學才華通常受到當時人的欣賞，民間也熱衷於流傳這樣的故事。

才女較爲普遍和受到社會重視的現象，還可以從另一部專門爲清代女詩人作傳的書中得到證明，這就是由施淑儀（1878？—？）編的《清代閨閣詩人徵略》。全書共分十卷，收錄有一千二百二十一名女詩人的小傳及其代表詩作。在收錄的作品中，很多都重在抒發女詩人內心深處的情感，這一點正好暗示讀者，詩歌同樣也是女子自我反省其生活經歷與感受的一種主要形式。

我們之所以要列舉以上事例，是爲了說明清代社會女詩人的活躍、以及民間對她們的欣賞興趣，爲才子佳人小說和評論中體現的顯揚文才、顯揚才女的文學觀念提供了現實的基礎，同時也爲小說的敘述提供了可供借鑒的豐富材料。例如那些才女組織詩社的傳說，在小說《平山冷燕》和《兩交婚》裏面得到了相應的表述。

對包括男女在內的文才之欣賞與重視的現象同時還體現在當時的出版商家身上，例如他們在出版文學作品時，喜歡使用「才子書」之類的標題。以「才子書」爲標題的作品並不一定都是詩

---

[50]施淑儀《八旗詩媛小傳》，見雷二輯《清人說薈二編》（臺北：華文書局，1969年影印1928年掃業山房本），頁775-782。

歌，也含有小說、戲曲甚至經史之書。這一方面，要以明末清初小說評點家金聖歎（1608-1661）為代表，他因為刪改和評點小說《水滸傳》等作品以及編輯「才子書」而著名。在他編選的「六才子書」裏包括了小說《水滸傳》、戲曲《西廂記》、屈原的《離騷》、杜甫的詩作等等。此外，他還稱小說《三國演義》為「第一才子書」。在這一點上，金聖歎與天花藏主人很相似。天花藏主人也把小說《平山冷燕》冠以「四才子書」之名。盡管涉及的只是一部小說，裏面敘述的卻是兩名才子與兩個才女的故事。[51]當他把《平山冷燕》與另一部敘述一個才子與兩名才女故事的小說《玉嬌梨》加以合刊出版時，又稱之為「合刻七才子書」。[52]為什麼要以「才子書」為作品標題呢？大概是因為「才」和「才子」在當時是比較時髦的用語，使用此詞，可以趕「時髦」，以博風雅之名；同時，聰明的出版商還可憑此招徠更多的對「才」和「才子」有興趣的讀者。然而，在更深一層的意義上，它至少暗示了當時社會上人們對於「才」和「才子」的興趣和欣賞的程度。

　　從以上所有的論證中我們可以得出這樣的結論：隨著清代詩歌的復興與作詩才能的張揚，小說評論者也把注意力轉移到對「才」的關注。與晚明作家對「情」十分強調的情況相反，清代文人更加關注「才」的價值。無論是史料的記載或是才子佳人小說的敘述，我們都能從中看到這種文學觀念的變化。與這一變化相一致的是，天花藏主人在其小說評論及其自身所寫的小說中，詳細地闡釋了重「才」的觀點。

---

[51]《平山冷燕序》，見《平山冷燕》（北京：人民文學出版社，1983年），頁1。
[52]孫楷第《中國通俗小說書目》，頁152。

二、愛情故事與「空言」的分野

　　天花藏主人對當時思想界正統潮流的順應不僅體現在他對文學的見解上，而且還體現在他對才子佳人小說作評論時，對某些哲學術語的使用和闡釋上。盡管他並不是一名哲學家，卻談到了「空言」這一與「心學」有關的概念，並把在才子佳人小說上體現的文學觀與「空言」加以區別。「心學」曾在明代盛極一時，卻在清初被顧炎武等人以「空談誤國」的罪名予以嚴厲的抨擊。與這種批判的潮流相一致，天花藏主人指出，才子佳人小說的創作與「空言」「好名」等虛浮的風氣是不一樣的。他在《平山冷燕序》裏說道：

> 人縱好忌，或不與淡墨爲仇。世多慕名，往往於空言樂道。矧此書白而不玄，上可佐鄒衍之談天，下可補東坡之說鬼，中亦不妨與玄皇之梨園雜奏，豈必俟後世將見一出而天下皆子雲矣。[53]

這段引文裏的所謂「空言」與「道」，涉及明代以王陽明爲代表的哲學思想即「心學」。[54]在清初學者看來，明代學風是一種只尚空談的「道學」，[55]照顧炎武的說法，是「以明心見性之空言，代修己治人之實學。」[56]幸存者把它作爲導致明王朝崩潰的原因之一，因此在新的時期人們逐漸失去了對它追求的興

---

[53]《平山冷燕》，見《古本小說集成》，頁15-16。

[54]王陽明的哲學重在強調「心」「理」合一、「致良知」的道德自我修養以及「知」「行」合一等方面。他的哲學爲理學的發展提供了方向，並爲晚明思想發展的新趨勢作出了貢獻。見容肇祖《明代思想史》，卷4，頁15-72。

[55]朱舜水《舜水遺集·答林春信問》。

[56]顧炎武撰、黃汝成集釋《日知錄集釋》(上海：古籍出版社，1985年)，卷7，頁538。

趣。在天花藏主人看來，才子佳人小說寫的是以文才爲基礎的愛情故事，它與「心學」那種「空言」與「道」大相徑庭。引文中提及的另一個術語「白」，指的是小說使用白話語言的通俗易懂的特徵，它與「玄」相對立，而「玄」與心學有著密切的聯係。文學才能在小說裏被強調，用以與「心學」相對立，「心學」具有的「玄」的特徵又爲明白曉暢的文學表達方式和愛情故事所取代，這說明了天花藏主人的主張與清代思想界反對明代學風的主流在實質上是一致的。如果把天花藏主人對「才」的顯揚與湯顯祖對「情」的提倡加以比較，不難看到他們兩人都有別於「心學」的倡導者，只是各自強調的重點不同而已。

三、小說情節：對「奇」的注重

　　談到小說的敘事特徵時，才子佳人小說論者提出了「奇」這個敘事美學概念。它指的是小說在情節方面曲折離奇、引人入勝的敘述方式。這個概念在小說論者和讀者的使用中，因其用法不同，所代表的涵義也不盡相同。

　　許多論者都偏好小說敘事情節安排上曲折離奇的設計，並把它當作一種適用於小說敘述的美學原則。一個名叫靜恬主人的小說論者曾經這樣說道：

　　　　作者先須……做得錦簇花團，方使閱者稱奇，聽者忘倦。
　　　　切忌敘事直接，意味索然。[57]

「錦簇花團」指的是複雜的、能夠出奇制勝的情節設計，它有助於吸引讀者，並爲讀者帶來驚喜般的刺激。同時，這種「奇」還能以出人意外的情節發展，使敘述的內容豐富多彩，就像有的論

---

[57]《金石緣序》，見《金石緣全傳》（嘉慶丙子年同盛堂本），頁2。

者說的：「直如行山陰道上，千巖競秀，萬壑爭流。」[58]

　　小說情節設計上的「奇」與「不奇」，是論者衡量才子佳人小說質量優劣的一項重要指標。小說《水石緣序》的作者何昌森曾經說過：

　　　其事不奇，其人不奇，其遇不奇，不足以傳。[59]

在他看來，小說《水石緣》之所以稱得上一部好作品，就是因爲它具有了「其人奇，其事奇，其遇奇，其筆更奇」的特點。[60]

　　雖然「奇」這一概念並不是才子佳人小說論者首先提出來的，但是他們對「奇」作了前所未有的強調。以才爲基礎的愛情婚姻故事只有在曲折離奇的情節中，才能得到成功的敘述。因此，這類小說的作者與序論者一樣，並不想把故事主角的浪漫故事設計得過於簡單，而是有意識地爲他們設計了種種挫折、磨難等意想不到的事件，使故事人物在其中經歷一次又一次的風險，得到一次又一次的解脫。

　　這樣一種美學原則在天花藏主人那裏也得到明確的強調。他在爲另一部小說《飛花詠》寫的序文裏談到：

　　　才子佳人不經一番磨折，何以知其才之愈出愈奇，而情之至死不變耶？[61]

情節的出「奇」，可以爲展現故事角色的性格特徵提供充分的時間與空間環境，只有經過千錘百煉，才子才成其爲才子，佳人才成其爲佳人，兩人最終的結合才稱得上「佳話」。

---

[58]《英雲夢弁言》，見《英雲夢》，《古本小說集成》（上海：古籍出版社，1990年），頁3。

[59]引自朱一玄《明清小說資料選編》（濟南：齊魯書社，1990年），頁848。

[60]同前注。

[61]《飛花詠》，《古本小說叢刊》（北京：中華書局，1990年），第33輯。

　　其實，「奇」這一美學原則來自於作者和論者對現實生活的認識和理解。小說常常涉及到這樣的問題：生活的現實是怎樣的？生活又應該是怎樣的？在作者和論者看來，生活應當充滿文學與愛情的樂趣，才子應當娶到佳人。婚姻的對稱[62]應當適用於現實社會，這一理念在小說作者與論者的寫作實踐與評論中得到了反映。可是，生活並非完美，惡人仍未消失。而且，由於婚姻安排的陰差陽錯和矛盾衝突、父母對才子佳人間純潔關係的誤解與作梗，使得生活中的才子佳人往往不能遂其所好。「奇」這一觀念在小說中的運用，實質上也象徵了不完美的現實與完美的理想相互結合、相互作用的產物。在閱讀故事人物一波三折的愛情曲折時，讀者理解了現實與理想之間的相互衝突。此外，情節的「奇」可以抓住讀者的閱讀興趣，使他們從小說人物的悲歡離合中得到享樂和滿足。這就是小說作者和論者在一連串出「奇」的情節設計中所希望看到的效果。

四、小說語言：「綺語」和「遊戲之筆」

　　與上述「奇」這一小說觀念相關的，是另外兩個概念：「綺語」和「遊戲之筆」，因爲論者在介紹和評論才子佳人小說時，常常使用到它們。「綺語」和「遊戲之筆」在論者的筆下，涵義通常是相同的，指的是小說敘述中使用的生動而又豐富多彩的語言。此外，「遊戲之筆」還意味著這種小說語言具有某種戲謔、

---

[62]關於才子佳人小說中的婚姻對稱性曾被克思‧麥克馬洪（Keith Mc-Mahon)討論過，見其文《古典才子佳人浪漫史與才女的優越性》(The Classic 'Beauty-Scholar' Romance and the Superiority of the Talent Woman），收入安吉拉‧茲托（Angela Zito）與塔涅‧巴婁(Tanie. Barlow)合編《中國的群眾、臣子和權力》（Body, Subject & Power in China），卷9，頁235-237。

反諷或喜劇性的特徵。

「綺語」是在與另一概念「莊語」相對立的情況下提出的，它見於署名蘇潭道人的文人為小說《五鳳吟》作的一篇序文中。「莊語」通常指的是較為嚴肅的語言，常用於宣示道義的典籍，例如經史之書。蘇潭道人在《五鳳吟序》裏將小說使用的「綺語」與「道義之書」中使用的「莊語」作了如下的比較：

> 舉世之人，每見道義之書，則開卷交睫；若持風雅之章，則卷不釋手。何也？莊語辭嚴而意正，不克解人之悶，釋人之愁。惟綺語，事鄙而情真，意於留人之眼，博人之歡。[63]

文中提及的所謂「風雅之章」，通常指的詩文一脈，但是在這裏卻具體地指像《五鳳吟》一類的小說。根據蘇潭道人的序文，「綺語」是一種用來敘述日常生活故事、表達人的真實情感的語言，而這正是通俗小說的主要創作意圖所在。就因如此，「綺語」才易於被人們理解和欣賞。在小說中能夠打動讀者心理的，是「綺語」所傳達的生動有趣的故事。由於這樣的作用，「綺語」還被稱作「遊戲之語」。就像另一位小說論者冰玉主人注意到的那樣：「文人遊戲之筆，最宜雅俗共賞。」[64]

「綺語」與情節設計上的「奇」有著相輔相成的關係。它可以強化「奇」的效果，反之，如果語言不「綺」，情節的「奇」也會深受負面影響，就象論者指出的：「即事奇、人奇、遇奇矣，而無幽雋典麗之筆以敘其事，則與盲人所唱七字經無異，又何能

---

[63]《五鳳吟》，見《明清善本小說叢刊續編》（臺灣：天一出版社，1990年），第三輯，37種，上冊，頁1-2。

[64]冰玉主人作《平山冷燕序》，引自朱一玄《明清小說資料選編》（濟南：齊魯書社，1990年），頁822。

供賞鑒？」[65]

　　「綺語」和「莊語」的區別並不表現在兩者傳達給讀者的思想意涵上，而是表現在傳達意涵的話語方式上。就象經史等道義之書使用的「莊語」那樣，小說使用的「綺語」仍可以傳達嚴肅的意義給讀者。如果說經史典籍對人們的行爲方式提出忠告，則小說也能做同樣的事。在小說論者看來，「天下至理名言，本無外乎日用尋常之事」，[66]這就是說，眞理存在於生活本身之中而不是之外。就因如此，小說通過敘述人們日常生活故事，使讀者從中獲得深刻的道理。

　　基於本章的討論我們認爲：才子佳人小說作者與論者所強調的「才」實質上是相對於明代「心學」和晚明湯顯祖等人倡導「情」之文學觀念的一種演變。這種文學觀念的演變是由以下幾方面的影響所致。清代文字獄在政治上施加的壓力，是促成此變化的外部原因；清代對於文學的提倡，特別是詩歌的復興，是其內在原因；小說對女子文學才能的張揚，是基於長期以來以男性爲主體的文人群體欣賞女子從事詩文活動這一傳統，以及當時才女子人數增加，在社會上有影響力的這一現實。這類小說在情節設計上對「奇」的講究，以及在語言上注重「綺語」或「遊戲之筆」，都顯示出小說是一種重要的敘事文學方式，而不同於經史典籍。所有這些文學觀念變化的意義在於，它們在小說領域改變前代文學觀念的同時，確立了自己新的小說美學原則。

---

[65]引自朱一玄《明清小說資料選編》（濟南：齊魯書社，1990年），頁848。
[66]同前注。

第八章　位於歷史坐標上的才子佳人小說

　　如果把才子佳人小說放在文學發展歷史的坐標上加以考察，則不可否認它的興起受到過明代戲曲和短篇小說的影響，它的流行同時也影響了清代及以後的一些小說。甚至像《紅樓夢》這樣的著名作品也從它那裏受到過啓發。這也是文學史上常見的現象，因爲任何一種文學類型的產生總是與其前後周圍的其它文學類型有著或多或少、或直接或間接的聯係。本章將對上面提到的兩種情況作一簡略的概括，而其中對這些小說與《紅樓夢》的關係部分，將予以相對詳細的討論，因爲這是一個更爲引人注意的問題。

一、才子佳人小說與明代戲曲、短篇小說

　　在本書第一章討論才子佳人小說興起原因的一節裏，我們追溯了愛情主題在古代敘事小說傳統中的承續及其對才子佳人小說的啓發。其實就具體的敘事因素或成份而言，清代才子佳人小說更多地從明代以來的戲曲、文言短篇小說和白話短篇小說汲取了較爲豐富的營養。首先，與小說並行發展並盛行於世的明代戲曲中，已經出現了很多描寫才子佳人愛情婚姻故事的作品。徐渭創作的戲曲《女狀元辭凰得鳳》，寫黃崇嘏女扮男裝，考中狀元，後被丞相識破，請旨娶爲兒媳。這一描寫，已開了「顯揚才女」的先河。鄒璨作《香囊記》，寫張九成與邵貞娘婚姻的悲歡離合，

已具有「始或乖違，終多如意」的故事特徵。高濂的《玉簪記》，寫開封府丞女兒陳嬌蓮遭兵難逃避庵院，與才子潘必正一見鍾情，遂成歡好。庵主逼侄子潘必正進京應試，王公子逼婚嬌蓮遭拒絕。潘生科舉及第後，與嬌蓮結爲夫妻。這一情節的安排使它堪稱「才子佳人戲曲」。阮大鋮《燕子箋》寫書生霍都梁與尙書之女酈飛雲以詩詞傳情，後遭小人鮮于佸撥亂離散，最終團圓。作品裏的霍生考中狀元，並娶酈飛雲、華行雲二女子爲妻，這些細節也與清代才子佳人小說裏「諸美共侍一夫」的描寫有相似之處。又如湯顯祖的名作《牡丹亭》，同樣寫的是才子柳夢梅考中狀元，欽賜完婚。《紫釵記》裏的李益燈下拾釵，與霍小玉一見鍾情，盧太尉撥亂使之離散，最終夫妻團圓。洪昇作《長生殿》，寫唐明皇與楊貴妃經過懺悔，感動織女娘娘，於八月十五日被引進月宮團圓。玉帝敕喻他們居住忉利天宮，永爲夫婦，這也是以超現實的方式完成了「欽賜完婚」。

　　像這樣具有某些與清代才子佳人小說相同或相似特徵的愛情婚姻故事不僅見於明代戲曲，而且還見於明代至清初的文言短篇小說。例如瞿佑所撰《聯芳樓記》，寫薛家二女「聰明秀麗，能爲詩賦」，作詩數百首，號《聯芳集》；又作《竹枝曲》等。「由是名播遠邇，咸以爲班姬、蔡女復出，易安、淑眞而下不論也。」[1]又有《翠翠傳》，寫劉翠翠「生而穎悟，能通詩書」，後與同學金定私訂終身。婚後，遭張士誠兵亂，翠翠被李將軍擄爲妻。金定備經險阻訪得其妻，又攝於李將軍淫威不敢明認，只得明裏以兄妹相稱，暗地以詩文傳情。[2]我們拋開故事中的鬼怪

[1] 瞿佑《剪燈新話》（上海：古籍出版社，1981年），卷1，頁28-31。
[2] 同前注，卷3，頁74-70。此故事後被改寫成白話小說《李將軍錯認舅，劉氏女詭從夫》，見《二刻拍案驚奇》（《古本小說集成》本），卷6，頁287-332。

色彩，仍可看到它與清代才子佳人小說相似的某些特徵。又如小說《買雲華還魂記》，寫公子魏鵬與小姐買雲華夙有指腹爲婚之約，長大後，兩人一見鍾情，傳詩遞柬，私訂百年之好。魏生功名及第，出仕不久，丁母憂還鄉。邢國莫夫人阻攔他們的婚事，使雲華憂鬱而死。魏生服喪期滿，再次出任，雲華亦還魂，與魏生完婚。[3]這個故事除了「還魂」的結局外，前面很多細節的描述都與才子佳人小說相似。其後的《貞烈墓記》，開篇所述，就與才子佳人小說中神靈祥瑞的描述相似：「天台縣郭老，五十無子。禱於神，夢白雉集於庭，遂生女，因名雉眞。聰慧有色，略通書數。」[4]

　　除此之外，在明代至清初的白話短篇小說中，也有不少作品在講述愛情婚姻故事時，具有與才子佳人小說相似的某些敘事特徵。例如《單符郎全州佳偶》寫單公子先後將二妓女脫籍，娶爲一妻一妾，妻妾「才色雙全」，「極其和睦」，使我們想起《兩交婚》妓女黎青的經歷。[5]《張舜美燈宵得麗女》寫張生與劉素香一見鍾情，詩詞傳情，私訂終身。二人在私奔途中失散，後來終於夫妻團聚，張生也功名及第。[6]《錢秀才錯占鳳凰儔》講的是高家女兒與錢秀才的婚姻喜劇，已突出佳人必得才貌雙全的才子方可婚配的意思，而高家小姐與錢秀才三夜同床，毫不相犯，後經穩婆試驗，果爲處女。[7]這一描寫與《好逑傳》很有些相似。只是最終判定他們完婚的本縣大尹到了《好逑傳》中，變成了天

---

[３]李昌祺《剪燈餘話》，附於《剪燈新話》後，卷5，頁269-195。
[４]邵景詹《覓燈因話》，附於《剪燈新話》後，卷1，頁321-322。
[５]《喻世明言》（西安：陝西人民出版社，1985年），卷17，頁237-246；《兩交婚》，第18回，頁629-632。
[６]同前注，卷23，頁349-358。
[７]《醒世恒言》（西安：陝西人民出版社，1985年），卷7，頁124-146。

子，代之以欽賜完婚。在《蘇小妹三難新郎》裏，才女蘇小妹新婚之夕出題考夫，婚後相互以詩詞傳情。[8]《樂人舍拚生覓偶》一文，寫樂和與喜順娘幼年同學，「遂私下約爲夫婦」，最後終成眷屬。[9]在《宿香亭張浩遇鶯鶯》中，張浩與李鶯鶯一見鍾情，當即賦詩香羅帕以爲聘物。後來又以詩詞傳情。其故事也是雖經乖離，終而團圓。[10]又如《王嬌鸞百年長恨》中的公子周廷章與小姐王嬌鸞一見鍾情，雙方互贈詩詞。[11]還有《通閨闥堅心燈火，鬧囹圄捷報旗鈴》一文，寫張幼謙與羅惜惜幼年同窗讀書，情竇初開，便私訂終身。惜惜長成後身居深閨，二人托丫鬟傳詩送情。其後羅家敦促張生爭取科舉功名，暗地裏卻將惜惜聘給辛家。經過一番曲折，張生科舉及第，與惜惜結成夫婦。[12]上述眾多事例正好說明，清代才子佳人小說的基本敘述特徵，已經能在前人的作品裏找到零零碎碎的相似的材料。特別是像《莽兒郎驚散新鶯燕，偍梅香認合玉蟾蜍》[13]和《同窗友認假作眞，女秀才移花接木》[14]這兩篇故事，在主要情節設計上與才子佳人小說基本接近，可以說是後者的雛型。正是從前人的作品裏，才子佳人小說汲取了敘述的種種經驗，把它們更加有系統地組合起來，重新植入另一種敘述體裁，這就是我們今天看到的白話的、中長篇的才子佳人小說。

---

[8]同前注，卷11，頁214-221。

[9]《警世通言》（《古本小說叢刊》本），卷23，頁1123-1149。

[10]同前注，29卷，頁1447-1470。此文將《鶯鶯傳》的「始亂終棄」改寫成團圓結局。

[11]錢伯城評點《警世通言》（上海：古籍出版社，1992年），卷34，頁544-565。

[12]《拍案驚奇》（《古本小說集成》本），卷29，頁1193-1255。

[13]《二刻拍案驚奇》，卷9，頁419-478。

[14]同前注，卷17，頁797-871。

二、才子佳人小說與《紅樓夢》

　　本章旨在通過比較清代前期（即十七世紀後期至十八世紀初期）的才子佳人小說與《紅樓夢》之間存在的相似性與相異性，來考察兩者間的關係。

　　《紅樓夢》成書於十八世紀中期，作者曹雪芹被認爲是生於一七一五年或一七二四年，卒於一七六三年或一七六四年。據說在他死前十年，《紅樓夢》的前八十回就以《石頭記》爲書名，開始流傳於友人間，由此暗示了小說於一七五零年左右就已存在。今存較早的《紅樓夢》版本主要有乾隆甲戌年（1754）、己卯年(1759)和庚辰年(1760)的手抄本。[15]根據這樣的考證，則在《紅樓夢》問世之前，才子佳人小說已流行了近一百年；《紅樓夢》問世之後，新的才子佳人小說仍不斷出現，兩者在同一時期並存的現象使我們對其相互間的關係產生了興趣。特別因爲在《紅樓夢》故事人物的對話裏，曾兩度涉及對所謂「才子佳人」故事的評論，就自然使我們對這種關係更加關注。

(一)「石頭」與賈母對才子佳人故事的批評

　　許多學者曾注意到小說《紅樓夢》裏有關才子佳人故事的討論，而在總體上，這些討論被看作是對才子佳人故事的批評。這些批評對於當代學者發生了十分重要的影響，致使他們在分析評價才子佳人小說時，總是以之爲準繩。因爲這樣的緣故，人們對才子佳人小說常常持以較爲負面的態度。[16]

[15]中國藝術研究院紅樓夢研究所爲再版《紅樓夢》所作序文，見該所注《紅樓夢》（北京：人民文學出版社，1982年），頁1-2。

[16]參見游國恩《中國文學史》（北京：人民文學出版社，1964年），第4冊，頁1087。蘇興《天花藏主人及其才子佳人小說》一文，收入《才子佳人小說述林》（瀋陽：春風文藝出版社，1985年），頁15，22。

有關才子佳人故事的討論出現在《紅樓夢》第一回與第五十四回裏。在小說的第一回，空空道人與即將「幻形入世」的石頭之間有一段對話，其內容如下：

> 空空道人看了一回，曉得這石頭有些來歷，遂向石頭說到：「石兄，你這一段故事，據你說來，有些趣味，故鐫寫在此，意欲聞世傳奇；據我看來，第一件，無朝代年紀可考；第二件，並無大賢大忠理朝廷、治風俗的善政，其中不過幾個異樣女子，或情或癡，或小才微善，我縱然抄去，也算不得一種奇書。」石頭果然答道：「我師何必太癡！……至於才子佳人等書，則又開口『文君』滿篇『子建』，千部一腔，千人一面，且終不能不涉淫濫。——在作者不過要寫出自己的兩首情詩艷賦來，故假捏出男女二人名姓，又必旁添一小人撥亂其間，如戲中的小丑一般。更可厭者，『之乎者也』，非理即文，大不近情，自相矛盾：竟不如我這半世親見親聞的幾個女子，雖不敢說強似前代書中所有之人，但觀其事跡原委，亦可消愁破悶……」[17]

小說裏第二次涉及才子佳人故事，是在書中第五十四回，賈府夜宴慶元宵時賈母的一段評語：

> 賈母忙道：「怪道叫做《鳳求鸞》。不用說了，我已經猜著了：自然是王熙鳳要求這雛鸞小姐爲妻了。」女先兒笑道：「老祖宗原來聽過這回書？」眾人都道：「老太太甚

程毅中《略談才子佳人小說的歷史發展》一文，收入《明清小說論叢》（瀋陽：春風文藝出版社，1984年），第一輯，頁34-42。周雷《紅樓夢詩詞解析序》，見劉耕路《紅樓夢詩詞解析》（長春：吉林文史出版社，1986年），頁1。

[17]《紅樓夢》（北京：人民文學出版社，1979年），第1回，頁3。

麼沒聽見過！就是沒聽見，也猜著了。」賈母笑道：「這
些書就是一套子，左不過是些佳人才子，最沒趣兒。把人
家女兒說的這麼壞，還說是『佳人』！編的連影兒也沒有
了。開口都是鄉紳門第，父親不是尚書，就是宰相。一個
小姐，必是愛如珍寶。這小姐必是通文知禮，無所不曉，
竟是『絕代佳人』，——只見了一個清俊男人，不管是親
是友，想起他的終身大事來，父母也忘了，書也忘了，鬼
不成鬼，賊不成賊，哪一點兒象個佳人？就是滿腹文章，
做出這樣事來，也算不得佳人了！比如一個男人家，滿腹
的文章，去做賊，難道那王法看他是個才子，就不入賊情
一案了不成？可知那編書的是自己堵自己的嘴。再者：既
說是世宦書香大家子的小姐，又知禮讀書，連夫人都知書
識禮的，就是告老還家，自然奶媽子丫頭伏侍小姐的人也
不少，怎麼這些書上，凡有這樣的事，就只小姐和緊跟的
一個丫頭知道？你們想想，那些人都是管做甚麼的？可是
前言不答後語了不是？」眾人聽了，都笑說：「老太太這
一說，是謊都批出來了。」賈母笑道：「……別說那書上
那些大家子，如今眼下拿咱們這中等人家說起，也沒那樣
的事。別叫他讕掉了下巴喀子罷！所以我們從不許說這些
書，連丫頭們也不懂這些話。這幾年我老了，他們姐兒們
住得遠，我偶然悶了，說幾句聽聽，他們一來，就忙著止
住了。」[18]

理解這段引文時，我們注意到以下幾個特點。第一，這兩段談話
並非出自作者的口吻，也不是出自小說敘述人的口吻，而是出自

---

[18]同前註，第54回，頁683-684。

故事中人物的口吻。從敘事學的角度看，故事人物的言論並不等同於作者或敘述者的言論 。 意識到敘述者與小說角色之間的距離，可以幫助我們避免對以上引文的過分的解釋，因爲它代表的是故事人物的立場而不是作者或敘述人的立場。假如我們承認兩者間或有某種聯係（譬如說人物的態度反映了作者或敘述者的態度），那也是一種間接而非直接的聯係。第二，當談到才子佳人作品時，無論是那顆「幻形入世」的石頭，或是賈母，都沒有具體講明所批評的對象就是才子佳人小說。他們說的是「才子佳人等書」。所謂「才子佳人等書」是一般性的指稱，它既可指小說，又可指戲曲，只要兩者講的是有關才子佳人的故事。第三，如果考察一下小說敘述人與故事人物在此問題上所持態度的差異性，則不難看出上述談話背後隱含的某種程度的反諷意味。首先，從故事人物賈母的聲明中，我們看到她對這類「最沒趣兒」的故事決然否定的態度，然而從敘述人的講述中，我們卻看到故事主角賈寶玉和林黛玉就在她的眼皮子底下閱讀了《西廂記》，一部典型的才子佳人劇本。大觀園裏發生的事與賈母的宣稱正好形成強烈的對比，從此對比中我們看到敘述人對賈母那段議論所持的嘲諷態度。其次，在賈母對所謂才子佳人那「一套子」提出非議後，緊接著便承認自己「偶然悶了」，也會讓人把這些故事「說幾句聽聽」。這樣的表白實際上大大削弱了她前面那一通冠冕堂皇的議論可能含有的批評力量。一方面不許別人聽這些故事，一方面卻自己喜歡聽之，這樣的行爲不能不使讀者對她的批評態度是否嚴肅、誠實和可靠發生懷疑。因此，今天的讀者在重新考察這段議論時，不必把它看得過於認眞，也不比把它等同於小說作者或敘述人對才子佳人小說的立場和態度。此外，如果再把榮、寧二府主僕間發生的種種不名譽的事與這個「一家之主」的議論聯係

起來，其中諷刺的意味就更為強烈了。據賈母的聲稱，她雖然偶爾也聽這樣的故事，卻從不允許府中的其他人效法她，照她的說法是：「連丫頭們也不懂這些話」。假如僅僅根據這段話來看，賈母在府中對於「淫邪」進行防微杜漸的能力是毋庸置疑的。然而頗具反諷意味的是，同樣在她的眼皮底下，發生了「秦可卿淫喪天香樓」、[19]「賈二舍偷娶尤二姨」[20]等一系列事件。從這些道德敗壞的行為中，我們感覺到賈母那段自我眩燿的議論，其實是多麼的蒼白無力！

總而言之，如果我們注意到小說的作者、敘述人與故事人物之間的差別，注意到賈母那段議論與上下文之間的關係，更注意到那段議論與整部小說內容之間的聯係，就不會簡單地把這兩段議論當作是小說《紅樓夢》或作者曹雪芹的觀點，也不會拘泥於其中的看法，而將之作為今天我們評價才子佳人小說的標準。

下面，讓我們基於這樣的思想前提，針對前面引述的通靈石頭與賈母兩段議論的主要觀點展開討論。首先，這兩段議論批評了所謂「才子佳人」故事摹仿前人作品，因而導致人物形象雷同的毛病。如果用這一批評來對照才子佳人小說，可以說基本上是符合實際的。

然而，我們必須把最早出現的才子佳人小說，與後來摹仿這些小說的作品區別開來。例如《玉嬌梨》、《平山冷燕》、《吳江雪》等一些小說並沒有摹仿前人之作，有此弊病的僅是後來的一些作品。事實上，才子佳人小說在清代是十分流行的，也頗受讀者的歡迎，它們在清代被多次再版的事實已證明了這一點。署

---

[19] 據稱小說原有此回，後又刪去。見《脂硯齋重評石頭記》（甲戌本）（《古本小說集成》本，上海：古籍出版社，1990年），第13回，頁272（回末總評）。
[20]《紅樓夢》，第64-65回，頁834-855。

名「靜恬主人」的論者在其為小說《金石緣》作的序文裏，也指出這類小說「膾炙人口，由來已久」。[21]由於它的流行，導致有人摹仿其作以牟利，在社會上才引起不良影響，受到讀者的指責。《紅樓夢》裏石頭與賈母的批評只能看作是對有摹仿之弊的小說而言的，它並不適用於作為整體的才子佳人小說，包括本書曾討論到的乾隆以後問世的作品。

　　引文對才子佳人故事的另一點批評，涉及到才子與佳人愛情故事的非眞實性問題。無論是石頭或是賈母，都認為這些故事不可能發生於眞實生活中，而只存在於作者的想象中。然而我在本書前面幾章裏已經指出，這些愛情故事仍有某些眞實性。小說中對女詩人的顯揚，反映了清代社會對才女的欣賞與重視這樣一種現實；而對文人追求功名與理想婚姻的肯定性描述，也在一定程度上體現了傳統中國文人一生追求的歷程和目標。才子與佳人的愛情故事也並不全是作者的憑空虛構，它們部分地繼承了以前一些有關故事的描述特徵，例如《西廂記》和司馬相如與卓文君的故事等等。

　　由於小說與現實的關係在傳統的中國文學批評中，是一項重要的價值指標，因此，如果一部作品寫得越符合眞實生活，受到的評價就越高。這一特徵實在與中國長期以來以史實作為評論文學標準的傳統有著密切的關係。然而，從現代文學批評者的眼光來看，重要的問題是作品所存在的方式以及由此方式體現的意義，而不是其與現實是否一致。[22]其次，問題也不在於作品敘述的故事是否眞實，而是它們能否能滿足讀者的閱讀興趣。像

---

[21]《金石緣》，見《明清善本小說叢刊初編》(臺灣：天一出版社，1985年影印本）第10輯，上冊，頁 4。

[22]Rene Wellek & Austin Warren, *Theory of Literature*,(New York: Penguin Books, 1978), ch. 16, pp. 212-213.

《平山冷燕》、《玉嬌梨》這樣的作品在當時深受讀者歡迎，並且多次被再版，這表明人們對小說的閱讀興趣遠遠超過他們對小說故事是否眞實這一問題的關注。

《紅樓夢》中的有關評論，還使我們想起《快心編凡例》、《水石緣序》等例子，盡管其中宣稱這些小說要與才子佳人小說劃清界限，然而卻總是割不斷與後者千絲萬縷的聯係。它們作出這樣的表白，其意在於新人耳目，以吸引讀者的興趣。

無可否認，《紅樓夢》在很多方面的確打破了才子佳人小說敘事的窠臼。小說對故事人物性格的刻劃、對賈府生活眞實生動的描寫、通過人物行爲表現出對科舉制度的否定態度，以及故事悲劇性結局的處理，所有這些設計使得《紅樓夢》具有了新的美學性質和嚴肅深刻的思想意義，也因此使她在當時小說界乃至整個小說史上具有崇高的地位。然而即使如此，我們也注意到，《紅樓夢》實際上也不可避免地沿用了才子佳人小說的某些寫作慣例，由此可見她從所謂「才子佳人定式」中接受的影響。注意到這一點，當然不是要否認《紅樓夢》的成就，而是爲了讓我們看到中國小說史上，某些敘事的美學傳統並沒有因爲《紅樓夢》的出現而終止或斷裂。

討論這個問題，自然要涉及到兩者間存在的某些相似的性質，而在討論這種相似性之前，應當注意到小說作者曹雪芹對才子佳人故事十分熟悉這一事實。理查·赫斯尼曾經提到，曹雪芹早年在南京度過，當時流傳於長江中下游的才子佳人小說他是讀過的。[23]另外，在《紅樓夢》第二十三回裏，講述了戲子茗煙見寶玉初進大觀園，閒極無聊，便買了許多小說劇本給寶玉。寶

---

[23]Richard C.Hessny, *Beautiful,Talented, and Brave:Seventeenth-century Chinese Scholar-Beauty Romances*, Ch. 6, p. 306.

玉害怕父母知道有麻煩，把那粗俗過露的，都藏於大觀園外面的書房，並把文理雅道些的，揀了幾套進園。這些書中就有《西廂記》，據稱它的「詞句警人」，使寶玉和黛玉「越看越愛」，以至於能夠出語成誦。[24]這一細節的描述暗示出，曹雪芹對《西廂記》一類寫才子佳人故事的作品是相當熟悉的。正是在熟悉的基礎上，才使他在寫作《紅樓夢》的時候，受到過才子佳人小說的啓發，因而使兩者具有了某種程度的相似特徵。

㈡小說人物的類型

　　《紅樓夢》受到才子佳人小說影響的一個重要方面，表現在兩者對人物形象描述的相似性上。在才子佳人小說裏，故事男女主角都是以其文學才能引人注目，他們最杰出的成就表現爲作詩的才能。由於能作一手好詩，他們受到周圍人的欽佩，對愛情與婚姻的追求，也因此輕而易得了。這一特徵同樣見於《紅樓夢》中的寶玉和衆姑娘身上。寶玉對於科舉應試必須的所謂「時文」並不感興趣，而對詩文寫作，卻自有其天賦。爲了迎接元妃省親，賈府修建了大觀園。賈政命寶玉題對額以試其才，寶玉因此題了不少詩句和匾額，他的「天分高，才情遠」，受到其父及衆陪客的嘉賞。[25]像寶玉一樣，園內的衆女子也以其文學活動而著稱。特別是圍繞詩社的活動，爲她們展示作詩的才華提供了充分的機會。文學的天賦不僅見於才子佳人小說的故事人物身上，而且也是《紅樓夢》人物的特徵。

　　在才子佳人小說裏，佳人的文學才能有時甚至超過了才子。在作詩競賽中，佳人常常擊敗才子。《平山冷燕》裏的山黛與冷絳雪就是其中典型的例子。年僅十歲的山黛作《白燕詩》，滿朝

---

[24]《紅樓夢》，第23回，頁270。
[25]《紅樓夢》，第17回，頁189。

文武竟無人勝之。皇帝賞識她的才華，賜他玉尺以量天下之才。另一名才女冷絳雪也是年僅十二歲，同樣寫得一手好詩。她們兩人後來在作詩競賽中，竟然打敗了狀元與探花。

　　對才女子的顯揚同樣見於《紅樓夢》。林黛玉、薛寶釵等人作的詩總是博得讀者的喝采，大觀園裏的姑娘多以詩詞見長，並以詩詞為彼此間交流的主要方式。在這點上，《紅樓夢》與才子佳人小說的寫作慣例十分地接近。與男子相比，女子的詩才也被描述得更加優秀。例如《紅樓夢》第十七回裏，寶玉的大姐元妃回家省親，面試寶玉和姐妹的作詩才能。當時若不是寶姐姐和林妹妹暗中幫助，寶玉幾乎不能完成應試的詩題。而在所作的詩中，黛玉替他做成的《杏帘在望》被評為第一。[26]這位多愁善感的女子以其作詩才能在同輩中出類拔萃，她在大觀園裏的生活經驗也是用詩的形式表達出來的。就象才子佳人小說裏的許多佳人那樣，寫作詩詞成了黛玉生活中最大的享受。

　　其她的大觀園女子也同樣擅長詩詞，從小說第五十回裏，她們以詠雪為題而唱和的詩聯中，我們看到很好的證明。

　　盡管寶玉在小說裏也表現出很高的文學天賦，他卻仍然居於姐妹之後。在小說第三十七回，黛玉、寶釵和其她姐妹發起了一次以詠海棠為題的作詩競賽。評比的結果，寶玉的詩仍然比不上他的姐妹：

> 　　眾人看了，都道：「是這首為上。」李紈道：「若論風流
> 別致，自是這首；若論含蓄渾厚，終讓蘅稿。」探春道：
> 「這評的有理。瀟湘妃子當居第二。」李紈道：「怡紅公
> 子是壓尾，你服不服？」寶玉道：「我的那首原不好，這

────────────

[26]《紅樓夢》，第18回，頁208-211。

評的最公。」[27]

在另一次以詠菊為題的作詩競賽中，寶玉所作再一次名列最後。
[28]小說作這樣的敘述，顯然與才子佳人小說一樣，在崇揚文學
才能之時，對女詩人持有更多的興趣。

　　與女詩人特徵相配合的，是小說凸顯女子建立詩社的重要
性，把她作為女子表達自我心境的重要方式。在此方面，才子佳
人小說對《紅樓夢》的影響就更加明顯了。在《紅樓夢》出現以
前，我們就已從才子佳人小說裏看到，聰明的佳人自己創立詩
社。在詩社裏，她們以詩傳達各自的情感，從寫詩過程中享受極
大樂趣，並且在賽詩過程中遇上了令她們欽佩的才子，此才子後
來成為她們的丈夫。例如小說《兩交婚》敘述了佳人辛古釵創立
紅藥詩社的事。她邀請揚州家鄉所有的才女子到詩社比賽寫詩。
詩社的建立在小說情節的發展過程中扮演了十分重要的角色，它
為佳人辛古釵與才子甘頤的相遇提供了機會。聰明的四川才子甘
頤為了結識這位聞名揚州的才女，女扮男裝前往賽詩，贏得才女
的欽慕，導致了兩人愛情的發生。[29]

　　詩社的設置同樣被運用於《紅樓夢》的情節設計中。首先是
探春在大觀園裏發起海棠詩社，然後黛玉繼之，建立桃花詩社。
眾女子對其文學天賦充滿著自信，這一自信心在探春創建海棠詩
社的倡帖裏得到清楚的聲明：

　　　孰謂雄才蓮社，獨許須眉 ；不教雅會東山，讓余脂粉
　　　耶 ？」[30]

這簡直就像一篇宣言，宣稱了女子參加賽詩的權利、以及女子的

---

[27]同前注，第37回，頁450。
[28]同前注，第38回，頁468。
[29]《兩交婚》，第4-6回，頁103-211。
[30]《紅樓夢》，第37回，頁444。

文學天賦絕不遜色於須眉男子的信心。其意義在於，它向那種認為男子的才學勝過女子的傳統觀念發出了挑戰。在這點上，《紅樓夢》與才子佳人小說有著一脈相承的精神。

(三)初會的重要性

對小說主要人物初次相會這一事件的處理，通常經過了作者精心的設計，因為角色的初會與其後來的經歷和結局有著某種因果性聯係，這就是我們在才子佳人小說中常常看到的現象。在很多才子佳人小說裏，才子與佳人初次相遇，便彼此發生好感，甚至是一見鍾情。小說結束時才子與佳人的完美婚姻，與他們的初次相會，正好起著前後呼應的關係。這基本上是才子佳人小說的一種慣例寫法。例如《平山冷燕》中的平如衡在閔子祠偶然遇見冷絳雪，便「喜得如痴如狂，心魂把捉不定」；[31]冷絳雪看見平如衡題於牆上的詩，也傾心相慕，思量著「不知可還有相見之期」；[32]年輕的才子雙星首次見到佳人江蕊珠時，「驚得神魂酥蕩，魄走心馳」；[33]與他相似的是，江蕊珠「也不禁注目偷看」。[34]所有這些初會的設計都暗示了人物後來的命運和最終結成的婚姻。

這種情節設計的方法同樣見於《紅樓夢》。寶玉和黛玉的特殊的關係，在小說敘述他們的第一次相見時，就已有所暗示。敘述人有意識地窺探了他們此時內心的特殊感覺：

> 黛玉一見便吃一大驚，心中想道：「好生奇怪，倒象在那裏見過的，何等眼熟！」

寶玉也有同樣的感覺：

---

[31]《平山冷燕》，第8回，頁1。
[32]同前注，頁3。
[33]《定情人》，第2回，頁15。
[34]同前注，頁16。

> 寶玉看罷，笑道：「這個妹妹我曾見過的。」賈母笑道：
> 「又胡説！你何曾見過？」寶玉笑道：「雖沒見過，卻看
> 著面善，心裏倒像是遠別重逢的一般。」賈母笑道：「好！
> 好！這麼更相和睦了。」[35]

如果讀者得知故事在後面的發展和結局，就不難發現以上這段描述的用意所在。小説對寶玉黛玉彼此間這種特殊感覺的描述，實在暗示了兩人後來的既敏感多疑、又纏綿緋惻的愛情糾葛，同時也在故事的情節處理上，爲此愛情故事提供了引人興趣的開端。對故事人物的初會做這樣的設計，其意義在於它強調了人物相互間某種超越常理的深深理解和欣賞，也就是人們通常説的「知音」。由於「知音」，導致了故事人物間的深深相愛。才子與佳人的關係遵循著這樣的認知邏輯在發展，寶玉和黛玉的關係同樣也是這樣地發展。

更有意義的是，這種初會的設計還表現出小説作者對於生活的理解。才子佳人小説與《紅樓夢》都在小説的開始暗示了主要角色間非同尋常的關係，這是兩者的相似之處。可是，才子佳人小説裏愛情婚姻的圓滿結局和《紅樓夢》裏愛情的悲劇結局卻體現出作者對生活的不同的認知。當前者用樂觀和信心去擁抱他的故事人物時，後者則以悲哀和絕望告別了他所喜愛的故事角色。

㈣花園的設置

環境設置對於一篇小説的成功至關重要，因爲它可以隱喻出故事人物的形象和性格，也能夠爲人物和事件的發生暗示出動因。才子佳人小説對環境設置似乎並不注重，惟花園的設置與人印象較深，然而它卻爲小説《紅樓夢》對環境設計的考究，提供

---

[35]《紅樓夢》，第3回，頁37-38。

了有益的起點。雖然把花園作爲故事環境這一設計還可上溯到元雜劇《西廂記》，可是把它作爲不同小說共同使用的重要成分，以至於形成一種寫作定式，則見於清代才子佳人小說。

在才子佳人小說裏，花園設置所起的重要作用並不突出地體現在前面提及的那些方面，而是體現在小說整體敘事結構中它與其它環境之間形成的對比關係上。這一特徵同樣見於《紅樓夢》。無論是才子與佳人的愛情，或是寶玉黛玉和寶釵的愛情，畢竟帶有很大的理想成份。爲了這種理想性質的需要，小說設置了花園這一特殊的環境，來展開故事人物之間的理想追求。在小說《玉嬌梨》裏，蘇友白與女扮男裝的盧夢梨相遇於盧家花園，由此結下了姻緣。蘇友白與另一位女主角白紅玉私訂婚姻，同樣也發生在白家的花園。[36]同樣的例子還可見於《定情人》、[37]《金雲翹》[38]等其它小說。正是由於花園這一常人不易闖入的環境設置，才爲男女主角的愛情故事提供了可能。

花園的設置應當是較爲合理的。對一個大家閨秀來說，除了閨房，家中的後花園便是她日常生活的主要活動場所。在一個有財富又有社會地位的家庭中，未婚女子在未經父母許可和陪伴的情況下，通常不能離開閨房，外出會見客人或是遊覽公共場所。自然，除了父母和貼身僕人，一般人也很難進入她的閨房。大家閨秀的生活範圍十分有限，而散步於家中的後花園成了她們娛樂和戶外散心的主要活動空間。對於女子在後花園活動的控制，也比起在閨房的控制相對減弱，因爲那時不一定須要父母陪伴，有貼身僕人相陪就可以了。貼身僕人對於閨秀的限制，通常不像

---

[36]《玉嬌梨》，第9、10、14回。
[37]《定情人》，第6回。
[38]《金雲翹》，第2回。

父母那樣嚴格，因此，聰明的小說作者把花園設計爲佳人與才子秘密相會的主要環境，使他們既擺脫了父母的管教，又避免了外界社會道德力量的干擾。

環境的性質與發生事件的性質相一致。在小說中，花園的氣氛是寧靜的、富於詩意的，才子與佳人相互贈詩，以詩傳情，私訂終身。這是一個完美的、抒情的世界。在這裏，才子與佳人可以做他們想做的事，而不必顧慮花園以外的世界所發生的一切。

可是，當小說的敘述焦點從花園內轉移到花園外，情況就變得大不一樣了。在一牆之隔的外面，等待才子佳人的是另一個世界，一個遠不如花園那麼完美的世界。一旦他們離開花園，回到外間那個世界，他們的富於浪漫意味的愛情就直接面對著社會道德勢力的挑戰。挑戰首先來自各種各樣的阻礙角色，其中有失意的求婚者，他們出於妒忌的心理，製造種種麻煩，試圖破壞才子與佳人之間的關係。挑戰同時也來自男女主角的父母，因爲在一個由父母而不是當事人決定婚姻的社會裏，故事主角的私訂婚約自然受到家長的阻撓。

與花園相比，外面的世界也充滿著不道德的行爲。在此行爲的阻撓下，故事主角被迫各自東西，分別遭遇不同的磨難，或是途中遇劫，或是家中資產被貪利的親友瓜分殆盡。這些不幸遭遇的描述，往往緊接在花園相會之後，在敘事的結構上，恰好與剛才花園內發生的一切形成強烈的對比。由此對比中，我們看到兩個世界之間的尖銳沖突。這種沖突實質上隱含了小說作者所理解的理想與現實兩者間的對立，以及他們對於現實生活中多種問題所持的批評態度。

用花園的設置來促成情節的發展已經是這些小說常用的美學原則。故事主角的愛情經歷從順利走向挫折，從相聚走向分離，

小說就是用這種較為曲折的方式操縱著故事進程的敘述。

花園設置的美學原則同樣被用於《紅樓夢》中，它主要體現於小說對大觀園的設置及其在小說結構上所起的重要作用。根據表層的敘述，大觀園的建立是為了接待元妃的省親；而從整個結構來看，它其實是為寶玉與賈府中那些美麗純情的女子而設的。園內的氣氛是抒情的，時間的特徵是相對靜止的，寶玉和園中的姑娘們在其中享受著詩情畫意般的生活：讀書、作詩、奏樂、繪畫。詩社在園中建立，寶玉與眾姑娘們在詩社裏各展才華。他們是那樣的純情可愛，也似乎永遠不會衰老。[39]

至於寶玉，他可以在園中恣意所為，例如與黛玉一同閱讀欣賞《西廂記》這部在賈府中嚴加禁止的劇本。劇本裏的愛情故事深深地吸引了兩個年輕男女，他們似乎從中得到某種啟迪，並看到自己的影子，兩人的感情也就在這種生活的氛圍裏發展起來了。

隨著愛情的發展，這對有情人對彼此所作的一切都十分地敏感。感情的表達是那樣的委婉，黛玉的多愁善感使她更易於受到別人有意無意的傷害，任何微小的誤解和爭執都會引起她的痛苦。可是，即使是她的痛苦，也富有抒情的意蘊。「黛玉葬花」一節的場景和事件描述，入木三分地傳達出她的性格特徵，其感染力深深地打動著讀者。所有這些詩情畫意般的生活事件，都凸顯了大觀園的設置在小說結構中具有的至關重要的作用。

與大觀園裏抒情的、詩意般的世界相對立的，是存在於園外

[39]參見余英時《紅樓夢的兩個世界》（臺北：聯經出版事業有限公司，1978年），頁39-59；高友工（Kao Yu-kung）〈中國敘事傳統中的抒情視野：讀中國小說《紅樓夢》和《儒林外史》〉(Lyric Vision in Chinese Narrative Tradition: A Reading of *Hung-lou Meng* and *Julin waishih* in Chinese Narrative)一文，見浦安迪(Andrew H. Plaks)編《中國小說：批評與理論文集》(Chinese Narrative: Critical and Theoretical Essays)，頁227-243。

的現實的世界。作者有意把這個園外的世界寫得充滿污穢與罪惡。賈府的主子們做下了種種壞事：賭博、蓄娼、放高利貸，以至於弄得臭名昭著，就連社會地位低下的戲子柳湘蓮在得知尤氏姐妹與賈珍、賈璉兩個色徒的關係後，也毅然取消了與尤三姐的婚約：

> 這事不好！斷乎做不得。你們東府裏，除了那兩個石頭獅子乾淨罷了！[40]

另一個是賈府的奴僕焦大，他在醉酒罵出的話也揭穿了賈府的邪惡：

> 那裏承望到如今生下這些畜生來！每日偷狗戲雞，爬灰的爬灰，養小叔子的養小叔子，我甚麼不知道？[41]

除此之外，小說還描述了主子間、主僕間以及僕人間的種種鉤心鬥角、爾虞我詐，這就是與大觀園僅有一牆之隔的世界。這個世界所發生的一切與大觀園裏寶玉和眾姐妹間純潔的關係構成了強烈的對比。

然而，一旦離開大觀園，年輕純情的姑娘就面對著冷酷社會的挑戰。迎春離開了那裏，受盡「中山狼」丈夫的虐待，以致於自盡；探春離開了那裏，遠嫁到千裏之遙。寶玉和黛玉一對戀人終於被拆散，兩人為此痛苦至深，致使一個心碎氣絕，一個斬斷塵緣。[42]從兩個世界之間的強烈對比中，我們感受到小說對於大觀園的讚美，以及對園外那個世界的譴責。

在把花園內外兩個世界的相互關係作為小說基本敘事結構方面的努力上，《紅樓夢》顯然比才子佳人小說更加成功。這是因

---

[40]《紅樓夢》，第66回，頁862。
[41]同前注，第7回，頁92。
[42]雖然寶黛二人結局之細節，係高鶚所續，可是從第五回「太虛幻境」的暗示來看，其悲劇性結局的處理則符合曹氏原意。

爲在才子佳人小說裏，花園所起的作用，還不像《紅樓夢》的大
觀園那樣重要。後者在整部小說結構中起著中心的作用，寶、
黛、釵三人的感情糾葛主要地發生在那裏，這種關係是全書結構
的基礎，[43]沒有大觀園就沒有《紅樓夢》。

(五)套曲的功能

　　套曲在小說中的使用，早在明代小說《金瓶梅》裏就已見
到。據韓南 (Patrick Hanan) 的統計，大約有二十首套曲和一百
二十首單曲在《金瓶梅》書中被引用過。因此他認爲，《金瓶梅》
受到過明代興起的口頭文學相當大的影響。[44]然而，清代才子
佳人小說中對套曲的使用方式，則與《金瓶梅》有所不同。在
《金瓶梅》裏，套曲往往被用於日常生活中的特殊場合如筵席或
重要節日。有些套曲構成了小說敘事的一部分，起著直接敘述的
作用。[45]在清代才子佳人小說裏，套曲卻是用在故事的開頭部
分，以暗示角色將有的命運。此以產生於清初的小說《金雲翹》
爲例。在書中第二回，女主角王翠翹做了一個夢。夢中遇見已逝
的北京名妓劉淡仙顯靈，後者自稱來自斷腸教主處，奉命將斷腸
題目十個送予翠翹題詠，其中包括《惜多才》、《憐薄命》、《悲
歧路》、《憶故人》、《念奴嬌》、《哀青春》、《嗟蹇遇》、
《苦零落》、《夢故園》、《哭相思》。翠翹遂因題命篇，作成

---

[43]高友工（Kao Yu-kung）《中國敘述傳統中的抒情境界：讀中國小說
　　〈紅樓夢〉和〈儒林外史〉》(Lyric Vision in Chinese Narrative
　　Tradition: A Reading of *Hung-lou Meng* and *Ju-lin wai-shih* in
　　Chinese Narrative)一文，見浦安迪 (Andrew H. Plaks) 編《中國小
　　說：批評與理論文集》（Chines Narrative: Critical and Theore-
　　tical Essays），頁227-243。
[44]韓南〈《金瓶梅》探源〉(Sources of the Chin P'ing Mei)，見《亞
　　洲專刊》(Asia Major)，新系列，第10卷，第1冊(1963年)，頁55-63。
[45]同前注，頁57。

「斷腸吟」十首。這十首「斷腸吟」構成了題意相同的套曲，它在小說裏的作用十分明顯：預示了翠翹這個才美雙佳的女子未來的悲慘命運。[46]

　　把套曲安排在故事的開端，並用它來暗示故事角色的命運，這種敘事方式也同樣見於後來的《紅樓夢》。在小說第五回，作者有意設置了「紅樓夢十二支」曲，包括引子和尾聲，共有《紅樓夢引子》、《終身誤》、《枉凝眉》、《恨無常》、《分骨肉》、《樂中悲》、《世難容》、《喜冤家》、《虛花悟》、《聰明累》、《留余慶》、《晚韶華》、《好事終》、《飛鳥各投林》。從這些題意上，我們看到與《金雲翹》裏的套曲有著很大的相似性。首先，它們都暗示了小說人物命運的悲劇性質，並且爲人物後來的行爲提供了指導方向，使這些人物都逃不脫套曲所設定的結局。其次，在與套曲有關的其它設計方面，《金雲翹》與《紅樓夢》也有著很強的相似性。例如，每一首單曲都有各自的曲牌題目，符合詞曲的要求。使用套曲的場合，都被安排在小說主角的睡夢之中，而且都是由一個與女主角命運相似的紅顏女子來介紹套曲。無論是才子佳人小說還是《紅樓夢》，它們在對套曲的設置上都顯示出作者對於小說敘述的控制能力。

　　在對套曲功能的處理上，《紅樓夢》也與《金雲翹》十分相似。除了預示人物命運之外，套曲還與故事發展的時間鏈條有著密切的聯係，因爲它使小說的開端與結尾有一種強烈呼應的關係。由於這種呼應，強化了小說在敘述上的完整性。《金雲翹》的結尾部分裏，王翠翹在經過數度劫難之後終於悟出：她所遭遇的種種痛苦，都印證了套曲中的種種暗示。《紅樓夢》的結尾雖

---

[46]《金雲翹》，第2回，頁12-13。

然沒有被曹雪芹完成，可是從第六回以後的七十五回裏，我們仍可領悟到套曲的暗示在小說敘述中逐步地得到兌現。

在把才子佳人小說與《紅樓夢》作了多方面的比較以後，我們看到兩者間的密切關係。從《紅樓夢》故事人物對才子佳人小說的批評中，我們注意到作者曹雪芹對後者熟諳程度之深。從兩者在人物特徵的描述、詩社和賽詩細節的安排、角色初會所蘊涵的寓意、花園設置和套曲運用等諸方面的相似性中，更使我們相信：《紅樓夢》的創作，實實在在地受到過才子佳人小說的影響。這些影響爲《紅樓夢》的敘事成就，無疑提供了很大的幫助。認識到這些因素，對於我們理解《紅樓夢》的產生以及其它清代小說的成就，無疑地是有意義的。

三、才子佳人小說的影響

《紅樓夢》的問世，標誌著我國小說史上嶄新的變革和轉折。然而在這以後，才子佳人小說仍然流行於世，並在與其它小說的交互影響中繼續產生著新的作品，由此可見後者對於清代後期其它類小說發生的一定程度的影響。

才子佳人小說發生的影響可見於夏敬渠（1705-1787）寫的小說《野叟曝言》。書中主人公文素臣被描述爲既是「揮毫作賦，則頡頏相如」的才子，又是「抵掌談兵，則伯仲諸葛」的英雄，而且，他身懷異術，能舉手除妖。雖然他曾遭到權奸迫害，後來終於辭相封爵，娶了一妻五妾，因此魯迅評之「與明人之神魔及佳人才子小說面目似異，根抵實同。」[47]另一部是屠紳（1744-1801）寫的《蟫史》，從中也可見神魔小說與才子佳人小說雜揉

---

[47]《中國小說史略》，第25篇，頁213。

的遺風。爲甚麼我們在此並不把這兩部小說也劃入才子佳人小說，主要由於兩種原因。一是因爲它們過多地摻雜了神魔志怪的敘述成分，已經偏離了才子佳人小說那種以平凡生活中人物爲故事主角的基本特徵。其二，《野叟曝言》在敘述篇幅上長達一百五十四回，大大超出才子佳人小說介乎於中篇和中長篇之間的慣例。而《蟫史》的敘述摹擬古文，語言較爲晦澀，因此被學者稱作文言長篇小說。

除了二書之外，還有繼《紅樓夢》以後出現的各種續書，如《紅樓圓夢》、《紅樓夢補》等書。它們的明顯特徵，是把寶、黛愛情原有的悲劇結局改成了才子佳人式的團圓結局。其他如《品花寶鑒》、《青樓夢》和《花月痕》等書，企圖摹仿《紅樓夢》的筆調去寫才子與优伶妓女的感情糾葛，已經基本上不再是原來窮秀才與大家閨秀的愛情關係了。

才子佳人小說的影響一直持續到「五四」運動前後時期，其代表是早期的鴛鴦蝴蝶派小說。例如陸士諤作的《新孽海花》，寫才貌出衆的女子蘇慧兒寧可終身不嫁，也不願做愚蠢俗氣的李愚迂之妻。後遭強盜劫持，被從日本留學歸來的英俊蕭灑的男子朱其昌奮力相救。兩人經過一番曲折，終於結成婚姻。這些情節，與《好逑傳》、《醒風流》等書有著較爲相似的特徵，又如徐枕亞作的《玉梨魂》，雖然以駢體行文，悲劇結局，其中何夢霞與白梨影通過詩詞酬答相互的思念與苦悶，也帶有才子佳人小說的影子。可以說，當時有相當部分的舊小說，雖然在故事內容和敘述手法上有了一些變化，但在實質上仍脫離不了明末清初才子佳人小說的本色。魯迅曾經不無譏諷地把這類作品的特點概括爲：「惟才子能憐這些風塵淪落的佳人，惟佳人能識坎坷不遇的才子，受盡千辛萬苦之後，終於成了佳偶，或者是成了神

仙。」[48]而「論起他們的結構來，也是千篇一律的。大約開首總是某生如何漂亮，遇著某女子也如何漂亮。一見之後，遂戀戀不舍，暗訂婚約。愛力最高的時候，忽然兩人又分開了。若是著者要做艷情小說呢，就把他們勉強湊合攏來。若是著者要作哀情小說呢，就把他們永久分開，一個死在一處地方，中間夾幾句香艷詩，幾封言情信，就自命爲風流才子。」[49]胡適甚至把這類小說斥爲下流的作品。[50]誠然，在經歷了二百多年的時間後，如果仍舊蹈襲以前的那些小說定式，就未免顯得膠柱鼓瑟了，特別是處於新舊文化交替的劇烈變革時期，人們對它的批評就自然十分尖銳了。

---

[48]　《上海文化之一瞥》，《魯迅全集》，卷4，頁292。
[49]志希《今日中國之小說界》，見芮和師等編《鴛鴦蝴蝶派文學資料》，頁711。
[50]《建設的文學革命論》，見芮和師等編《鴛鴦蝴蝶派文學資料》，頁711。

結　論

　　清代才子佳人小說的興起標誌了一種新的小說文體的產生。很多當時文人參與了這類小說的寫作，多達百餘家的書坊和書商在不同地方相繼印刷和出版過這些小說。這一現象說明，清代才子佳人小說流行於當時，受到大批讀者的閱讀和欣賞。由於這些小說的流行，使其所敘述的主題和愛情故事對當時社會都有著影響。

　　然而，仔細閱讀這類小說就不難看到，它們並不僅僅是簡單膚淺的「流行」小說而已。我們要強調的是，很多這些小說都涉及到較爲深刻的社會的問題。它們表現出清代社會中文人對自身形象及其價值的關注。小說強調了才子在科舉考試、仕宦生涯、愛情婚姻諸方面取得成功的重要性，並通過故事，演繹了才子怎樣做才能取得如許的成就。文學的才能被作爲一個人獲得成功的至關重要的因素，對文才的崇揚成了這類小說文體的主題。圍繞這一主題展開的對才子的種種描述，包括神靈祥瑞的預示性、一見鍾情與私訂婚約、對功名與佳人的追求等等，顯示了傳統文人的自我優越感以及他們的人生追求；而功成身退的結局處理，又體現出小說把文人的個人欲求與社會責任相分離的傾向。

　　小說的深刻性還體現於這類小說在從清代前期至後期漫長的歷史中發生的一些重要演變。它涉及到才子的形象從一個在科舉與仕途上成功的文人轉變爲具有文武全才的英雄。這一深具意義的變化反映出從乾隆時期開始的一些社會的和政治的狀況。由於

社會動蕩的加劇，清帝國軍事征討和領土擴張的強化，中國需要一批在文武兩方面均才能傑出的社會精英。這一特徵就是我們從新的才子形象裏所看到的。圍繞才子形象的改變，小說中與人情冷暖相關的某些社會與道德批評得到相應加強。此外，才子形象的變化還受到滿族人尙武精神的影響。

引起這些變化的內在因素可追溯到作者與讀者對於前期才子佳人小說敘述定式的厭倦心理。僅具有文學天賦的小說角色似乎不再激起他們的興趣，他們希望在小說的敘事中加進新的因素。隨著這類小說的演變和敘事容量的增加以及內容的複雜化，小說的篇幅也相應增長，從原有的二十回左右的中篇形式擴展至五、六十回、甚至七十七回。

很多才子佳人小說作者在書中署的都是筆名，爲我們今天對作者的研究帶來困難。然而，從附於小說前後的序、跋、題詞等文以及一些清人筆記小說資料中，仍能找到有關其個人經歷的一些材料。根據這些材料看，很多這類小說的作者出身於社會中下階層，他們本人在科舉仕宦生涯和個人婚姻方面坎坷失意。這也許是一個原因，促使他們在小說裏，演述才子佳人在功名與婚姻兩方面的完滿成功。小說作者個人不幸運的遭遇與小說裏角色的完美的遭遇形成的尖銳對比，揭示出作者的理想與其生活的現實之間的沖突。他們在小說的故事裏，一方面抨擊不完美的現實生活，一方面期盼得到小說人物得到的完美的結果。與此同時，故事中的人物與眞實的小說作者兩者的結合，又代表了整個文人群體的完整的形象特徵。

作爲才子佳人小說最早的讀者甚至作者，作品的序、跋、題詞的撰寫者表達了他們關於小說寫作的觀點。在他們當中，天花藏主人十分強調「才」的珍貴及其價值，由此顯示出清初小說界

對晚明湯顯祖等人崇尚「情」的文學觀念的轉變。此一觀念的轉
變實與清代詩歌的復興、特別是女子作詩的現象有著密切的關
係。從思想史的角度看，對才子佳人主題的強調對於扭轉明代
「心學」的消極影響有所作用，由此與清初思想界向正統價值觀
復歸的趨勢相吻合。在小說的敘事方式上，這些論者注重用情節
設計上的「奇」來刺激讀者的興趣。在語言運用方面，他們也以
「綺語」作爲小說敘事成功的標準，因爲在他們看來，「綺語」
或「遊戲之筆」的使用恰巧是小說區別於經史之作的一個重要標
誌。

　　正如我們在才子與佳人的關係中看到的，才子佳人小說的意
義還體現在它對中國古代文學傳統中愛情主題的繼承和發展。從
司馬相如與卓文君、張生與崔鶯鶯，到柳夢梅與杜麗娘，我們看
到這一傳統主題既在延續之中，又在演變之中。清代才子佳人小
說對於強化文人與佳人的關係這一具獨特性的傳統文學主題和題
材，有意義深遠的貢獻。而且，從文學史的角度看，才子佳人小
說既受到明代戲曲的影響，又從明代以來的文言和白話短篇小說
裏汲取了營養。與此同時，它與《紅樓夢》的產生有著密切的關
係。盡管才子佳人故事受到《紅樓夢》中故事人物的批評，曹雪
芹仍從才子佳人小說的敘事特征裏接受了教益，從小說人物的形
象之描繪、人物初會的事件設計、詩社的安排、花園對結構的作
用，以及套曲的使用等等方面，我們看到才子佳人小說對《紅樓
夢》的影響。《紅樓夢》有更高的敘事成就，既是曹雪芹創造新
的敘事美學原則的結果，同時又得益於它之前的才子佳人小說。
此外，從民國初年的鴛鴦蝴蝶派小說裏，我們還看到才子佳人小
說的某些影響。

　　關於才子佳人小說的印刷、出版和流通問題，我們的考察表

明，北京和江南地區的大量書房都參與了出版和發售的行列，同時又是才子佳人小說流傳的主要地區 。 由於小說故事內容的關係，它們的讀者主要來自社會中下階層文人。小說描述人物通過努力，可以改變其低下的社會地位，躋身於社會上層，這一觀念代表了中下層文人的抱負和願望，因此也激發了他們閱讀這類小說的興趣。他們欣賞這些小說，是因為從小說裏看到了自己的某些特徵，看到了要求改變自身處境的理想。作為回報，他們對小說的欣賞又刺激了這類作品的繁榮。

參 考 書 目

一、中文書目

(一)小說原著

愛月主人編《戲中戲》（《比目魚》），《古本小說集成》影印
　　嘯花軒本，上海：古籍出版社，1990年。

安陽酒民《情夢柝》，《古本小說集成》影印嘯花軒本，上海：
　　古籍出版社，1990年。

佚名《飛花詠》（《玉雙魚》），劉世德等編《古本小說叢刊》，
　　北京：中華書局，1990年。

佚名《畫圖緣》，《古本小說集成》，上海：古籍出版社，1990
　　年。

佚名《兩交婚》，《古本小說集成》，上海：古籍出版社，1990
　　年。

佚名《離合劍蓮子瓶》，《古本小說集成》影印綠雲軒本，上海：
　　古籍出版社，1990年。

佚名《麟兒報》，《古本小說集成》，上海：古籍出版社，1990
　　年。

佚名《賽紅絲》，《古本小說集成》影印本衙藏板，上海：古籍
　　出版社，1990年。

佚名《聽月樓》，《古本小說集成》，上海：古籍出版社，1990
　　年。

佚名《宛如約》，《古本小說集成》影印醉月山居本，上海：古

　　籍出版社，1990年。

曹雪芹《紅樓夢》，北京：人民文學出版社，1979年。

崔象川《白圭志》，劉世德等編《古本小說叢刊》影印1807年永
　　安堂本，北京：中華書局，1990年。

娥川主人《生花夢》，《古本小說集成》影印本衙藏板本，上海：
　　古籍出版社，1990年。

阿閣主人《梅蘭佳話》，《古本小說集成》，上海：古籍出版社，
　　1990年。

古吳素菴主人《錦香亭》，《古本小說集成》，上海：古籍出版
　　社，1990年。

黃小溪《白魚亭》，《古本小說集成》影印1842年紅梅山房本，
　　上海：古籍出版社，1990年。

黃巖《嶺南逸史》，《古本小說集成》影印1801年文道堂本，上
　　海：古籍出版社，1990年。

李春榮《水石緣》，《古本小說集成》影印經綸堂本，上海：古
　　籍出版社，1990年。

李修行《夢中緣》，《古本小說集成》影印崇德堂本，上海：古
　　籍出版社，1990年。

劉璋（煙霞散人）《幻中眞》，《古本小說集成》影印本衙藏板
　　本，上海：古籍出版社，1990年。

南北鶡冠史者《春柳鶯》，《古本小說集成》影印1661年本，上
　　海：古籍出版社，1990年。

樵雲山人《飛花艷想》，《古本小說集成》，上海：古籍出版社，
　　1990年。

青心才人《金雲翹》，《古本小說集成》，上海：古籍出版社，
　　1990年。

上谷氏蓉江《西湖小史》，《古本小說集成》，上海：古籍出版社，1990年。

松雲氏《英雲夢》，《古本小說集成》，上海：古籍出版社，1990年。

素政堂主人《定情人》，《古本小說集成》影印本衙藏板本，上海：古籍出版社，1990年。

天花才子《快心編》，《罕本中國通俗小說叢刊》，臺北：天一出版社，1976年。

天花藏主人《玉嬌梨》，《古本小說集成》，上海：古籍出版社，1990年。

天花藏主人《平山冷燕》，《古本小說集成》，上海：古籍出版社，1990年。

天花藏主人《玉支璣》，《古本小說集成》，上海：古籍出版社，1990年。

惜陰堂主人《二度梅全傳》，《古本小說集成》，上海：古籍出版社，1990年。

王羌特《孤山再夢》，瀋陽春風文藝出版社，1987年。

吳航野客《駐春園小史》，《古本小說集成》，上海：古籍出版社，1990年。

煙霞散人《鳳凰池》，《古本小說集成》影印耕書屋本，上海：古籍出版社，1990年。

煙霞逸士《巧聯珠》，《古本小說集成》，上海：古籍出版社，1990年。

鴛湖煙水散人《女才子書》，《古本小說集成》影印大德堂本，上海：古籍出版社，1990年。

鴛湖煙水散人《珍珠舶》，《古本小說集成》，上海：古籍出版

社，1990年。

雲封山人《鐵花仙史》，《古本小說集成》影印本衙藏板本，上
　　海：古籍出版社，1990年。

張士登《三分夢全傳》，《古本小說集成》，上海：古籍出版社，
　　1990年。

橋李煙水散人《合浦珠》，《古本小說集成》，上海古籍出版社，
　　1990年。

㈡**一般材料**

班固《漢書》，北京：中華書局，1975年。

陳乃乾編《室名別號索引》，北京：中華書局，1982年。

陳壽《三國志》，北京：中華書局，1973年。

阮元校注《十三經注疏》，北京：中華書局，1980年。

范曄《後漢書》，北京：中華書局，1973年。

房玄齡《晉書》，北京：中華書局，1974年。

《禮記》，《十三經注疏》，臺北：大華書局，1977年。

劉安《淮南子》，臺北：世界書局，1962年。

蕭統編、李善、呂延濟等注《六臣注文選》，臺北：廣文書局。

劉勰著、王利器注《文心雕龍》，上海古籍出版社，1980年。

《明神宗實錄》，臺北：中央歷史語言研究所編印出版，1966年。

歐陽修《新唐書》，北京：中華書局，1975年。

司馬遷《史記》，北京：中華書局，1973年。

蕭統編《文選》，臺北：藝文印書館，1972年。

鍾嶸著、楊祖　注《詩品》，臺北：文史哲出版社，1981年。

張廷玉等撰《明史》，北京：中華書局，1984年。

㈢**相關論著**

阿英《小說閑談四種》，上海古籍出版社，1985年。

蔡毅《中國古典戲曲序跋彙編》，濟南：齊魯書社，1989年。

蔡元培《石頭記索隱》，香港：太平書局，1963年。

《才子佳人小說述林》，沈陽：春風文藝出版社，1985年。

陳子龍《陳子龍文集》，上海：華東師範大學出版社，1988年。

戴不凡《小說見聞錄》，杭州：浙江人民出版社，1980年。

丁原基《清代康雍乾三代禁書原因之研究》，臺北：華正書局，
　　　1983年。

董含《三岡識略》，上海：申報館，1918年。

馮夢龍《喻世明言》，西安：陝西人民出版社，1985年。

馮夢龍《警世通言》，西安：陝西人民出版社，1985年。

馮夢龍《醒世恒言》，西安：陝西人民出版社，1985年。

馮其庸、葉君遠《吳梅村年譜》，南京：江蘇古籍出版社，1990
　　　年。

干寶撰、汪紹楹校注，《搜神記》，北京：中華書局，1985年。

郭昌鶴《佳人才子小說研究》，《文學季刊》，北京：立達書局，
　　　第1-2期（1934-35年）。

韓錫鐸《小說書坊錄》，沈陽：春風文藝出版社，1987年。

胡適《胡適文存》，臺北：遠東圖書公司，1961年。

胡適《紅樓夢考證》，臺北：遠東圖書公司，1961年。

胡士瑩《話本小說概論》，北京：中華書局，1980年。

淮陰百一居士《壺天錄》，《筆記小說大觀》（臺北：新興書局，
　　　1978年），第21編，第8冊。

黃周星《製曲枝語》，《歷代詩史長編》，臺北：鼎文書局，第
　　　二編，第7冊，頁119。

黃宗羲《黃黎州文集》，北京：中華書局，1959年。

嵇文甫《晚明思想史》，重慶：商務印書館，1944年。

蔣和森《紅樓夢論稿》，北京：人民文學出版社，1959年。

蔣良麒《東華錄》，北京：中華書局。

蔣瑞藻《小說考證》，上海古典文學出版社，1957年。

江畬經選編《歷代小說筆記選》，廣州：廣東人民出版社。

金諍《科舉制度與中國文化》，上海：上海人民出版社，1990年。

考試院考銓叢書指導委員會編《中國考試制度史》，臺北：正中
　　書局，1983年。

勞迺宣《陽信縣誌》，見《中國方誌叢書》，臺北：成文出版社，
　　1968年。

李昌棋撰《剪燈餘話》，附於瞿佑《剪燈新話》。

李紱《李穆堂詩文全集》，1831年刊本。

李桓編《國朝耆獻類徵初編》，臺北：明文書局，1985年。

李致中《中國古代書籍史》，北京：文物出版社，1985年。

李致中《歷代刻書考述》，成都：巴蜀書社，1990年。

林辰《明末清初小說述錄》，沈陽：春風文藝出版社，1988年。

凌濛初《拍案驚奇》，《古本小說集成》本，上海：古籍出版社，
　　1990年。

凌濛初《二刻拍案驚奇》，《古本小說集成》本，上海：古籍出
　　版社，1990年。

劉廷璣《在園雜誌》，見《遼海叢書》，臺北：文海出版社，
　　1969年。

柳存仁《明清中國通俗小說版本研究》，香港：孟氏圖書公司，
　　1972年。

陸寶千《清代思想史》，臺北：廣文書局有限公司，1978年。

陸靜安《冷廬雜識》，見《筆記小說大觀》，臺北：新興書局，
　　1962年。

陸機《文賦》，臺北：洪範書局，1985年。

盧前《明清戲曲史》，上海：商務印書館，1935年。

盧前《八股文小史》，上海：商務印書館，1936年。

陸文衡《嗇菴隨筆》，見《筆記叢編》，臺北：廣文書局，1969
　　年。

魯迅《中國小說史略》，《魯迅全集》卷9。北京：人民文學出
　　版社，1981年。

魯迅《中國小說的歷史的變遷》，《魯迅全集》，北京：人民文
　　學出版社，1981年。

羅燁《醉翁談錄》，上海：古籍出版社。

毛晉《六十種曲》，北京：文學古籍刊行社。

閔爾昌《碑傳集補》，臺北：明文書局，1985年。

《明清小說論叢》，瀋陽：春風文藝出版社編輯出版，1984年起。

《明清小說研究》，北京：中國文聯出版公司，1985年。

歐陽健、蕭相愷編訂，《宋元小說話本集》，鄭洲：中洲古籍出
　　版社。

錢穆《中國近三百年學術史》，臺北：商務印書館，1964年。

錢謙益《牧齋有學記》，《四部叢刊初編縮本》，臺北：商務印
　　書館，1967年。

錢仲聯、錢學增《清詩三百首》，長沙：岳麓書社，1985年。

錢宗範《康乾盛世三皇帝》，南寧：廣西教育出版社，1992年。

《清朝文獻通考》，《十通》，臺北：新興書局，1965年。

《清代野史》，成都：巴蜀書社，1987年。

《清代野史大觀》，上海書店。

《清高宗純皇帝實錄》，北京：中華書局，1986年。

《清史列傳》，北京：中華書局，1962年。

瞿佑撰，《剪燈新話》，上海：古籍出版社合訂本，1981年。

容肇祖《明代思想史》，臺北：開明書店，1962年。

商衍鎏《清代科舉考試述錄》，北京：三聯書店，1958年。

邵景詹《覓燈因話》，附於瞿佑《剪燈新話》。

沈兼士《中國考試制度史》，臺北：考試院考試制度改進委員會，
　　1960年。

施閏章《施愚山先生文集》，1708年本。

史震林《西青散記》，《筆記小說大觀》，臺北：新興書局，第
　　7編，第3冊。

孫殿起《琉璃廠小誌》，北京：北京出版社，1962年。

孫楷第《中國通俗小說書目》，北京：人民文學出版社，1982年。

談遷《北遊記》，《筆記小說大觀》，臺北：新興書局，1975年。

譚正璧《三言兩拍資料》，上海：古籍出版社，1981年。

湯斌《湯子遺書》，《文淵閣四庫全書》，臺北：商務印書館，
　　1983年。

湯顯祖《湯顯祖詩文集》，上海：古籍出版社，1982年。

湯顯祖《牡丹亭》，徐朔芳、楊笑梅校注，北京：人民文學出版
　　社，1978年。

王靖華《元代考選制度》，臺灣：考選部，1984年。

王利器《元明清三代禁毀小說戲曲史料》，上海：古籍出版社，
　　1981年。

汪辟疆編，《唐人傳奇小說》，臺北：文史哲出版社，1993年。

王戎笙《清代全史》，沈陽：遼寧人民出版社，1991年。

王實甫《西廂記》，王季思注，上海：古籍出版社，1978年。

王世貞《鳴鳳記》，上海：中華書局，1953年。

王冶秋《琉璃廠史話》，北京：三聯書店，1963年。

王應奎《柳南隨筆》，《筆記小說大觀》，第18編，第 7 冊。臺
　　北：新興書局，1977年。

王運熙、顧易生《中國文學批評史》，上海：古籍出版社，1985
　　年。

韋政通《中國十九世紀思想史》，臺北 ： 東大圖書有限公司，
　　1991年。

文康《兒女英雄傳》，臺北：三民書店，1976年。

吳曉鈴等選注，《話本選》，北京：人民文學出版社，1984年。

吳宗焯《嘉應州志》，臺北：成文出版社影印清光緒戊戌年本。

笑笑生作，《金瓶梅》，日本大安株式會社影印明萬歷本。

蕭一山《清代通史》，臺北商務印書館，1962-1963 年。

謝水順《清代閩南刻書史述略》，《文獻》1986年 3 期，北京：
　　書目文獻出版社。

《辛丑紀聞》，臺北：文海出版社，1967年。

楊繩信《中國版刻綜錄》，西安：陝西人民出版社，1987年。

姚世錫《前徽錄》，《筆記小說大觀》影印本，臺北：新興書局，
　　1978年。

葉德輝《書林清話》，北京：中華書局，1987年。

葉夢得《避暑錄話》，《學津討源》，臺北藝文印書館，1965年。

殷海光著，《中國文化的展望》，香港：文藝書屋，1976年。

尹元煒《谿上遺文集錄》，《筆記小說大觀》影印本，臺北：新
　　興書局，1979年，28編，9冊。

游國恩等編《中國文學史》，北京人民出版社，1964年。

俞平伯《紅樓夢辯》，上海：亞東圖書館，1923年。

陶宗儀編《玉箱雜記》，臺灣：商務印書館，1972年。

余英時《紅樓夢的兩個世界》，臺北：聯經出版事業公司，1978

年。

余英時《士與中國文化》，上海：人民出版社，1987年。

余正燮《癸巳存稿》，《連筠簃叢書》，臺灣：藝文印書館，
　　1967年。

余治《得一錄》，《中華文史叢書》，臺北：華文書局，1969年。

曾伯華《八股文研究》，臺北：文徵出版社，1970年。

曾永義著，《說俗文學》，臺北：聯經出版公司，1980年。

張維屏《國朝詩人徵略初編》，見周駿甫編《清代傳記叢刊》，
　　臺灣：明文書局，1985年。

章學誠《章氏遺書》，吳興：劉氏嘉業堂本，1922年。

張秀民《中國印刷史》，上海：人民出版社，1989年。

趙翼《陔餘叢考》，石家莊：河北人民出版社，1990年。

趙爾巽等撰《清史稿》，臺北：洪氏出版社，1981年。

鄭靜若《清代詩話敘錄》，臺北：臺灣學生書局，1975年。

震鈞《八旗詩媛小傳》，見雷瑨緝《清人說薈》影印掃業山房本，
　　臺北：華文書局，1976年。

震鈞《天咫偶聞》，《筆記小說大觀》，臺北：新興書局，1976
　　年。

鄭振鐸《插圖本中國文學史》，北京：作家出版社，1957年。

周暉《金陵瑣事》，北京：文學古籍刊行社，1955年。

周建渝《才子佳人小說研究》，博士論文，北京：中國社會科學
　　院研究生院，1990年。

周汝昌《紅樓夢新證》，北京：人民文學出版社，1976年。

周汝昌《紅樓夢與中國文化》，北京：工人出版社，1989年。

莊吉發《清高宗十全武功研究》，臺北：國立故宮博物院，1982
　　年。

朱一玄《明清小說資料選編》，濟南：齊魯書社，1990年。

《中國通俗小說總目提要》，江蘇省社會科學院編，北京：中國
　　文聯出版公司，1991年。

中國科學院文學研究所編《中國文學史》，北京：人民文學出版
　　社，1962年。

鄒弢《三借廬筆談》，《筆記小說大觀》，臺北：新興書局，
　　1979年，28編，10冊。

鄒衍《鄒子》，見馬國翰輯《玉函山房輯佚書》，臺北：商務印
　　書館，1983年。

二、日文參考書目

青木正兒《清代文學評論史》，東京：岩波書店，1950年。

青木正兒《支那文學思想史》，東京：岩波書店，1943年。

前野直彬《中國文學史》，東京：東京大學出版社，1975年。

前野直彬《中國小說史考》，東京：秋山書店，1975年。

大塚秀高《中國通俗小說書目改訂稿》，東京：汲古書院，1984
　　年。

內田道夫《中國小說的世界》，東京：評論社，1975年。

內田泉之助《中國文學史》，東京：明治書院，1975年。

三、英文參考書目

Chang, Kang-i Sun. *The evolution of Chinese Tz'u poetry:
　　from Late Tang to Northern Sung*. Princeton:Princeton
　　University Press, 1980.

Crawford, William Bruce. "Beyond the Garden Wall." Ph.D.
　　dissertation. Indiana University, 1972.

David Hawkes. *Ch'u Tz'u: The Songs of the South*. Oxford: The Clarendon Press, 1959.

de Bary W.T. "Individualism and Humanitarianism."In *Self and Society in Ming Thought*. de Bary W. T. ed.. New York: Columbia University Press, 1970, pp. 145–245.

Frye,Northrop. *Anatomy of Criticism: Four Essys*. Princeton: Princeton University Press, 1973.

Hanan, Patrick. "Sources of the Chin P'ing Mei." *Asia Major*, New Series, vol. 10, part 1(1963), pp. 55–63.

Hessney, Richard C. "Beautiful, Talented, and Brave: Seventeenth–Century Chinese Scholar–beauty Romance." Dissertation, Columbia University, 1979.

Ho, Ping-ti. *Studies on the Population of China 1368–1953*. Cambridge: Harvard University press, 1959.

———. *The Ladder of Success in Imperial China: Aspects of Social Mobility, 1368-1911*. New York: Columbia University Press, 1967.

Hsia, C.T. *The Classic Chinese Novel*. New York: Columbia University Press, 1968.

Kao, Yu-kung. "Lyric Vision in Chinese Narrative Tradition: A Reading of *Honglou meng* and *Julin waishi* in Chinese Narrative." In *Chinese Narrative: Critical and Theoretical Essays*. Andrew H. Plaks ed., Princeton University Press, 1977.

Kessler,Lawrence D. "Chinese Scholars and the Early Manchu State." In *Harvard Journal of Asiatic Studies*,

31, 1971, pp. 182–183.

Li, Wai-yee. *Enchantment and Disenchantment: Love and Illusion in Chinese Literature*. Princeton: Princeton University Press, 1993.

Lin, Shuenfu. *The Transformation of the Chinese Lyrical Trandition*. Princeton: Princeton University Press, 1978.

Liu, Ts'un-yan. *Chinese Popular Fiction in Two London Libraries*. Taipei: Fenghuang chuban she, 1974.

Mark Elvin. *The Pattern of the Chinese Past*. Stanford: Stanford University Press, 1973.

McMahon, Keith. *Misers, Shrews, and Polygamists: Sexuality and Male-Female Relationships in Eighteenth-century Chinese Fiction*. Durham: Duke University Press, 1995.

Miyazaki, Ichisada. *China's Examination Hell*, English translation by Conrad Schirokauer. New York: John Weatherill, Inc., 1976.

Mote Frederick W. & Denies Twitchett. *The Cambridge History of China*. Cambridge:Cambridge University Press, 1988. vol. 7.

Naquin, Susan and Evelyn S. Rawski. *Chinese Society in the Eighteenth-Century*. New Haven: Yale University Press, 1987.

Naquin,Susan. *Shantung Rebellion: The Wang lun Rebellion of 1744*. New Haven: Yale University Press, 1981.

Plaks, Andrew H. *The Four Masterworks of the Ming Novel*. Princeton: Princeton University press, 1987.

————ed.. *Chinese Narrative: Critical and Theretical Essays*. Princeton University Press, 1987.

R. Kent Guy. *The Emperor's Four Treasuries: Scholars and the State in the Late Ch'ien-lung Era*. Cambridge: Harvard University Press, 1987.

Spence, Jonathan D.. *The Search for modern China*. New York: W.W. norton & Company, 1990.

Struve, Lynn. "A Book review of *The Emperor's Four Treasuries: Scholars and the State in the Late Ch'ien-lung Era*." *American Historical Review*, vol.94(1989), pp. 1453-1454.

Tang Chun-i. "The Development of the Concept of Moral Mind from Wang Yang-ming to Wang Chi." In *Self and Society in Ming Thought*. W.T. deBary ed.. New York: Columbia University Press, 1970. pp. 145-245.

Twitchett, Denies & John K. Fairbank. *The Cambridge History of China*. Cambridge:Cambridge University Press, 1978. vol. 10.

Twitchett,Denies & Michael Loewe ed.. *The Cambridge History of China*. Cambridge:Cambridge University Press, 1986. vol. 1.

Whitebeck, Judith A.. "A Book review of the Emperor's Four Treasuries: Scholars and the State in the Late Ch'ien-lung Era." *The Journal of Asian Studies*, vol.

47(1988), p. 851.

Willian, Skinner G. ed.. *The City in Later Imperial China*. Stanford: Stanford University Press, 1977.

Yao Christina Shu-hwa."Cai-zi Jia-ren: Love Drama During the Yuan, Ming, and, Qing Periods." Diss. Stanford: Stanford University, 1983.

Yu, Ying-shi. "Toward on Interpretation of the Intellectural Transition in Seventeenth-Century China."*Journal of American Oriental Society*, 100.2, 1980.

Zito Angela & Tanie Barlow ed.. *Body, Subject & Power in China,*Chicago: The University of Chicago Press,1994.